中近世陶磁器の考古学　第一巻

佐々木達夫●編

佐々木達夫
村上伸之
髙島裕之
佐藤浩司
水本和美
山口美由紀
佐藤雄生
鈴木重治
関口広次
瀬戸哲也
佐々木花江
金田明美
坂井隆

雄山閣

◎中近世陶磁器の考古学　第一巻◎目次

序論　中近世陶磁器の考古学……………………………………… 佐々木達夫…5
　　はじめに …………………………………………………………………… 5
　1. 遺跡出土陶磁器の歴史的価値 ………………………………………… 5
　2. 出土陶磁器研究の問題と事例 ………………………………………… 11
　3. 物の移動と交流 ………………………………………………………… 17
　4. 遺跡出土陶磁器に見る流通と使用 …………………………………… 20
　　おわりに …………………………………………………………………… 21

発掘調査が語る有田焼の生産システム ……………………… 村上伸之…23
　　―需要の推移とともに柔軟に姿を変えた有田焼の 400 年―
　　はじめに …………………………………………………………………… 23
　1. 有田焼の窯業成立とその背景 ………………………………………… 24
　2. 磁器の成立と当初の生産形態 ………………………………………… 27
　3. 泉山の発見と天狗谷窯成立の意義 …………………………………… 28
　4. 窯場の整理・統合と産業的磁器生産体制の基盤整備 ……………… 30
　5. 藩の産業化と国内市場の独占 ………………………………………… 32
　6. 窯場の再編と性格の固定化 …………………………………………… 35
　7. 海外輸出の衰退と様式差から質差への転換 ………………………… 37
　8. 国内向け生産への転換と需要層の再配分 …………………………… 40
　9. 器種別分業への転換と新たな付加価値の創造 ……………………… 41
　　おわりに …………………………………………………………………… 44

日本における高品質磁器製品の生産と受容の背景 ………… 髙島裕之…47
　　はじめに ……………………………………………………………………47
　1. 製品見本の形 …………………………………………………………… 48
　2. 有田における組物生産の技術 ………………………………………… 49
　3. 組物受容の実像 ………………………………………………………… 53
　4. 組物生産の線描き技術の変容 ………………………………………… 56
　　おわりに ……………………………………………………………………58

上野・高取系陶器の生産と流通・使用 ………………… 佐藤浩司…63
―肥前陶磁器との拮抗の中で―
はじめに …………………………………………………………63
1. 近世陶磁器の始まり …………………………………………64
2. 上野・高取系陶器の誕生と擂鉢にみる独自性 ………………65
3. 上野・高取系陶器の主要器種 ………………………………68
4. 器種組成にみる上野・高取系陶器の生産と流通 ……………70
5. 文献にみる上野・高取系陶器の生産と流通 …………………76
6. 近隣地域の陶磁器生産と流通 ………………………………78
7. 特殊品にみる上野・高取系陶器の生産と流通 ………………79
8. まとめ―肥前陶磁器との拮抗の中で― …………………86
おわりに …………………………………………………………87

町人地にみる「鍋島」………………………………………… 水本和美…93
―近世後期の身分・階層を超える志向を読む―
はじめに …………………………………………………………93
1. 鍋島に関わる資料の偏在性 …………………………………97
2. 「鍋島」の出土地 ……………………………………………99
3. 「鍋島」と町人地 ……………………………………………101
4. 出土鍋島の様相―武家地出土資料との比較― ……………109
おわりに―「鍋島」にみる近世期の上昇志向― ………………113

出島和蘭商館跡出土の貿易陶磁 …………………………… 山口美由紀…121
―近世の流通及び産業振興の視点から―
はじめに …………………………………………………………121
1. 出島和蘭商館跡の概要 ………………………………………122
2. 貿易陶磁器の概要 ……………………………………………124
3. 輸出された国産貿易陶磁 ……………………………………125
4. 輸入品から見える世界 ………………………………………134
5. オランダ商館員が使った器 …………………………………141
おわりに …………………………………………………………145

津軽悪戸焼の生産と流通 ……………………………………… 佐藤雄生…151
はじめに ……………………………………………………………… 151
1. 悪戸焼諸窯の成立と展開 …………………………………… 152
2. 弘前藩領内出土・採集の悪戸焼 …………………………… 161
3. 弘前藩領外出土・採集の悪戸焼 …………………………… 167
4. 考　察 ………………………………………………………… 172
おわりに ……………………………………………………………… 175

北前船で運ばれた備前・備後産徳利の生活文化史的考察 ……………
鈴木重治…179
はじめに ……………………………………………………………… 179
1. 生産窯址の確認とその消長 ………………………………… 181
2. 北前船で佐渡・青森へ運ばれた備前・備後産徳利 ……… 197
むすび ………………………………………………………………… 207

南宋都城址杭州に流通した天目茶碗 ………………………… 関口広次…211
―米内山庸夫資料を中心に―
はじめに ……………………………………………………………… 211
1. 採集した天目茶碗片について ……………………………… 215
2. 天目茶碗の産地とその流通 ………………………………… 219
まとめ ………………………………………………………………… 232

14 ～ 16 世紀の沖縄出土龍泉窯系青磁における生産地の模索 ………
瀬戸哲也…235
はじめに ……………………………………………………………… 235
1. 研究略史 ……………………………………………………… 235
2. 青磁分類における生産地の概念 …………………………… 236
3. A 窯系と B 窯系の様相 ……………………………………… 240
4. 青磁 B 窯系の生産地に関連する情報 ……………………… 252
おわりに ……………………………………………………………… 254

アラビア半島ディバの陶磁器と生活 …………　佐々木達夫・佐々木花江…257

　　はじめに …………………………………………………………… 257

　　1.　種類と器種の地域的特色を探る ………………………… 258

　　2.　陶磁器の出土量と組合せ数 …………………………… 264

　　3.　陶磁器の特徴と関係性 ………………………………… 271

　　4.　地域内製品と中長距離交易品の組合せ ……………… 276

　　おわりに …………………………………………………………… 277

オランダ出土の東洋陶磁器―その流通と使用― ………………　金田明美…279

　　はじめに …………………………………………………………… 279

　　1.　オランダにおける東洋陶磁器の研究史 ……………… 279

　　2.　日本人研究者とオランダ人研究者間の交流 ………… 282

　　3.　ヨーロッパへの東洋陶磁器の普及 …………………… 284

　　4.　オランダでの東洋陶磁器の普及 ……………………… 285

　　5.　オランダで出土した東洋陶磁器 ……………………… 289

　　おわりに …………………………………………………………… 296

アジア海域を走る景徳鎮インテリア・タイル ………………　坂井　隆…303

　　―インドネシア・インド・トルコの18世紀―

　　はじめに …………………………………………………………… 303

　　1.　インド、コーチンのユダヤ教会 ……………………… 304

　　2.　インド、ラジャスタンのウダイプール王宮 ………… 305

　　3.　トルコ、イスタンブールのトプカプ宮殿 …………… 310

　　4.　インドネシア、マドゥラ島のモスク ………………… 312

　　5.　考　察 …………………………………………………… 315

　　まとめ …………………………………………………………… 318

あとがき ……………………………………………………………… 321

執筆者一覧 …………………………………………………………… 322

序論　中近世陶磁器の考古学

佐々木達夫

はじめに

　遺跡から出土した陶磁器を歴史資料として用い、各地・各時代に生産され流通し使用された陶磁器の連続した流れと変遷のなかで、過去の人々の生活を探る。陶磁器は生活で使用したため、人々の生活の変化に伴って新たな種類が生まれ、消え去った種類と器種がある。一定の時代と地域の生活を反映した生活の諸様相を探る手掛かりを遺跡との関係で身にまとい、考古学の研究方法で生活文化史を語る資料、「考古学陶磁器」に変貌する（佐々木 2013）。

　世界的に見ても、日本の中近世考古学の研究は進展が著しい。1970 年代から江戸の発掘が始まり、江戸時代の城郭や城下町を発掘する動きが日本全国に広がった。中世考古学より遅れて盛んになった近世考古学も、始めは文献史学の補助資料の提供者と言われた。そのうち、文献では窺い知れない日常生活の具体的な道具や使用の状態が分かることに気づいた。文献に記載のない地域、あるいは忘れ去られた遺跡に落ちている陶磁器片から、その遺跡の年代や交通路、使用者階層などが推定できると驚きの声も聞かれた。遺跡出土の陶磁器研究が文献史学からあまりに過大評価されると、それほど分かるわけでもないと考古学側は戸惑いを覚えた。いずれにせよ、遺跡から出土する陶磁器を資料とした研究成果には見るべきものが多くなった。

　それらの研究成果は報告書や専門学術誌に発表され、一般の方ばかりでなく考古学関係者も、その成果を簡単に目にすることが難しくなってきた。本書の目的は、中世・近世の遺跡から出土した陶磁器の研究成果を、手軽に身近なものとすることである。

1．遺跡出土陶磁器の歴史的価値

（1）陶磁器は生活品の一つ

　言うまでもなく、陶磁器は生活で使われたさまざまな道具の一つである。物

は腐り、遺跡から消え去るのが通常である。陶磁器やガラス、石器などは腐蝕しにくいため、数千年くらいなら捨てられた場所に元の姿をかなり留めながら残る。

いま私はアラビア半島の国境の田舎町にいる。オマーン国、アラブ首長国連邦のシャルジャ首長国とフジェイラ首長国の国境まで歩いて10分もかからない辺鄙な場所である。日常食料品のレシートを見ると、ブラジルのライム・ニワトリ、ノルウェーの燻製ニシン、イギリスのビスケット、デンマークのニワトリ、スペインのタマネギ・オレンジ、アフリカのレモン、中国のニンニク・ショウガ、フィリピンのバナナ、オーストラリアのニワトリ・ニンジン、ニュージーランドのリンゴ、インドの米・トウガラシ・タマネギ・ライム・マサラ・カレー粉・サモサ・ラム・マトン、スリランカのタピオカ、パキスタンのタマネギ・マサラ、ギリシアのオリーブ、トルコのチーズ、シリアの野菜漬物、ヨルダンのレタス・トマト、レバノンのジャガイモ、イランのレタス・ピスタチオ・カシュナッツ・カボチャ、エジプトのタマネギ漬物・チーズ・緑オリーブ・インゲン豆・ジャガイモ、モロッコの茶、サウジアラビアのヨーグルト、オマーンのトマト・ナス・カリフラワー・オクラ・インゲン豆・ズッキーニ・緑トウガラシ・カボチャ・レモン・鶏卵、アラブ首長国連邦のヨーグルト・牛乳・ラクダミルク・キュウリ・トマト・カボチャ・ズッキーニ・メロン・インゲン豆・緑豆・緑葉野菜・ホウレンソウ・緑トウガラシ・鶏卵・魚・ヒツジ・牛肉などと記される。加工品はレシートに産地国が記載されないものがあり、インドのサンダルや帽子、下着なども買った。大型スーパーマーケットには韓国や中国の電化製品があふれ、日本製は円安になった今、韓国製と並んで再び陳列される。町を走る車は今もトヨタである。

各国から食料品や生活品が運ばれ、それらを組合せて使用するのが2015年には一般的な日常生活となった。では、昔はどうだったか。地域や時代によって、あるいは階層によって、異なることは容易に想像できる。

ここで見たような食物は、食べられ腐り、遺跡から出土しない。人々が生活した部屋内に机や椅子、家具や寝具など生活に欠かせない道具があった。しかし、それらが発掘で出土することは稀である。裸でいたのではないのに、衣服も出土しない。陶磁器が生活で占めた役割や位置あるいは歴史的価値は、考古

学資料として重視されるほど、あるいは考古学者が無意識に時間をかけて扱うほどには、生活の中で高くない。

私は陶磁器やガラスの器を買わなかったが、150kmほど北のムサンダム半島先端のハサブに赤色素地の土器産地があり、そこで作った赤彩文土器香炉を今使っている。45kmほど離れたマサフィの黄色素地の土器は20世紀後半にパキスタン人が作り始め、アラブ首長国連邦最大の土器産地となった。小さな土器瓶を私も持っている。70km離れたラッセルカイマに20世紀後半に始まった陶磁器工場があり、家の衛生陶器やタイルもそこで作られた。近隣のホテルはこの工場で作った厚手白濁釉陶器の皿やカップを使う。私が食卓で使う陶磁器大皿は、フィンランドの会社がポルトガルで作ったので、ポルトガル産となる。スーパーではマレーシア産陶器が並ぶ。19世紀から20世紀はオランダ、イギリスなどヨーロッパ製の陶器が中国や日本の陶磁器より多く、それよりもイラン製の施釉陶器や無釉の土器のほうが多い。もっとも多いのは現地産が主体となるさまざまな種類と器形の土器であり、彩文や刻線文で装飾されたものもある。近隣のオマーンの施釉陶器は多くはないが、中国陶磁器より多い。

遺跡にはいろいろな種類の陶磁器が大量に残る。多くの物資の中のほんの一つの物であるが、出土状況を遺構と周辺環境のなかで検討し、遺跡出土の陶磁器を地域生活を主とした歴史復元の資料に利用する。その陶磁器の作られた場所や年代、生産地の技術的な系統や他産地との影響関係、政府や商人などのスポンサーの有無、藩の管理運営や産業政策、流行品の生産や注文生産の有無、他産地製品との販売摩擦や棲み分けによる製品規制、同じ産地内の製品の質の違い、販売の方法や流通圏とルート、各産地の製品特徴を捉えた使用の組合せ状態、同じ用途の器種でも産地が違うものがある文化的背景、ある産地の製品の種類・器種・質が他産地と違う生産的背景、日常生活で他の道具とくに漆器などと一緒に使用された文化複合的状態、同じ組合せの陶磁器が示す地域性や地域圏・文化圏、あるいは同じ階層や個人の趣向を反映する器形や文様、質など、陶磁器の流通と使用の研究で取り上げるテーマは多い。その研究から得られる成果は、ある家の食器構成と産地別組合せ、地域の流通、さらにグローバルな物の動きの歴史的変遷を考える基礎的な歴史資料となる。他に日常生活を具体的に示す資料が遺跡には多くないから、そういうことになる。

序論　中近世陶磁器の考古学

考古学の方法で遺跡出土の陶磁器を資料として歴史を探ることが適するテーマがあり、検討・分析が可能な内容がある。割れて捨てられゴミとなった陶磁器片だが、研究材料としては捨てたものでもない。

(2) いくつかのテーマ

生活の変化と生産技術の革新が相まって、生活品としての陶磁器はさまざまな形で変化する。その変化が時代的な雰囲気と作った産地の特徴を生み、使った地域の環境風土のなかの生活を特徴付ける。窯跡に残る陶磁器を種類や器種に分類し、それが流通して使われた遺跡を発見する。その種類や器種を出土した遺跡を時代別に地図上に印し、各遺跡の出土点数を数える。どの窯跡の種類・器種がどの地域に多く流通したか。それはどのように用いられたか。その基本的情報を整理し、様々な研究テーマに沿って資料を分析する。

陶磁器を焼いた窯跡の発掘を基本として、その製品の流通範囲と購入階層、需要に応じて変化した生産体制と製品の質や量あるいは種類・器種の調整、他地域製品を模倣することで生み出される新たな戦略的製品、他産地との競合による自製品の差別化と棲み分け、各産地の貿易摩擦と競争、そして廃業と復興、こうしたことは産地側から見た研究テーマとなる。同じ地域の窯が同じ種類の製品を作る、あるいは異なる質や価格の製品を作るなど、地域内の窯業生産の差別化も研究されている。

日本国内の事情のみでなく、中国の政治体制の変化やヨーロッパ王宮の趣味、そして世界貿易形態の変化も、遠く離れた日本の地方小規模産地の製品にさえ、生産する種類や器形、量、販売に関して、影響を与えた。藩の政策、商人や資産家の窯元への注文や資金提供による製品への影響、各地の使用者が窯元へ注文し、それに応えた窯元の技術水準の向上などの変化、陶工が置かれた生産環境は、時代の流れのなかで変化し続ける。これらも産地側の研究テーマとなる。他産地陶磁器が窯跡から発掘され、窯元に置かれた見本とその文様や器形の写しがわかり、注文側が送った見本図面が伝わると使用者と生産者が結びつく。

産地から運搬され、瀬戸物屋の店先に並ぶ陶磁器を選んで購入する都市民、行商人から定期市や旅籠で陶磁器を購入する各地の庶民、これらは購入者が自らの好みの陶磁器を購入し使用する状態や、販売された少数品を選択の余地な

8

く使用した状態を想像させる。流通研究のテーマの一部である。

　各地の多くの遺跡からは、一般的に主要な産地の類似した少品種で大量生産の製品が出土するが、それのみでなく、地方の多種類少量生産の製品、そして趣味が反映する限定的趣向の製品もあり、藩からの献上品・贈答品という特殊な陶磁器さえある。階層の違いを超えて遺跡から出土する特殊品は、下賜したか、所有した貧乏な武士が中古品として売ったか、あるいは盗まれたかと想像させる。高値で売買される中古品や伝世品を扱う骨董屋もあり、趣味の茶陶はとくに高価であった。こうした点は遺跡の発掘から流通を実証的に復元するのは難しいが、遺跡や出土品に痕跡をまったく留めない事象も多い。

　ある産地が販売する種類や器種が出土する遺跡の広がりを見ると、他産地品との棲み分けが、流通圏として遺跡出土品に反映している。商人による販売地域の選択や差別化、産地と消費地を結ぶ人・馬・牛・車・船などの運送手段や梱包方法、駄賃や荷積賃などの価格、運搬ルートや各種陶磁器の流通圏の広がりと重なりなどは、流通を中心に見た研究テーマである。

　広域流通品と藩内や狭い地域にのみ販売した陶磁器を、同じ家庭で組合せて使用するのも一般的である。肥前磁器は日本各地に流通したが、詳細に見ると時代的な変化や地域ごとの流通状況の違いがある。加賀藩は藩内殖産興業として九谷焼の生産と使用を支援したが、金沢の遺跡で陶器は九谷焼を多く使用しても、磁器は肥前から購入した量が多い。同じ日本海側の豊岡市出石城で17世紀は唐津や肥前から陶磁器が多く運ばれたのは金沢と同じだが、18世紀から19世紀は有田と波佐見の磁器がほとんど流入しない。多くの磁器は出石の在地製品であり、日本国中に流通したと言われる波佐見くらわんか碗皿が僅かである。こうした地域的な特徴は、地方窯製品が藩の政策、商人の思惑、陶磁器の質と量、価格、各地域でまったく異なる陶石や燃料の存在、道路網や航路の発展、港町の整備など、陶磁器の流通に与えた諸要因の組合せ結果を反映する。藩の財力や地元商家の富も、他産地の良質品を購入するか否かを決める要素であった。これも流通研究のテーマである。

　産地やその近隣地に残らない陶磁器がある。焼いた製品は販売するから、地元に残らないのは一般的であるが、遠隔地のみに輸出販売し、近隣や国内に販売しない陶磁器がある。17世紀前半の日本向け景徳鎮の古染付、17世紀後半

序論　中近世陶磁器の考古学

のヨーロッパ向け有田色絵磁器、あるいは 19 世紀後半の欧米向け九谷色絵磁器は、その代表例である。

　輸出中心の製品は一般に十数年から数十年で途絶えるが、イギリスのストークオントレントは 18 ～ 19 世紀に南北アメリカやロシア、スカンジナビアに輸出する大量の磁器を生産した。それらは地元の遺跡から出土せず、地元と輸出先の遺跡出土品を比較することが難しい。特定地域に向けた生産形態と大規模な流通を、文書や歴史背景から検討する必要もある。

　また、地元用と輸出用の両方を兼ねた陶磁器を生産する窯もある。大規模な産地に多い形態で、その製品は離れた地域の遺跡出土品を比較することができる。地元用のみの陶磁器を生産する窯は一般的で、地域内のみの製品流通の様相を解き明かす資料となる。隣接する藩同士の地元産陶磁器流通が、どのように相違するかを比較するのも新たな研究視点となる。

　遺跡出土品の使用に関する課題は多い。人々の生活を研究するうえで、廃棄品の扱い方は重要である。遺跡出土の陶磁器組合せは、地域的なまとまりと同時に地域差も見られる。一般にその地域で作られた製品が多く出土するが、港町などの流通拠点では広域流通品が多くなる。人々が生活し食事した場所では碗皿鉢などの食器が出土し、職場として勤務した場所では茶を飲む土瓶と茶飲碗のみが出土するなど、異なる器種の組合せとなる。都市や町の生活で、産地が異なる陶磁器を日常品として共に使用する状態を探る、使用した陶磁の組合せの違いから使用者の階層や趣向を探る、こういうテーマは使用を探る研究である。生活文化史の基礎資料となる各地の生活陶磁器の使用様式研究の一部となる。

　各地の様相を具体的に知り、それらを比較すると同時に、一つの遺跡内の出土状況から生活の様相を深く掘り下げる。武士や町人など同じ階層の人々でも、地域によって使用する陶磁器が違い、同じ地域内の同じ階層でも類似する場合と異なる場合がある。隣り合った同じ武家屋敷、町人屋敷でも出土する陶磁器組合せに類似性と相違性が見られる。狭い一カ所の研究が広い地域を考える基本となり、それは時代によって変化する。特殊な一括資料を除くと、一般に層位出土資料が研究材料となる。同じ層位の資料でも、気候風土を含めた社会環境の変化、人々が年齢を重ねる生活の変化さえ内包され、それぞれの人生を反

佐々木達夫

映している。

2. 出土陶磁器研究の問題と事例

(1) いくつかの問題

　いま私たちが住む家が壊れたとしよう。そこを発掘すると、家周囲に捨てられたゴミが出土するかも知れない。なかに割れて捨てられた陶磁器が見えたとしても、それは生活で使用した陶磁器の一部である。生活で使った陶磁器を使用した様子や、使用状況が復元できる状態を、捨てられた陶磁器の一部に見るのは難しい。最近はゴミ収集車が運び出し、なおさら出土する陶磁器は元の使用状態から懸け離れている。ゴミは武家屋敷の裏庭に掘った穴に捨て、地下水位の高い町屋敷の嵩上にも利用したが、通常は近世の都市でもゴミは都市外に運び出された。家跡を発掘しても、家周囲から生活で使われた陶磁器が出土したと言えるか、疑わしい。偶然に一部のみが残る陶磁器、それを偶然に発掘で拾い上げたという制約に溢れる資料である。それでも、扱える問題点を明らかにし、廃棄され廃墟から出土する陶磁器を、さまざまな目的・視点・論点と研究方法で検討し、歴史資料として活用する。

　物を作るのは当時の社会で需要があり、製品を購入して生活する人々がいたからである。同業者仲間の窯株制度や、人々の生活の仕方と好みは生産者に影響したが、江戸時代なら藩の殖産興業や財政政策、商人資本の活用など、生産者が影響される産業構造がある。それらは文字記録が豊富な文献史学の成果を利用する。文献と物、伝承などを利用しながら、物を通して様々な歴史的課題を追究する。

　古代中世と比べて近世は日記や帳簿など文字記録が多く残り、伝承もあり、窯がいつ創業され廃業されたか、創始者が誰か、などが分かる場合がある。日記には購入した陶磁器の産地と価格、入手先が記される。文献史学の成果も考古学の成果に示唆や大枠を与える利便があり、陶磁器研究の方向性に影響を与える。40年ほど前、私は日本海を流通した中近世の陶磁器を遺跡から数量的に分析し、時代的な産地別陶磁器の変遷過程を述べた。それに対し、オランダ語文献に記される年月ごとの陶磁器の数量を研究したオランダ人から、遺跡出土品を使わずにより詳細な研究ができると指摘された。その通りである。文献

が残る場合はそれを利用し、文献記載がない場合は考古学資料を活用し、使える考古学資料や文献を併せて用い、目的の歴史を復元する。近代になると、近世より多くの文字記録や統計資料があり、考古学の研究方法が変化する。

　問題は研究の目的設定であり、それに沿う研究資料が当該の時代や地域内でどの程度残るかという制約である。日本海の流通に関してはオランダ文献に記載はないが、オランダ貿易は主に文献から研究するのが適する。文献記載が十分でない場合は、考古学の研究方法が有効である。離れた地域を比較し、時代的に長い期間を扱う場合、また特定の狭い場所を研究する場合も、文献より考古学が成果を挙げることがある。

　遺跡出土品ばかりでなく、博物館に所蔵展示される陶磁器を使った美術史的な研究にも成果が見えるが、通常は考古学と扱うテーマと方法が違う。流通や使用状態、道具としての組合せ、生活で使用した数量的な問題などは、美術館の所蔵品で探るのは適さない。生活の基本である土鍋や擂鉢などは美術品でないから、美術館作品で生活の研究はできない。異なる方法と検討材料を使用する文献や美術的な研究成果も利用しながら、主に遺跡を中心として歴史的・考古学的な陶磁器から復元しやすい課題を中心として扱う。

　遺跡出土品から探る諸課題、すなわち研究史を踏まえた問題意識と問題点、その問題点の現在の研究水準と到達点、さらに研究を進めるための方法や資料そのもの、資料の扱い方と研究方法の開発、目的に至るための視点と方法の明確化、などが諸課題に含まれる。研究史から浮かび上がらない問題、すなわち誰も問題としない課題の発見とそれに取り組むことは、もっとも重要である。

　広域流通の大産地の陶磁器を扱う、狭い範囲に流通した小規模産地の陶磁器を扱う、特殊な流通をした陶磁器を扱う、広い地域のグローバルな視点で陶磁器を扱う、限定した地域で地域性を反映したミクロな視点で陶磁器を扱う、特殊な用途の陶磁器を扱う、一つの遺跡の出土品を詳細に見て産地・流通・使用を考える、等々、研究対象となる陶磁器とその研究方法は多様である。

　窯跡発掘は産地研究の基本である。物を通して物の背景となる歴史を探るには、物の作られた年代と産地研究が前提となる。瀬戸や有田など大産地の研究は窯跡の発掘を中心に進むが、小規模な地方窯の研究はまだ発掘が少なく、今後追究すべき課題である。考古学資料の年代は、文献資料と違い、ある程度の

幅のある年代である。窯跡のまとまった出土品は生産年代が近いが、それでも暦年代をしぼるのは難しい。遺跡から出土するのは購入時期が違う、すなわち作られた年代が違う陶磁器の組合せである。同じ層位から出土しても、同時に捨てられたかどうか分からない。同時に捨てても、作った時代は違う。従って、資料となる陶磁器の年代は数十年の幅をもつのが一般的である。

　商品の運搬・輸送には沈没船資料などが手掛かりを与える。これも重要であるが、生活文化を知る資料の大部分は生活・消費遺跡の出土品から得られる。生活に即した雑多な道具の組合せと使用者の関連で、物の使われ方を探る利便性が陶磁器にある。

　私が知りたい課題の一つに器の用途がある。学生の頃の発掘現場で出前ラーメン丼にタバコの吸い殻が捨てられたが、ラーメン丼が灰皿代わりになる状態を考古学で探るのは難しいと思った。飲み干したコーヒー缶がタバコの吸い殻入れになる状態は、後で分かると感じた。有田のチョコレートカップは欧米に輸出されチョコレートを飲む容器として利用された。中国のコーヒーカップも西アジアでコーヒーを飲む容器に限定できる。しかし、同じ器形でも時代や地域あるいは個人によって、使い方が異なることもある。考古学が、個人の趣向や生活態度まで扱えるか、あるいは同じ年代や地域の類似したグループの人々の生活を復元することを基本的な課題として、そのうえで特殊例を研究するという問題がある。

　製品がどの地域のどの階層に使われたかという流通の問題も、遺跡出土品の研究では基本的な課題である。藩や商人が生産品の種類に影響を与え、注文品が生産地の発展や質の向上に影響し、町の瀬戸物屋が多くの産地の商品を提供した。田舎では行商人が定期市や旅籠で少数の商品を販売した。一部の階層のみがもつ特殊な陶磁器は贈り物か、武士が町人富裕層に中古品として販売したか、盗品であったか。遺跡出土品の流通由来を発掘で知ることは難しい。

　物を作るのは売って儲けるためであり、贈答品もあるが、人々は使うために物を買う。大量生産や特殊な注文品の場合もある。特定地域へ輸出した種類や器種もある。買って使って、壊れて捨てる。地震や火災の災害で壊れて捨てた場合もある。江戸は大きな穴を掘って埋めるが、京都は地面を嵩上げするために居住する土地内に陶磁器を含む瓦礫土砂を留め置いた。遺跡を発掘すると、

序論　中近世陶磁器の考古学

その場に捨てられた物は出土するが、たまたま発見された偶然性が高い。もし他の場所に物を捨てれば、発見できない。具体的な一つの場所の例がどれだけ地域の歴史を反映するか、一般化できるか、統計的に地域の歴史的性格が探れるか、等については疑問もある。それでも考古学は、限定された条件下の出土品を用いて、地域の歴史復元を続ける。

(2) 流通研究の一事例

　陶磁器の流通研究の例は多いが、その一つの例として、2006 年開催の日本貿易陶磁研究会第 27 回研究集会を振り返る（佐々木 2007）。前年のテーマが遺跡出土の一括遺物で、流通過程を示す一括遺物の存在も話題となった。そこで、不明点が多い中世末から近世の生産地と消費地をつなぐ商人活動に伴う陶磁器をテーマとし、商品の陶磁器を運び保管し販売した流通状態を検討した。取り上げた課題は次のようであった。

　史料から流通の組織や制度、商人と船員、多種多様な生活雑貨のなかに積まれた陶磁器、船の経路を探った。商品を積んで沈んだ船の陶磁器年代や種類の組合せ、目指した港を考えた。商品を保管した港町で災害に遭った倉庫、火災で焼けた町の小売り茶碗屋の様相を探った。タイ陶磁壺からみる容器としての利用や転用の様相も取り上げた。中国陶磁器の流通に、一時的に加わる肥前磁器の海外流通の意味を考えた。

　流通に関する文献研究では、中国を中心とする海上貿易のなかに占める日本の役割と様々な貿易品のありかたを問題とした。戦国末〜江戸初期に行われた朱印船貿易、東南アジアに定住した日本人貿易者の鎖国以後の活躍、その後の近世長崎貿易など、日本とアジア双方の史料から陶磁器流通の実態と背景を描きたい。中国史料から明清時代に華人とくに福建商人が中国沿海を船で生活品を積んで往来し、船の安定のため陶磁器を底荷に積む状態を推定したい。船主と船員、船の大きさ、荷積価格、出港地や到着港なども話題としたい。中国沿海の船は 20 名ほどが乗り、中国から海外向けの船は 100 名ほどと規模が大きいが、積荷の種類の違いもあるのか。清時代の粗質な福建染付が世界中の遺跡で見られるのは、福建商人の活動を反映しているのか。中国船はシンガポールまでの範囲、とくに中国沿海を往来したが、出土陶磁器はそれを反映している

14

か。

　長崎から輸出された陶磁器は華人とオランダ人の商人が扱い、オランダ東イ
ンド会社の文字記録から貿易状態や個数がわかる。オランダ側の個人積荷、脇
荷であっても日本では正規輸出品と数える。日本で陶磁器を記すのは中国船
の漂着、幕府提出書類など例外的なもので、中国史料でさえ積荷の陶磁器が記
載されるかは、役人個人によるところが大きい。東インド会社の詳細な記録
と同様の史料を、中国・日本で求めることはできない。史料が偏在するなかで、
ヨーロッパと東アジアでは研究方法に違いが生まれる。東南アジアとヨーロッ
パに広がる中国陶磁器は、福建磁器と景徳鎮磁器に分かれる。これは船が福建
を出港するか広東を出港するかの違いなのか。港によって積荷の種類が変わる
か。東南アジアの中継地で積荷が混じるか。幹線的な航路を利用する各国東イ
ンド会社の長距離交易船は積荷入れ替えの拠点港があるのか、地域内交易船は
各地で頻繁に積荷を入れ替えるのか。福建磁器に景徳鎮磁器が混じらないのは、
景徳鎮磁器が内陸経路で福建より南の広東から輸出されたためか。肥前磁器は
日本国内で中国磁器に取って替わるが、海外では中国遷界令の時代にさえ景徳
鎮磁器が多く出土し、肥前磁器は少ない。日本に入る中国磁器に民窯製品が多
いのは日本人の好みの反映か、あるいは価格のためか。

　陶磁器を運んだ船の船籍や商人をどのように判定するか。スペイン船サン・
ディエゴ号は中国磁器、タイ壺、ミャンマー壺、スペイン土器など各地の陶磁
器を積んで沈んだが、積荷のみから船籍を推定するのは難しい。中国船で、船
主が江南人で船員は福建人あるいは外国人の場合もある。東南アジアに定住し
た日本人貿易者の鎖国後の活躍や長崎港から積み出した肥前磁器の出土割合、
日本・中国・オランダの史料と遺跡出土磁器の比較は注目される。肥前磁器を
運んだのは日本船か、オランダ船か、中国船か。東南アジアへ肥前磁器を運ん
だ日本船は鎖国後に活動を停止し、オランダと中国が運んだか。スペインの植
民都市マニラまで華人が運んだ肥前磁器は、スペインのガレオン船でメキシコ
に運ばれたこともマニラ遺跡出土品で見えてきた。

　16世紀末～17世紀前半の中国磁器とタイ陶器の組合せと流通は、南蛮船が
活躍したマニラと堺の遺跡、それらの繁栄時期と同時代の小値賀島山見沖海底
遺跡から推定される。南蛮船が中国磁器とタイ陶器壺を大量に積んだことはス

序論　中近世陶磁器の考古学

ペイン船サン・ディエゴ号の出土遺物から明らかで、本拠地マニラでは 16 世紀末〜 17 世紀前半の中国磁器がタイ陶器壺とともに大量出土する。大壺はそれ自体が商品の場合の他に、内容物を入れる容器や船員用の水容器として使われ転売されたが、流通圏を考えるには有用である。中国壺とタイ壺の利用は広範囲にみられ、組合せで流通した。堺から出土したタイ壺の硫黄などの中身は堺で新たに入れられたか、タイから運んだときから入っていたか。17 〜 18 世紀の日本の磁器流通は中国磁器から肥前磁器へと交替するが、その具体的な状態と流通を示す遺跡を取り上げる。長崎は中国磁器を輸入する一方、日本の磁器を積み出す港であった。万才町遺跡の寛文大火整理土坑、出島和蘭商館の寛政火災に伴う整理土坑など、流通を具体的に示す倉庫や蔵から出土した陶磁器を検討する。中国・日本の磁器を海外に流通させた担い手である唐船（中国ジャンク船）や紅毛船（オランダ船）の活躍を遺跡出土品や博物館コレクションの陶磁器から検討し、日本国内の流通品と比較する。肥前磁器の主要な消費地の一つベトナム、陶磁器の集散地であったインドネシアのバンテン、海商の鄭成功一派の本拠地台湾、こうした遺跡の新資料を、唐船で流通を担った商人を背景に紹介する。

　18 世紀以降の磁器普及については、肥前磁器が普及する過程の流通に関わる遺跡の出土状況を紹介する。枚方宿遺跡は年代が推定できる火災層から同種類の碗、皿、仏飯器、香炉などが出土し、町人に販売する小売店としての茶碗屋で、淀川水運の肥前磁器流通の一面を語る。大坂の佐賀藩蔵屋敷遺跡や広島藩蔵屋敷遺跡は藩が経営する流通を伝えるが、近世最大の消費地である江戸における陶磁器流通の様相も、陶磁器の出土状態から蔵の存在を復元することが可能となった。

　消費遺跡からは大量の陶磁器が出土し、層位的あるいは一括品として出土する場合もある。それらが生産地からどのように運ばれたか、その流通過程を伝える遺跡の具体的な様相を探ることが研究テーマとなった。しかし、港湾都市でも倉庫と推定できる遺跡はきわめて少ない。商品としての陶磁器が流通する状態を示す遺跡を既刊の報告書と出土品の検討のなかで再発見し、商人の姿を浮かび上がらせ、様々な課題に迫る発表が期待された。

　研究会で取り上げた一つの研究例を紹介したが、ここで触れなかった課題や

新たな研究テーマが多々ある。多くの課題や詳細に掘り下げた問題点を、本書所収論文が取り上げることを期待している。

3．物の移動と交流

（1）陶磁の道

　陶磁器が歴史学の資料となった 19 世紀末から 20 世紀前半にヨーロッパ人研究者は、西から中央アジアを経て中国へ物や文化が移動したことに関心をもった。20 世紀前半の日本の東洋史学は中国文字資料を用いて東西文化交渉史研究の成果を挙げた。20 世紀中頃を過ぎると、西から東へばかりでなく、中国から西へ、海と陸の道を通した貿易や文化交流が研究された。これらの成果が一般にも知られ、20 世紀後半には遺跡に落ちている陶磁器片から具体的な目に見える東西アジアの文化交流史が研究できると認識され、中国から西へ運ばれた陶磁器が強調された。すでに脚光を浴びていた草原とオアシスのシルクロードを前提として、中世アジアの「海の道」「海のシルクロード」が具体的な考古学資料で紹介され、第二次大戦後の日本のアジアの東西文化交渉史研究の中核に位置付けられ、一般の人々の関心を高めた。こうした学問的・時代的な流れを背景に三上次男の『陶磁の道』（三上 1969）が刊行され、考古学分野で陶磁器の流通を扱う潮流が確立した。

　三上が生きた時代に学問水準と人々の求めるものは、各地に中国陶磁器が広がるという事実であり、それは驚きと深い関心を人々に与えた。陶磁の道について、今の研究者が求める研究水準は、すでに発見された陶磁器片を探し整理するばかりでなく、遺跡を自ら発掘してどのような場所からどんな遺物とともに陶磁器が出土するかを記録し、その資料を解釈して陶磁の道を研究することである。陶磁の道は、今は地域史の生活文化交流の研究となり、各地の地域史を陶磁器という物を使って結ぶことにより、新たな世界が見えてきた。

　発掘されたが遺構と切り離され、あるいは新たに採集された資料を用いる研究から、発掘で遺構と出土品の関係が分かり、考古学研究方法の基本となる物の関係性を重視した研究に進展している。そこから得られる研究分野の開拓と研究成果は深化している。陶磁の道の研究範囲はヨーロッパ、アメリカにも広がり、流通圏の研究を超えて、地域史のなかで貿易史や技術史、文化史として

序論　中近世陶磁器の考古学

扱われ、それらを結ぶことで複雑化した多くの課題が生まれた。

　当初は中国陶磁器を主たる研究資料としたが、貿易史・交流史の歴史研究では、その他の資料も用いる。近世はヨーロッパや中国の文字資料から全体的な様相が分かり易く、豊かな知見がすでに得られており、遺跡出土の陶磁器を用いた個別的な成果よりも歴史全体を描きやすい。しかし細部を見ると、近世でも考古学の遺跡や出土品が示す事実は、それまでの知見を書き換える新発見がある。陶磁の道研究は貿易史研究と重なり、貿易史や交流史の研究分野の一部でもあり、経済に基づいて文化面を掘り下げた生活史や文化史とも位置付けられる。

(2) 地域比較の多様な世界史

　作られた物は使う場所に売られ、その流通ルートは徒歩や動物、車、船などで運んだ陸路と水路の運搬路となった。世界各地の博物館所蔵品や遺跡出土品のなかに中国陶磁器を見出し、それを紹介する作業が今も広範な地域で継続される。踏査によって、新発見の遺跡から中国陶磁器を見つけるのも類似した作業である。これは「陶磁の道」研究と同じ目的と方法による資料の面的・量的な拡大である。同時に、地域や時代の変遷、遺跡の種類や性質の違いで、出土陶磁器に相違があることやその様相が研究され、中国陶磁器の種類や器種、数量、産地の変化が判明した。地域と環境に適した生活様式の違いを反映して、各地産の陶磁器や生活用具と組合せた中国陶磁器の研究も各地で成果を挙げる。通時性と共時性が絡み合うなかで地域間比較の成果を、さらに比較する研究が進む。

　陶磁器を中心とした研究成果は複雑な歴史のなかの一つの地域様相で、文字記録や他の資料から描く世界を動かす貿易や文化の交流の本筋と、別の様相となることがある。物の一つである陶磁器は、考古学では遺跡に多く残るため扱いやすい資料であるが、最重要の貿易資料ではないため、交流史の本筋を描き出すのに最適とは言えない。経済発展の状況は政治的な地理的範囲と関連して文化や環境など諸要素が絡み合い、貿易史や交流史の広範囲の時代的な共通的雰囲気のなかで変遷する。この大枠に陶磁器研究の成果を組み込むのが基本的な作業となる。

三上の「陶磁の道」は南シナ海とインド洋を海上貿易で運ばれた中世中国陶磁器を象徴的なものとした海の道である。一つの国や狭い地域の歴史を研究対象とするのではなく、広域社会を扱い、世界史・グローバルヒストリーの研究分野である。遺跡から出土した物としての陶磁器から同時代の広い地域史を輪切りにし、その関係性を読み解こうとする。それぞれの民族国家、領域国家、地域圏、文化圏、さらに文明圏さえも超え、あるいは結びつけ、文化や政治経済の関わりの中で、陶磁器の流通と使用から世界の交流を扱う。陶磁の道は生産した国や地域の政治経済の状況や生産技術、貿易や運搬の手段や方法を課題とし、受け入れ側では使用と使用者ばかりでなく、類似品の生産や競合、器形や用途、文様面では地域社会の生活と文化に与えた地域内の影響と交流の様相も研究対象としている。

　世界史と地域史の双方の研究が相伴って、新たな見方から歴史を見直す。中国陶磁器を中国国内だけで見れば、あるいは美術品としてのみ見れば、より広い世界の中で果たした歴史的な役割が見えない。中国と東アフリカなど、歴史的には関連がないと思われがちな地域が、遺跡出土の陶磁器によって交流の存在を示し、その知られざる交流の歴史を具体的な物から取り上げる。周辺地域との関わりばかりでなく、遠く離れた地域と歴史的・文化的な関連があったことを示せるのも、遺跡出土陶磁器研究の特徴となる。

　中国陶磁器から見る世界と、中国でない国の陶磁器から見る世界では、復元される歴史の姿が違う。時代や環境が変遷すると流通圏や商品は変化し、政治や交通状況によって左右される。陶磁器以外の遺跡出土品からも、陶磁器から見た世界と別の世界史が見える。研究資料が変われば描かれる世界が変わり、歴史復元の成果と解釈も変わる。遺跡から出土しないが、米や小麦粉、砂糖、塩、野菜、薪や木材、絹や綿製品、様々な種類の手工業製品など、食料や生活物資が海の道を利用して各地に運ばれた。当時運搬された産物の名称や産地あるいは輸出地は、中国人航海者が宋元時代に中国語で書いた記録や、10 世紀から 14 世紀にアラビア語で書かれた旅行記録から概要が知られる。

　偶然に残った考古学資料でも歴史は復元できるが、それは当時の社会を全体として捉えていない。他の種類の遺物からは、別の世界が描かれる。遺跡に多く残る陶磁器は数多くの物資の一つに過ぎない。遺跡で発見される陶磁器のみ

序論　中近世陶磁器の考古学

から描く交易史と、他の資料を用いて推測した貿易史は異なる様相を示す。中国陶磁器だけに資料を限ると、限定され偏向した歴史像を作り出す。

　陶磁器に限っても、中国を中心とするばかりでなく、他の地域を中心に考えることもでき、周辺地域が中心地域に変わることもあり、未知の新たな地域圏が意識される場合もある。地域ごとに遠距離交易路や周辺を結ぶ近距離の交易路があり、陶磁の道やシルクロードでイメージする道もそのうちの一つに過ぎない。世界各地の人々の生活はそれぞれの地域を核としながら他地域と関係をもち、複雑に変遷している。

4．遺跡出土陶磁器に見る流通と使用

　生産には技術者だけでなく、税をとり管理する役所や商人も関わった。流通と言っても、生産地から消費地まで運ぶ輸送のことのみを言うのでなく、生産者が売るために作って、商人が運んで売り、人々が生活で使うという一連の切り離せない行為を指す。その隙間にこそ新たな研究の萌芽がある。考古学が最初の資料を得るのは、作った窯跡と使った町や都市跡の発掘である。生産と使用を結び付け、その周辺の歴史を探る研究は流通研究と呼んで良いのだろう。

　水中考古学が明らかにする海底に沈む船の積荷、あるいは海岸に打ち寄せられた海揚品など、運搬中の状態を窺わせる資料も増えた。陶磁器を扱う近世後半・近代の商人活動については、日本では文字記録の豊かさから文献史学が圧倒的な成果を挙げている。遺跡の発掘で文字記録の発見は稀で、遺跡出土陶磁器と文字を併せて陶磁器の流通が判明するのは例外的である。商人の姿は、遺跡の発掘ではほとんど見えない。

　その代わり、遺跡を掘ると生活で用いた陶磁器が大量に発見される。それこそが考古学が十分に活躍できる場であり資料である。出土した陶磁器から、武士や町人の階層の違いも見えるし、同じ道具を違う階層が使うことも分る。茶道具など日常生活品と異なる陶磁器も各地で少量ながら出土する。複雑でより具体的な生活や文化の様相も、出土陶磁器から見えつつある。住民がどの陶磁器を選んだか、その理由は主に用途であろうが、見た目と好み、形や質、美しさ、使い易さも要素の一つになる。気候風土や季節による使い分けもあり、19世紀のエジプトでは寒い冬に冷える中国磁器瓶を使わなかった。出土陶磁器を

20

遺跡のなかで解釈する方法や要因は多様である。

　広い範囲を見渡す視点、狭く深く掘り下げる視点、陶磁器のみを扱う、陶磁器以外の他の生活具と共に陶磁器を扱う、いずれも必要である。生産地と消費地の製品を比較する、同じ地域内で武家屋敷と町人地の出土品を比較する、これも発掘件数と資料の増加によって可能になった。他の地域の同じ階層の人々が使った陶磁器と比較することも、同じ研究水準の発掘が各地で増えたため可能になった。広い範囲が発掘されると、武家屋敷内の職種や階層の違う人々の用いた陶磁器の違い、隣合わせの町人屋敷から出土した陶磁器に違いがあることも分かる。広い範囲の比較と、狭い部分の詳細な研究が、同時に追究されている。

　遺跡内の一つの遺構から出土した陶磁器を詳細に見て、用途や産地、流通に関して想像をめぐらせながら検討し、どのような使用状態だったかを推測するのは楽しい。陶磁器が発見される遺構数が増加すると、流通や使用に関する仮説がより確実性をもち、豊かな解釈が得られる。そこから導かれた生活の歴史は具体的で説得力があるものとなる。遺跡出土の陶磁器研究は、狭い一か所の発掘現場から家族の生活様相を探る、そして、グローバルヒストリーに代表される広域の諸関係を探る、この二つを両側においた幅広いものである。

おわりに

　古代ばかりでなく中近世の遺跡も発掘調査が継続的に行われ、陶磁器などの資料が増加し、新たな流通研究の詳細な検討が進みつつある。

　遺跡出土の陶磁器を私は「考古学陶磁器」と呼ぶが、その生産や流通、使用のどこに重点を置くか、どのような種類の遺跡と出土品を扱うか、どの地域の遺跡に焦点を当てるか、いかなる視点で研究に取り組むかで、本書所収の各論文の内容には違った面が見える。地域や遺跡との関わりを十分に検討し、現在の研究水準を超える研究方法と資料の扱い方、そして問題点を明らかにし、研究の成果を分かりやすく提示し、遺跡出土の陶磁器を読みやすく記述する。

　本書は全体の構成が決まってから論文を依頼したのではない。最新の研究成果を集めたら、このような構成になった。そのため、どこから読み始めても良い。中世・近世の世界各地の陶磁器の流通と使用に関する研究内容が、どこを

序論　中近世陶磁器の考古学

開いても見えてくる。本書は、遺跡から出土した中近世陶磁器を利用した、その時代を考古学で読み解く歴史文化の書である。

参考・引用文献

佐々木達夫 2007「趣旨説明：中世末〜近世の貿易陶磁流通の諸問題」『貿易陶磁研究』27、1-3頁

佐々木達夫 2013「歴史資料としての遺跡出土陶磁器」『陶磁器流通の考古学』高志書院、3-24頁

三上次男 1969『陶磁の道』岩波新書

発掘調査が語る有田焼の生産システム
── 需要の推移とともに柔軟に姿を変えた有田焼の400年 ──

村上伸之

はじめに

　有田は2016年に、有田焼創業400年の節目の年を迎える。これは磁器創始の年と捉えられがちだが、年代については1610年代中頃ということまでしか、これまでのところ明らかではない。ただ、1616年という年の本質的な意義は、別のところにある。誕生期の有田の窯業は、弱小の陶器産地に過ぎなかった。しかし、ちょうど磁器が誕生する頃の1616年、今日では陶祖として崇められる朝鮮半島出身の金ヶ江三兵衛（李参平）が有田に移住し、リーダーとして今日に続く産業的磁器生産の基盤を構築した。つまり、1616年を起点として、有田はまったく新たな窯業地として創業したのである。それから400年。その技術が一度も途絶えることなく、産地としての規模も大幅に縮小することもなく、一貫して磁器専業の産地として今日を迎えたのである。

　しかし、窯業が続いた理由を、もっぱら磁器の創始に帰結させることは必ずしも正しくない。事実、有田の周辺でも、同様にいくつかの地域で磁器の生産が試みられたが、ほとんどは短期に終始している。これは原料の多寡もさることながら、産業的磁器生産体制を発展させるため、取り巻く状況を敏感に察知して、絶えず生産システムに改良を加えてきた柔軟性の賜物だからである。

　有田ではじめて本格的に窯業に手が加えられたのは、磁器創始から20年ほど経過した1637年の窯場の整理・統合である。それ以前の有田には明確な統率系統はなく、それぞれの窯場が独自に競い合い、常に過当競争となる火だねを抱えていた。しかし、それを「有田皿屋」として統合することによって、産業的磁器生産体制の基盤が構築されたのである。それ以後、1650年代後半頃には、窯場の大移動を伴う窯業の再編や、需要階層別分業による窯場の性格の固定化が図られ、1684年の清の展開令を契機とする海外輸出の減少と国内市場への回帰では、一つで幅広い需要階層に対応できる新様式の製品を開発した。

また、18世紀前半には、各需要階層別に生産を担う地域を、時代の変化に応じて再配分するなどの対策が図られた。さらに、19世紀になると全体的な生産技術の向上により、各需要階層向け製品の質差の維持がもはや不可能となった。そのため、全国的な磁器生産の普及もあり、相対的に下半ランクの生産からは撤退し、窯場によって生産器種を分ける器種別分業に転化したのである。

　このように、消費や流通の状況に合わせて、常に生産システムを変化させてきたのが400年の有田の姿である。こうした変遷については、文献史料では断片的に触れられるに過ぎないため、すでに1世紀を超える有田焼の研究においても、ほとんど顧みられることはなかった。しかし、ここ30年ほどの間に盛んになった発掘調査によって、現在66ヵ所を数える登り窯跡の大半に調査が及び、製陶業者の工房跡などの発見も加わって、急速に各時期の窯業の実態が明らかになってきたのである。ここではそうした有田の窯業の生産システムの動向を中心として、有田焼400年の歩みを通観してみることにしたい。

1．有田の窯業成立とその背景

　日本の先導的な磁器の産地である有田は、江戸時代においても常に安定した製品の供給を行っており、あたかも当初から肥前の中核的な地位を担ったかのようなイメージを抱かれることも多い。しかし、逆に成立後しばらくの間は、近い将来の展望すら描けない産地で、いつ跡形もなく消滅するかもしれない、肥前の窯業地の辺境に位置する弱小の陶器生産地に過ぎなかったのである。

　肥前の近世窯業は、1580年代後半頃に突如として岸岳（佐賀県唐津市）に誕生した、朝鮮半島系の技術に基づく窯場を源流とする。この窯業は、当時の国内の既存の窯業と比べ、製品への施釉を基本とし、焼成には大規模な登り窯を用いることをはじめ、技術的にははるかに先進性を有していた。しかし、いかんせん生産規模の小ささを克服することはできず、当初は日本の主要な窯業地に数えられることはなかった。しかし、これを一変させたのが、文禄・慶長の役（1592〜98）に伴う朝鮮半島からの多くの人々の移住である。現在の伊万里市周辺を中心として多くの窯場が開かれ、先進的な製品を量産できる基盤が確立したことにより、一気に日本の中核的産地へと変貌を遂げたのである。

村上伸之

　この肥前の窯業は、朝鮮半島の生産技術に起因するため、消費者の意思が関わらない生産現場の技術ではほぼそれが継承されており、焼成の際の窯詰め技法なども当時の李朝流が貫かれていた。すなわち、上級品は匣鉢に詰め、中級品はトチンやハマなどといった焼台類に一点ずつ乗せ、下級品の皿などは目積みして直接重ね焼きしている。また、上級品生産窯ではそれぞれの窯詰め方法が混在し、

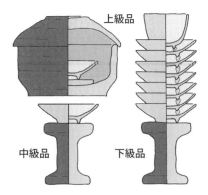

図1　肥前磁器の窯詰め技法

中級品生産窯では匣鉢詰めがなくなり、下級品生産窯では重ね焼きのみとなる。ただし、肥前の陶器の場合は匣鉢詰めはないため、李朝の中級品以下の技術が導入されたことが分かるが、この差によって当初は陶器の中にも上・下のランクが設けられていた。

　肥前における生産規模の増大に伴い、窯業地も急速に周辺へと拡散した。その一つが有田に成立した窯業で、陶器の組成や特徴などから1600年代のことと推測される。当初の窯場は、おそらく3ヵ所（小溝上窯跡、天神森窯跡、小森窯跡）程度に過ぎず、窯業独自の生活圏域を有することもなかった。従来の農業を主体とする人々の生活圏域の中で萌芽し、その平地に隣接する丘陵に登り窯が築かれたのである。つまり、これはまだ窯業だけに生活の糧を頼れる状態には、至っていなかったことを意味している。この成立期の窯場では、当初は当時の中核地である伊万里市周辺と同様に、陶器の中での上・下ランクの製品の作り分けも意識されたが、ほどなく目積み製品のみとなる。しかも、白色系（長石釉や透明釉）と緑色系（灰釉）の施釉製品の併焼や、それらと施文の組み合わせをはじめとする製作上のルールも消滅するなど、下級品に特化した少品種多量生産に一変する（村上 2004a）。さらに、この頃には窯場も3ヵ所（山辺田窯跡、小物成窯跡、原明窯跡）ほど増加したが、それに伴う生産量の増加とともに、ますます最下級品の生産地としての性格が鮮明になったのである。

　誤解されがちだが、肥前の場合には、茶陶製作などを目的に領主が朝鮮半島から少数の陶工を連れ帰った、九州近辺の他産地とは成立の背景が異なる。主

25

発掘調査が語る有田焼の生産システム

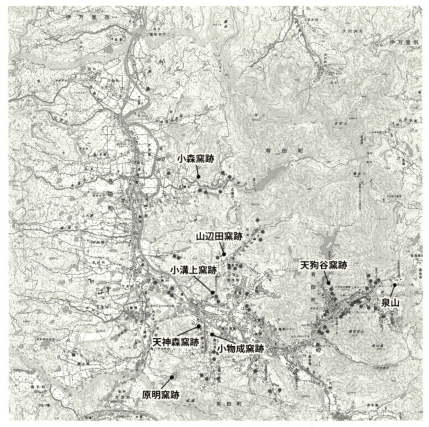

図2　有田町内の初期の主な窯跡（●）分布図

体的には、渡来した人々が生計を目的として自発的に確立した窯業で、各窯場はそれぞれが独立したフラットな関係であった。いわば、当初は窯場ごとの小さな産地の集合体が、窯業地としての肥前の姿だったのである。つまり、統率系統が明確ではないため、需要の拡大が見込めるうちは良くとも、いずれ肥前内部の窯場どうしによる過当競争を招く可能性も秘めていた。有田も、のちの磁器生産の成長に伴う盤石な窯業の姿に惑わされるが、磁器成立以前には雑器生産の小規模産地に過ぎず、単発的に成立し短期間で姿を消した、他地域の多くの窯場と何らの違いもなかったのである。

2．磁器の成立と当初の生産形態

　有田は、肥前の中でも最下級陶器の生産地として出発した。しかし、1610
年代の中頃に一大転機が訪れた。日本初の磁器の誕生である。磁器は当初から
染付製品を基本とし、また、匣鉢が新たに加わるなど、李朝の上級品生産窯の
窯詰め方法が用いられている。つまり、肥前においては、すでに陶器内におけ
る製品ランクが存在したが、さらにその上に位置するものとして、新たに磁器
が加わったのである。そのため、磁器生産に追随する試みも各地で行われたが、
技術に加えて原料の制約も大きく、多くの地域では試行にとどまり結実するこ
とはなかった。その結果、肥前では陶器は目積みしない上級品が激減し、下級
品に偏重した生産へと傾いたのである。

　この有田における磁器の創始とは、いわば中国風磁器のはじまりを意味して
いる。肥前陶器は、無文が基本の李朝磁器を主な技術的源流とするため、同様
に無文製品が多く、施文の場合にはもっぱら鉄絵が用いられる。しかし、磁器
の場合は、当初から染付製品を基本としており、同じ李朝系の技術を背景とし
つつも、明確に作り分けられている。これは、当時国内の磁器市場はほぼ中国
製品の寡占状態にあり、商品として競合を図るには、陶工の持つ本来の技術の
いかんを問わず、同様な製品とすることが不可欠だったからである。そのため、
李朝に起因する陶器の技術では補えない面を、一部中国の技術を導入すること
によって実現した。たとえば、李朝の中級品以下の生産技術では接点のない呉
須の用法や、土型を用いて成形する型打ちや型押しの技法などである。

　磁器の創始窯については、天神森窯跡ないしは小溝上窯跡と考えられるが、
これまでのところ、製品の組成などの点からは、小溝上窯跡の可能性がより高
い（村上 2015）。これらの窯場は、当初陶器専焼窯として開窯し、のちに同じ
窯を用いて磁器が併焼されており、同じ焼成室内で陶器と磁器を重ね焼きする
ことも珍しくなかった。つまり、肥前の窯の区分として「陶器窯」、「磁器窯」
の別が示されることもあるが、それは単純に焼成された製品の違いに過ぎず、
使われた窯体や窯詰め技法などには何ら違いはないのである。

　この磁器が創始される頃、有田に移住したことが文献上に残される人物とし
て、金ヶ江三兵衛や高原五郎七、家永正右衛門などが知られる。正右衛門の移

住年は不明ながら、三兵衛は1616（元和2）年、五郎七は1617年のことと伝えられる。これらの人物は、それぞれ幕末から明治期にはすでに磁器の創始候補者としての説があったが、明治の中頃から地元を中心に徐々に三兵衛に一本化され、大正から昭和の前期にかけて広く流布した。ただし、それを定説として決定付けたのは、1965～70年に有田焼創業350年記念事業として実施された天狗谷窯跡の調査であり、考古学的な手法による発掘調査や窯体の熱残留磁気測定の結果などにより、科学的に証明されたものと考えられたのである。もっとも現在では、考古資料の検討などから、天狗谷窯磁器創始説には矛盾があり、創始の時期も1616年に限定する確たる根拠は見当たらない。

『今村氏文書』には、1693（元禄6）年に肥前の古い窯場について調べた記録があり、有田では南川原山と小溝山が掲げられ、小溝山（小溝上窯跡）のトップとして「小溝山頭三兵衛」の名が見える。また、三兵衛が来日当初寄寓した佐賀藩多久邑主の多久家に提出した1653（承応2）年の文書には、当時所々から有田に集まった人々が120人おり「某万事之心遺申上候」とする。さらに、三兵衛は現在も陶祖として崇められ、一般的には、磁器創始との関連で語られることが多いが、『多久家文書』や『金ヶ江家文書』には、皿山を繁栄させた功績によって「釜焼之開基」となったことが記される。つまり、実際には多久家という政治権力をバックに、その被官という立場を活かし、磁器という新素材を武器として窯業の活性化に導いたリーダーだったのである。当時の陶工達にとって、生計のために磁器を生産する以上、磁器の創始者以上に重要な人物であったことは間違いない。よって、三兵衛が移住した1616年を起点として、有田がまったく新たな窯業地として第一歩を踏み出したことを表すとともに、当初は民間主導で窯業の基盤整備が図られたことを示唆している。

3．泉山の発見と天狗谷窯成立の意義

窯業がはじまる以前の有田では、人々の生活の痕跡である遺跡の分布は極端に西半部の地域に偏っており、東半部ではそれに隣接する西端の南原地区でわずかに認められるに過ぎない。これは、西半部が今日でも農業が盛んであるように比較的平地に恵まれているのとは対照的に、東半部は山がちな地形で生活の糧を得る手段に乏しいからである。小溝上窯跡や天神森窯跡は、わずかなが

図3　天狗谷窯跡　　　　　　　図4　泉山磁石場

らも西半部からの平地が続く南原地区に位置しており、立地的にはいわば半陶半農の適地ということができる。

　磁器の創始以前、わずか6ヵ所程度に過ぎなかった有田の窯場は、その誕生とともに短期の間に大きく姿を変えた。金ヶ江三兵衛は外部から120人もの陶工が集まったとするが、これはおそらく代表者の数であり、その家族や使用人なども含めると相当な数に上ったものと推測される。これと合致するように、窯場の数も南原地区を中心として新たに20ヵ所近くも増加し、伊万里市周辺に代わって急速に肥前の中核的な窯業地へと変貌を遂げた。また、これにより、南原地区を中心とした窯業主体の独自の生活圏が形成されたのである。

　ところが、この磁器成立後の有田では、同じ窯体で陶器も併焼されており、素材としての優位性とは裏腹に、磁器専業へと傾く窯場はほぼ皆無であった。これは、磁器はたとえ製陶技術はマスターできても、原料の制約が大きく、その枯渇が懸念されるため、まだ将来を託すには心許ないものだったのであろう。実際に『家永家文書』には、原料が枯渇し焼けなくなったため、正右衛門が方々を探索し、有田東端に位置する泉山を発見したとある。三兵衛や高原五郎七も同様に、南原地区に移住し原料を探し求めてついに泉山を発見し、三兵衛や正右衛門の記録では、その後最初に築いたのが天狗谷窯とする。いずれにしても、この良質で豊富な原料の獲得により、将来に渡る原料的な懸念は払拭され、磁器専業体制の悲願が現実的なものとなった。この泉山は、以後はほぼ唯

発掘調査が語る有田焼の生産システム

図5　南原地区周辺(西から)

一の磁器原料の供給地として、江戸時代の有田の窯業を支えたのである。

天狗谷窯跡は泉山の南西約4kmに位置し、『金ヶ江家文書』によれば、泉山発見後最初に選ばれたのは、製陶に欠かせない木や水に恵まれた場所だったからと伝う。この窯跡は1965～70年に続き、1999～2001年にも発掘調査を実施している。1965年からの調査では、古い順に、E窯、A窯、B窯、C窯の4基の登り窯及び、部分的に残るD窯やX窯などが発見された。しかし、1999年からの調査で、D窯やX窯はB窯やC窯の一部であることが判明し、結局4基の登り窯が順次築かれたことが明らかになった（有田町教委 2010）。物原の出土製品などにより、創業は1630年代前半の可能性が高いが、陶器は皆無で、史料が語るとおり、当初から泉山の原料による磁器の専焼を目的として築かれた窯場と考えて間違いない。つまり、磁器専業体制を構築すべく、さまざまな模索やノウハウの蓄積が図られた、いわば第二の磁器創始窯とでもいえる窯場なのである。

泉山の発見は、天狗谷窯跡の創業との間に大きな年代差は考えにくいため、あくまで感覚的ながら1630年前後から下っても前半頃までと推測される。もっとも、天狗谷が開窯しても、あくまでも当時の窯業の中心地は南原地区であった。しかし、泉山とは13kmほども離れており、その間はほとんど人も住まない南北を丘陵に挟まれた東西方向に延びる細い谷すじがほぼ唯一の通路で、磁器の原料となる重い陶石を運ぶには、あまりにも遠すぎたのである。

4．窯場の整理・統合と産業的磁器生産体制の基盤整備

『家永家文書』によると、多久安順が朝鮮の役の際に連れ帰った朝鮮人で、最初はそばに仕えていたが、暇を許されて優秀な磁器を焼く者がいた。この朝

鮮人が、自分が一手にやきものをしたいので日本人を追放して欲しいと願い出たとある。これが金ヶ江三兵衛を指すことは他の史料との整合性からも明白で、おそらく天狗谷窯における磁器専焼の実績に起因するが、この事件の成行きは『山本神右衛門重澄年譜』に詳しい。それによると、当時伊万里・有田地方の山林監督官（横目）であった神右衛門は、陶工が増えすぎ、窯の燃料確保のため山林を切り荒らしている現状を藩主に報告している。その結果、1637（寛永14）年に多久家を通じて神右衛門に日本人追放の命が下され、伊万里と有田の826人の陶工が窯業界から追放されたのである。

　ところが、ここでは山林保護を名目としつつも、神右衛門は陶工追放に伴う伊万里4ヵ所、有田の7ヵ所の窯場の廃止に止まらず、続いて、山林保護とは無縁な有田東部の13山への窯場の統合も断行している。しかし、これについては、三兵衛の願い出のように真意は窯業の再編だったと考えれば無理がない。つまり、磁器生産を藩を潤す産業として育成を目指すならば、まずは有田で生産を独占することが、付加価値の維持には有効である。ところが、当時の中心地の南原地区は、北を大村藩の波佐見、西を平戸藩の三川内など他藩の窯業地と接しており、実際に波佐見では量的には多くはないものの、すでに磁器が焼かれはじめていた。一方、窯場が統合された有田の東部は他藩と接することはなく、その東端には新たに発見された泉山が位置している。泉山の西側に続く谷すじに町ごと窯業地を新設することにより、原料の供給地にも近く、その両端を押さえるだけで容易に管理が可能な、いわば窯業に特化した工業団地を創出させたのである。しかし、現地を知る神右衛門や多久家はともかく、藩自体は、まだ産業としての磁器生産の将来性には目を向けてはいなかった。そのため、表向きには山林保護の名目が必要だったのであろう。

　このように、窯場の整理・統合は、外部からの隔離も目的であったが、それにも増して重要なのは、有田内部の抜本的な体制の改革である。というのも、当時圧倒的に磁器の生産量が多いのは有田内部の窯場で、しかも、おのおのが「皿屋」という独立した窯業地だったからである。磁器生産の成長とともに起こりうる過当競争の火だねは、実は内部に抱えていたのである。そのため、窯場の統合とともに全体を「有田皿屋」（後の有田皿山）に再編し、それぞれの皿屋は「山」に改め、有田皿屋を構成する一部門への組み替えに成功した。

さらに、陶工の追放についても、単純に日本人を追放したわけではなく、家永家をはじめ古くから窯業に携わる日本人は許され、逆に、他領からきて住居を持たない新参の朝鮮人は追放されている。つまり、実態としては、熟練者を残したということにほかならない。また、これを契機として有田の窯場から陶器生産が途絶え、磁器の中でも目積みするものなど相対的に下級な製品も廃された。こうした施策は、新たに泉山で発見された良質な原料を用い、熟練した陶工に、上手の磁器だけを生産させる体制の構築を意味している。技術漏洩を完全に遮断するのは困難だとしても、これだけの好条件を整えられる場所はほかにはないため、競合相手の現れにくい体制なのである。

この窯場の整理・統合は、有田の窯業に政治的介入が加えられたはじめてのできごとである。まだ直接藩による管理制度が確立したわけではないが、これを端緒として、産業的磁器生産体制の基盤が構築されたのである。

5．藩の産業化と国内市場の独占

有田は窯場の整理・統合を契機として、13山と定めて磁器専業体制を確立したが、当時の個々の山名は明らかではない。それが明記された最古の記録は1653（承応2）年の『萬御小物成方算用帳』で、それによれば有田皿屋は14山で、10数年で1ヵ所増加したに過ぎない。ただし、板ノ川内山や南河原山など新たに設置された山も複数あり、単純に1ヵ所増えたわけではない。また、既存の山に新たな窯体が築かれることも珍しくなかった。さらに、有田皿屋には属さない南端の南川原皿屋（後の上南川原山）や北端の広瀬皿屋（後の広瀬山）なども設置され、当初南川原皿屋では鉄釉の陶器が量産されるなど、磁器の専業を目指した有田皿屋とのコンセプトの違いは明白であった。おそらくこうした新設の窯場は、窯場の整理による追放陶工の復帰が一部許諾されたことに起因し、相対的に下級磁器の生産が主流である。これにより、窯場の整理・統合後の有田の新たな窯業圏域として、おおむね固定化が図られたのである。

『山本神右衛門重澄年譜』によれば、窯場の整理・統合の頃の運上銀は、銀2貫100匁であったが、5年後の1642・43（寛永19・20）年には年銀20貫目で、大坂商人らに一手販売させる「山請け」が行われた。これは大坂商人の大損失に終わったというが、翌1644（正保元）年からの3年間は、さらに年35貫目

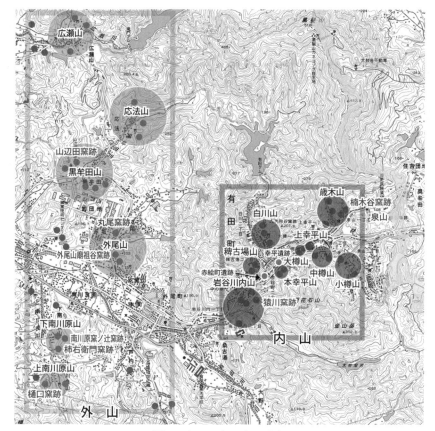

図6　有田皿山の山の分布

ずつで山請けされている。ところが、1647（正保4）年、江戸の佐賀藩邸では年35貫目への増額は良いとしても、また山が切り荒らされるという懸念から、再び皿屋の廃止命令が出された。自然災害の防止や藩の財産としての山林保護の重要性に比べ、10年ほどで15倍以上に増加した運上銀でも、窯業を藩の産業化に走らせるほどのインパクトはなかったのである。

　そのため、国元の佐賀では有田の横目役所に皿山頭などが集められ、運上銀のさらなる増額によって対処することを提案されたが、現在の35貫目でも過重な負担で、それでも追放されるなら仕方ないとして拒んでいる。その後、有田に窯焼き（製陶業者）全員を集めて交渉を行うも決裂。新たに神右衛門が68

発掘調査が語る有田焼の生産システム

図7　初期伊万里様式の皿（底面）　　図8　古九谷様式の皿（底面）

貫990匁とする大胆な計画案を作成し再び交渉に臨むも、陶工の半分の75人は了承するものの解決はできなかった。国元では、製陶技術の他藩への流出や運上銀の減少は防ぎたいものの、判断に窮して江戸の藩主に裁決を仰ぎ、同年12月に神右衛門を初代の「皿屋代官」に任じて計画を実行するよう決定した。

　この皿屋代官の創設は、藩がはじめて正式に窯業を産業として認知したことを意味しており、以後は、藩主導による窯業の管理・保護施策が実行されることになる。神右衛門は、皿屋代官としてはじめて有田に赴任した1648年、運上銀77貫688匁を集めることに成功した。これは当初不可能として拒絶された35貫目と比べても2倍以上であり、窯跡の急増などの事実もないため、単なる磁器の量産で解決したとは考えにくい。しかも、当時の有田磁器は、競合を目指す中国磁器にはまださまざまな面で劣っており、いわば陶器以上中国磁器以下の隙間を埋めるしか、食い込める市場はなかったのである。

　1644年の中国の明から清への王朝交代による混乱は、世界の磁器市場に大きな空白をもたらした。磁器専業体制を確立した有田も、その空白を埋める代替産地となり得る候補ではあったが、残念ながら中国磁器とは異なり李朝色の強いスタイルで、色絵の技法も欠落していた。しかし、1640年代中頃から後半には複数の窯跡に異なる景徳鎮系の新技術が導入され、従来の「初期伊万里様式」に加えていわゆる「古九谷様式」が誕生し、1650年代前半までの間に有田一円に急速に普及した（村上 2004b）。この古九谷様式の技術とは、本質的

には景徳鎮と同等の製品を作るための技術であり、一般的にイメージの強い色絵はそれを構成する技法の一部に過ぎない。これにより、白くて器壁の薄い製品が可能となり、皿などは高台径が大きく、外側面に文様を描き、高台内に圏線や銘を配すルールなどが確立し、景徳鎮と肩を並べることができる産地となった。

　高付加価値製品の生産に成功した有田は、輸入がほぼ途絶えた中国磁器に代わり、高級品から下級品に至るすべての国内磁器の市場を独占することが可能となった。その先にはすでに海外輸出も視野にあった可能性も高いが、この国内市場の制覇こそ、差し当たって神右衛門が狙った、運上銀の増加策ではないかと考えられるのである。

6. 窯場の再編と性格の固定化

　有田の新しい窯業圏域は、町の東半部に集約されるが、それをまた東西に分割して考えると理解が容易である。東半部は、1637年の窯場の統合によって、谷すじに新たに窯業専門の町が創設されたことに起因し、1650年代後半頃からは「内山」と称された。一方、西半部は、窯場の統合の際に整理対象となった範囲の東に隣接する地域で、同様に「外山」と称された。

　古九谷様式は、従来の初期伊万里様式との間に様式差による製品のランク差の概念を創出し、以後17世紀の間は様式差が製品のランクを決める重要な要素となった。この二つの様式の製品は、登り窯の同じ焼成室で併焼されており、登り窯の所有は焼成室単位であるため、一つの登り窯に止まらず、各業者内でも両様式が区別なく製造されたことを示す。これは組織の複雑化を招き、生産の効率化が阻害される懸念が生じるとともに、実際に新旧の技術的要素が混在する製品も多いように、技術の多様な融合によりその複雑化を招いた。しかも、各登り窯単位では製品の類似性はあるものの、山単位ですらコンセプトに一貫性がなく、まだ有田皿屋としての組織的な生産調整は行われていない。組織統合は図れたものの、まだ細部の整備までは進んでいなかったのである。

　さらに、中国磁器に代わって国内市場をほぼ独占した有田磁器だが、当時の国内市場はまだ成熟しておらず、以後の大きな飛躍は不透明な状況にあった。そこで、景徳鎮磁器と同等品製作の技術を背景に、中国磁器の代替品とし

発掘調査が語る有田焼の生産システム

図9　内山地区周辺（東から）

て空白となっていた世界市場への進出を試みることになる。肥前磁器の海外輸出は、1647（正保4）年にカンボジアに向かった唐船にはじまり、1650（慶安3）年にはオランダ船も加わり、1659（万治2）年には大量輸出の時代を迎える。その間、1656（明暦2）年には、清による海禁令の公布によって中国からの磁器輸出がほぼ皆無となっていた。

　発掘調査の成果によると、1650年代中頃から60年代初頭頃の間には、景徳鎮系技術を一次導入した古九谷様式の中核窯である楠木谷窯跡や山辺田窯跡、猿川窯跡のほか、色絵磁器を量産した丸尾窯跡、逆にほぼ初期伊万里様式専業の年木谷3号窯跡をはじめ内山の下級品生産窯が廃窯となった。これにより、内山から初期伊万里様式の製品が消えたのである。これは10山前後で構成される内山を海外輸出の拠点とするため、技術の徹底した平準化を推進して高級量産品に特化し、その効率的な量産を目指す窯場の再編によるものと推測される。そのため、内山のコンセプトに合致しない最高級品や中・下級品の生産は、外山へと移された。山単位でターゲットとする製品ランクが絞り込まれ、有田全体では最高級品から下級品まで隙間なく効率的に供給できるシステムに改めたのである。これにより外山に下級品生産の応法山が新設され、楠木谷窯跡の技術が移転した南川原山では最下級から最高級品生産の山へと大転換する。また、広瀬山や外尾山、黒牟田山はそれまでの中・下級品生産へのさらなる集約が図られ、猿川窯跡などの技術を主体とした新設の大川内山（伊万里市）では、技術の混合する危惧のない最高級品と最下級品をあえて組み合わせて国内向けに絞るなど、各外山の性格が極めて鮮明に色分けされたのである。

　それと同時に、内山の上絵付け工程も分業化が図られ、内山のほぼ中央部に専門業者である「赤絵屋」を新設して、赤絵町が創設された。この赤絵屋は、当初11軒あったと伝えられるが、当然ながら内・外山を問わず既存の優

れた色絵磁器生産窯の人材を抜擢したものと推測される。そのため、赤絵町遺跡や幸平遺跡といった工程分離後の赤絵屋跡でも、わずかながらも山辺田窯跡や丸尾窯跡など外山の代表的な色絵磁器生産窯の色絵や素地などが出土している。外山の中・下級品生産の山では、この内山の上絵付け工程の分業化を契機として、相対的に高価な色絵磁器の生産は一旦消滅する。単純に色絵素地分の生産が減少することになり、その生産割合の高い山辺田窯跡や丸尾窯跡も廃窯となった。この窯場の動きは、本来内山の窯業改革を初源とするが、結果として有田全体の窯場の再編に繋がっており、これにより、19世紀初頭まで続く、製品ランクを基準とする山の性格の固定化が図られたのである。

7．海外輸出の衰退と様式差から質差への転換

　最高級品の南川原山や大川内山の一部、高級量産品の内山、中級品の外尾山や黒牟田山、下級品の応法山や広瀬山、大川内山など、それぞれの山が需要層を絞り込むことにより、組織や技術の簡素化が図られ効率的な生産が可能となった。これにより、さまざまな需要にも切れ目なく量産できる体制が確立するとともに、生産地内での過当競争を引き起こしにくい共存共栄の道を切り開いた。窯業技術の生育期であった17世紀は、様式の新旧が製品のランク差に直結したため、最高級品を生産した南川原山や大川内山では、それぞれオリジナリティーの高い「柿右衛門様式」や「鍋島様式」が独自に創案された。しか

図10　柿右衛門様式の皿

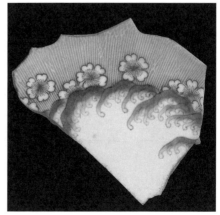
図11　鍋島様式の皿

し、逆に下級品生産では初期伊万里様式が主体的に継続されるなど、山によって製品のスタイル差が大きいのが特徴である。一方、17世紀後半においては需要のボリュームが大きく、該当窯の多い高級量産品では、今日では特に名称の付された定型化した様式はない。主に柿右衛門様式の源流に繋がる種類の古九谷様式の技術改良により、市場の要求に柔軟に答えて多様なものが生産されたのである（村上 2008）。

　17世紀後半の有田磁器は、世界の中核へと上り詰める過程において、徐々に日本的な美意識の中で熟成された。余白の美と称されるような、極限まで無駄を省いて主に非対称な構図でまとめる方向に傾き、その頂点として柿右衛門様式を完成させた。しかし、海外で慣れ親しまれた中国磁器的な美は、主に元以降の官窯青花のように、技術の粋を尽くして、極限まで手を加え対称的な構図でまとめたもので、本質的に日本とは対極に位置する。鍋島様式でも、当初は「祥瑞」の影響を強く受け、格式のある大陸的美意識に重きをおいたが、やはり17世紀後半の間に徐々に日本的な美の追求に傾いた。しかし、こうした日本的な美意識は、質の高い日本の文化や教養に接する環境にあってこそ理解の及ぶもので、そのまま国内のさまざまな需要層に供給することは困難である。さらに、鍋島様式は 1670 年代頃までには御用品専用の様式として民間では使用不可となり、柿右衛門様式は許容される原料や技術の幅が極めて狭いため、一部内山では類品が生産されたものの、中・下級品レベルまで生産領域を拡大することは不可能なのである。つまり、初期伊万里様式や古九谷様式は、新様式の誕生とともに、時期的な変容は伴うもののより普及帯の製品を担う技術として機能したが、鍋島様式や柿右衛門様式はそれを許さない様式なのである。よって、山別の分業体制に基づいて安定的な生産は手にしたものの、17世紀的な手法での製品ランクの設定は、そろそろ限界には近づいていたのである。

　この状況において、1684 年には清が展海令を公布し海禁が解かれた。急速にアジア市場は中国磁器中心へと回帰し、有田磁器は足場を失うこととなった。これには、粗質な芙蓉手皿や日字鳳凰文皿、見込み荒磯文碗・鉢などを主に輸出していた中・下級品生産の山が、特に大きな打撃を受けた。しかも、アジアからはじまった海外輸出の衰微は、徐々に内山を拠点とするヨーロッパ向けにも及んだ。中国船とは異なり、中国磁器の復活後もオランダ船は日本の磁器

図12　古伊万里様式の皿（染付）　　図13　古伊万里様式の皿（金襴手）

輸出を継続したが、年による波も大きく皆無の年もあるなど減少傾向は明白で、ついに1757（宝暦7）年を最後に公貿易は途絶えてしまう。これは中国磁器の復活のほか、物価の上昇に伴う製造価格の上昇、ヨーロッパ磁器の生産開始などが主な理由と推測される。いずれにしても、海外輸出への依存から脱することは不可避の急務で、清朝磁器の再流入を阻止しつつも、成熟しつつあった国内需要中心へと、速やかに切り替える必要が生じたのである。

　そこで、国内という単一の文化や嗜好を共有する需要層に最適化するため、1680年代に開発されたのが「古伊万里様式」である。これは対称的な構図を主体とし、概して上級品ほど煩雑なまでに技巧を凝らす中国磁器の意識に倣ったもので、当初は染付製品主体であったが、1690年代にはいわゆる「金襴手」を創出して技術的には一応の完成を見た。この様式は、柿右衛門様式のように、余白や曲線の中に求める抽象的な美に価値の源泉はなく、単純に製品の質や手数の多寡などの差によるため、階層を問わず理解が容易で、どのランクの生産にも最適化が可能であった。つまり、海外向けには復活した中国磁器と同じコンセプトの製品を提供可能で、普及を図る国内向けにはさまざまな需要階層向けの製品を生産できるなど、一つの様式ですべての需要を賄える汎用性を有していた。これは藩の御用品専用に特化した鍋島様式が、中国風から和風に移行するのとは逆に、汎用性を追求する民間用は、クロスする形で和風への傾倒を捨てて、中国風の概念に基づく製品へと舵を切ったことを意味する。この技術

の究極の姿が、明治期に「精磁会社」等で製作された緻密できらびやかな製品などであり、同じく技術を極めた 17 世紀的な完成形としての柿右衛門様式とは対極に位置する。つまり、今日の有田の窯業が引き継ぐ技術的なコンセプトも、17 世紀とは異質なのである。この古伊万里様式の普及を境に、17 世紀的な様式差による製品ランク設定の時代が終焉し、製品の質差を基準とする時代が訪れたのである。

8. 国内向け生産への転換と需要層の再配分

　古伊万里様式への転換は、1680 ～ 90 年代頃に有田全体で瞬く間に進んだ。内山や外山の中・下級品生産の山から、初期伊万里様式や古九谷様式的な要素はほぼ一掃され、金襴手の出現と前後して急速に柿右衛門様式も衰微した。また、色絵磁器の普及に伴い、中・下級品生産の山でも 1680 年代前後から再びその生産が試みられた。しかし、有田全体への上絵付け工程の分業化の拡充により、生産上のメリットが喪失したためか、1710 年代前後の金襴手素地などを最後に、窯跡からほぼその痕跡が消える。赤絵町でも、赤絵屋の成立期より大量に生産された人形等の押し型成形品の土型が、1690 年代前後を境に皆無となり、赤絵屋が上絵付け専門業者となったことが窺える。こうした変化は個々の業者の方針転換レベルでなしえないため、おそらく、藩による有田皿山の組織改革として実行され、専門性の再徹底が図られたものと推測される。

　しかし、海外輸出の衰退を契機とした生産の修正は、さらに続いた。有田の窯業の産業的拠点である内山について、海外輸出の減少分を国内市場に振り分ける施策が不可欠だからである。下級品生産の山においては、古伊万里様式への転換以来、比較的多くの器種が生産され、内山ほどではないにしろ良質な製品が生産されていた。全体的な生産技術の向上により、意識的な調整なしでは、製品ランクの違いによる質差は、それほど顕著にはならなかったのである。そのため、中級品との差は不明瞭となり、従来の需要層向けの範囲の中では、明らかに技術的な底上げとなった。一方、南川原山では、様式差から質差への転換に伴い、差の創出に限界が生じた。最高級品の生産においては、希少性が付加価値となるため、他の山で模倣され普及する以前に、次の新製品を開発する必要がある。そのため、当初は細密な製品が心がけられたが、たとえば 1730

～40年代頃には染付と薄瑠璃釉を組み合わせた新趣向の製品を、18世紀後半には新たに清朝磁器を意識した陽刻文の輪花皿や鉢等をはじめるなど、いわば17世紀的な発想で新様式の確立に腐心した。しかし、内山で模倣できないものではなく、ランク差維持の切り札とはならなかったのである。こうして、古伊万里様式への転換から1720年代頃までは、需要階層別の供給は制度としては残るものの、実質的には製品はほぼ団子状態となっていた。

　この状況を打開するため、各山に適した需要層の再配分が不可欠となった。それにより、これまで磁器との接点が希薄な階層へと販路が拡大され、結果として、需要階層の段階的な押し下げに結びついた。内山でも生産コストの削減と量産化に繋がる重ね焼きも珍しくなくなり、対象とする需要層の幅が広がったものと推測される。ただし、外山の中・下級品と異なり、見込みの蛇ノ目釉剥ぎなど重ね焼きの痕跡は、必ず色絵を施すことによって隠された。一方、下級品生産においてはすでに波佐見などがいわゆる「くらわんか」と称される碗や皿の大量生産にいち早く乗り出し、有田でも一部その類品を生産したが、すでに主導権を取り戻すことは不可能であった。そのため、1740～50年代頃までには急速に製品の種類を極端に絞り、以後18世紀の間は一貫して同じ種類の製品が作り続けられた。たとえば広瀬山では、ほぼ数種の青磁染付碗のみとなり、応法山では小型の瓶類に集約された。これらは明らかに質的には劣化し、施文の粗雑化や簡素化を伴っていたが、磁器との接点が薄かったこれらの需要層が求める付加価値の第一歩は、磁器という素材自体だったのである。

　新開拓の磁器の需要層を主体とする下級品の領域は、波佐見などによってその中核を握られた。しかし、全国的な出土資料が物語るように磁器の普及も加速度を上げ、また、従来の有田磁器の需要層は有田の下級品生産がその領域から抜けた分、中級品以上の生産山に振り分けが可能となった。さらに、南川原山と内山の領域が実質的に境界を失ったこともあり、窯業地としての規模を減退させることなく、窯場の多い内山の海外輸出の減少分を吸収したのである。

9．器種別分業への転換と新たな付加価値の創造

　有田は、国内における磁器の市場をほぼ独占し、主導権を握ることによって、磁器という素材の価値を保ち続けてきた。しかし、海外輸出の衰退により、18

世紀には成熟しつつあった国内向けへの集約度を高め、より実用性や価格を重んじる階層にまで磁器の普及を促した。この過程において、下級品生産については、波佐見などに主導権を握られることとなり、逆に有田の下級品生産の山では、製品の種類を極限まで絞ることによってそれに対応した。19世紀初頭までには、ほぼ日本の隅々まで磁器が流通し日常的な什器と化したため、もはや磁器という素材自体に大きな付加価値はなくなった。しかも19世紀には、肥前の磁器技術が直接的・間接的に全国へと伝わり、各地に磁器の窯場が開かれ、近隣の日常的な需要の一部を賄うようになる。さらに、瀬戸（愛知県）や砥部（愛媛県）など、比較的広範に流通する製品すら現れたことによって、相対的に有田の下半クラスの製品との競合が激しくなったのである。

　一部の特定階層のみが磁器を需要した時代とは異なり、有田が対象とすべき顧客層も時期とともにかなり広がった。それとともに、顧客のボリュームゾーンもより庶民寄りとなったが、必然的に生産規模の大きな内山のターゲットをそこに当てることで、従来の需要階層別の山の区分は意義を失った。さらに、19世紀にはついに製品の質によるランク差の維持も、調整すら不可能な時代となったのである。1800年代頃には、広瀬山でも最新の流行を取り入れ、一気に染付製品に移行した。長らく18世紀前半の技術に基づく青磁染付碗が継続されていたが、ついにその流れを断ち切ったのである。製品の質的には、全体的には内山ほどではないにしろ、比較的良質なものも多い。むしろ内山との明確な違いは、前代より引き継ぐ碗類に特化した少品種多量生産の方にあった。こうした前代からの生産器種の継承は他の山でも同様であり、一つの山に擬する一体性を維持した内山以外には、多品種多量生産が可能な場所はなかったのである。その結果、1800～30年代前後頃には、内山を中核とし、需要に応じて外山がそれを補完するようなスタイルが形成され、事実上、下級品生産に特化する窯場もほぼ皆無となったのである。

　1814（文化11）年の『皿山代官旧記覚書』によれば、内山には9山で12の登り窯があり、かつて下級品を生産した応法山と広瀬山は2山で3基、中級品の外尾山と黒牟田山は2山で2基、最高級品の南川原山は上・下2山で2基の構成で、窯数で内山が突出している。登り窯の焼成室数も、内山は合計250室で1窯平均20.8室であるが、下級品の山は55室で平均18.3室とやや少ない程

度だが、中級品の山は 28 室で平均 14.0 室、南川原山も 27 室で平均 13.5 室と、1 窯の規模が格段に小さい。少品種を徹底するかつての下級品生産の山はともかく、もともと内山と直接一部の需要が被る、かつての最高級品や中級品の山は、特色を出せない状態となっていたのである。

　ところが、1830 年代前後になると、窯跡の製品に大きな変化が現れ、体制の再構築が図られたものと推測される。外山では一様に大皿をはじめとする大型製品の割合が急増するが、逆に内山では海外輸出の衰退以降大型製品は目立たなくなり、結果として碗や小皿など精緻な小型製品が主体となるのである。これは、内山と外山による器種別分業への転換と推測され、碗類への集中から転化する広瀬山や小型瓶類の応法山などでは、特にその変化が鮮明である。もちろん生産の隙間を作らないため、内山と外山で一部製品は重複するが、これは 17 世紀の需要階層別分業以来行われていたことである。そして、1830 ～ 40 年代前半頃には黒牟田山新登（黒牟田新窯跡）が築かれ、1859（安政 6）年の『松浦郡有田郷図』には外尾山新登（外尾山廟祖谷窯跡）が描かれるように、黒牟田山や外尾山が大型製品の中核的な山となり、息を吹き返したのである。一方、1864（元治元）年の『松浦郡有田郷図』によれば、上南川原山登（樋口窯跡）が 6 室、下南川原山登（南川原窯ノ辻窯跡）が 5 室に減少するなど、逆に量産的なノウハウの蓄積のない南川原山の凋落ぶりはさらに顕著となった。こうして階層で需要を区分する垂直的な分業から、器種別の水平的な分業へと形を変え、有田全体が競合相手の多い相対的に下半の需要は捨て、上半だけに焦点を当てるようになったのである。

　また、こうした山としての動静とは別に、製品の差別化を復活させるための試みが、民間主導で考案された。その正攻法として、1811（文化 8）年に禁裏御用を務めた九代辻喜平次が発明したのが「極真焼」である。製品と同じ高価な磁器土で匣鉢を作り、蓋と身の接合部分に釉薬塗って焼成する。これにより、釉薬が熔融して密閉状態となり、光沢のある美しい製品が焼けるというものである。ただし、辻家以外への技術の伝播は複数の窯跡や工房跡の出土資料で明白だが、焼成後は匣鉢を割って製品を取り出す必要があるため、普遍的な技術として定着することはなかった。一方、幕末にはこれとは別のコンセプトで、新たな付加価値の創造が試みられた。従来の中国磁器を起源とする銘に代

発掘調査が語る有田焼の生産システム

図14　極真焼（右）と高台内の製陶業者銘

えて、高台内に製陶業者銘を配す方法である。これは、従来の消費者と産地が結びつく関係から、直接消費者と個々の業者が直結する仕組みを構築するもので、特定の業者に対する嗜好の概念を創出した。これに各業者の持つ技術や伝統といった有形・無形の付加価値を加えることにより、新たな差の創出が可能となり、明治以降には一般的になったのである。

　明治期になり藩による統制が消えた有田では、各登り窯から資本力のある有力な業者が撤退し、焼成の柔軟性を高めるため独自に一軒窯と称される単室窯も築かれるようになる。これによりしだいに登り窯の維持が困難となり、大正期には新たに資本を募り共有の貸し窯が築かれたりもした。各山の共同窯として、地域色を創出する源泉として機能した登り窯の衰退により、今日のように業者個々が個性を競い合う、新しい時代が訪れたのである。

おわりに

　窯業の功績といえば、とかく優秀な陶工が優れた製品を生み出すことによって、なしえたかのようにイメージされがちである。たとえば、戦前の国語の教科書に掲載された「陶工柿右衛門」は、夕日に照らされ美しく輝く柿の色を磁器に再現するため、苦労を重ねて成功した初代酒井田柿右衛門の物語である。もちろん柿右衛門に限るわけではないが、いかに優れた製品ができても、それが商品として売買を目的とする以上、需要を察知して的確な情報を産地に届け、

また、商品を適切な消費者に届けるのは商人の力である。事実、柿右衛門に赤絵の開発を依頼したのは、長崎の中国人から技術を伝授された東島徳左衛門という商人だったと云う。特に有田のように、窯業技術を外部から隔離して付加価値の維持を目指した状況では、個々の陶工が外の需要を的確に捉えることはほとんど不可能である。また、過当競争を防止し、より多くの利益を得るため、時には製陶業者達の望まない非情な裁断であったとしても、数々の組織改革を実行できたのは藩の力にほかならない。これまで、時代を追って示してきたとおり、有田の窯業においては、時代の変化に応じてさまざまな改良が加えられている。これは単に製陶業者のみの力ではなく、産業としてシステムの陳腐化を招かないため、商人や藩なども含めた総力によってなしえたものなのである。

　今回は、有田焼の400年を概観するに当たり、あえて詳細には触れず、生産システムの変遷を中心として、歴史の大きな流れを読み取れるように努めた。もちろん、まだ不明な点も多いため、今後の発掘調査資料等の蓄積により、明らかになってくることも多いものと思われるが、今回は、現状の資料における最新の成果に基づいて記述したつもりである。多少なりとも、有田の窯業史を理解する一助になれば幸いである。

参考・引用文献

有田町教育委員会 2010『国史跡天狗谷窯跡―史跡肥前磁器窯跡（天狗谷窯跡）保存整備事業報告書―』

村上伸之 2004a「唐津焼の成立と初期の窯業」『古唐津』出光美術館

村上伸之 2004b「有田における古九谷の生産技術」『古九谷』出光美術館

村上伸之 2008「柿右衛門と鍋島―その成立技術の謎に迫る―」『柿右衛門と鍋島』出光美術館

村上伸之 2015「肥前・有田の磁器の始まり」『江戸前期における日本磁器の始まりと色絵の始まり』近世陶磁研究会

図版出典

図1・2・6　筆者作成

図3〜5・9　有田町教育委員会撮影

図7　楠木谷窯跡（有田町教育委員会所蔵）

発掘調査が語る有田焼の生産システム

図 8 　楠木谷窯跡（有田町教育委員会所蔵）
図 10　柿右衛門窯跡（有田町教育委員会所蔵）
図 11　鍋島藩窯跡（有田町教育委員会所蔵）
図 12　泉山口屋番所遺跡（有田町教育委員会所蔵）
図 13　赤絵町遺跡（有田町教育委員会所蔵）
図 14　泉山口屋番所遺跡（左）・年木谷 3 号窯跡（右）（有田町教育委員会所蔵）

日本における高品質磁器製品の生産と受容の背景

髙島裕之

はじめに

　歴史の中で陶磁（陶瓷）器は、生産され、流通し、使用される。その流れを理解し、実像に近づくためには、常に売れ筋の製品生産を狙う生産者の意図と、受容者の嗜好が介在する工業製品としての視点を失ってはならない。特に近世社会において全国流通した有田磁器であれば、なおさらである。今日の陶磁（陶瓷）器研究では、資料が蓄積されその情報量も飛躍的に増加したため、国内外の発掘調査出土資料と博物館に所蔵される完形品との比較検討も十分可能になった。そして研究においては、実物資料からより確かな情報を引き出すことが強く求められている。いっぽうで陶磁（陶瓷）器を解釈する際に、現在的価値観が混在してしまうことも多いように思う。例えば揃いの製品[1]について、今の感覚では、器形、文様について、基本的に全く同じ仕様が求められる。しかし同じ仕様かどうか、実際に遺跡から出土する近世の揃いの製品を詳細に観察すると、年代や受容者によってもその要求の幅は異なっていることが解る。

　有田において、上質の揃いの製品が本格的に作られたのは、17世紀中頃以降、いわゆる海外輸出時代からである。国内外の受容に応えるべく、製品の質幅は多様となった。上質の揃いの製品を生産した代表的な窯場は、南川原山である。そして国内の近世都市江戸において、上質な揃いの製品の最も主要な受容者は、当初は武士であった。大名屋敷で出土する有田南川原山の製品の多くは、型打ち成形の例が多く、型を用いることによって成形の品質が保たれている。また施文では、文様を同じ仕上げとする工夫として、仲立ち紙の使用が指摘されている（山本 2010）[2]。実際にこの上質の揃いの製品にみられる生産技術は、現在も保存され、製作が継続されている。そこでまずこの上質の揃いの製品について、製品見本、製作技術を整理し、窯業聞き取り調査の成果も加え、近世と現在を繋ぐ形で考察を加える。そしてこれまで様々な機会で述べてきた自身の見解をまとめる形で、売れ筋の製品生産を狙う生産者の意図と、受容者の嗜好との関

係を明らかにしたい。そこからは、製品の受容者の要求に答えた、かゆい所に手の届くような有田磁器の生産のあり方を、読み解くことができるのである。

1．製品見本の形

生産者は、受容者の嗜好に応えるため、注文を基に、あるいは流行の意匠を参考に製作するための製品見本、手本を作成する。形としては絵画、図面等の記録があり、酒井田柿右衛門家文書の「注文帳」や、鍋島の「図案帳」などが該当する（宮田 1985、487-517 頁、鍋島藩窯調査委員会 1954）（図1（1））。他にオランダ東インド会社は、中国瓷器を注文する際に木型を用いて具体的に器形を示したことが知られている（藤原 2000、144 頁）。そして既存製品を見本に倣製を行う事例も挙げられる。もちろん、器形、装飾の指示を基に新たに実物が作成されれば、それも見本である。

既存する製品見本の出土例としては、2015 年の有田町の山辺田遺跡の調査で、景徳鎮窯の中国瓷器（いわゆる祥瑞）が確認されている。山辺田遺跡は、国史跡の山辺田窯跡に伴う工房跡であり、出土した中国瓷器は、製品生産の際に参考品として見本とされたと考えられている。

また伝世品、保管品例としては、鍋島家伝来の色絵山水花鳥文大皿中国・日本の皿が知られている（大橋・藤口 2000）。しかし文様の類似について照らし合わせると、細部まで同じように製作されているわけではなく、そこに厳密さはない。いっぽうで近世でも年代が降るが、鹿児島神宮（鹿児島県霧島市）の事例がある（髙島編 2013）（図1（2））。国外製品（タイ産、中国－竜泉窯・景徳

(1) 鍋島の「図案帳」

(2) 鹿島神宮所蔵陶瓷器（左：中国・タイ　右：日本）

図1　製品見本の形

(1) 中国　　　　　　　　　　　　　(2) 日本倣製
・日本倣製は、花と葉の間の空間が広くなっている。
図2　鹿島神宮所蔵青瓷刻花牡丹唐草文長頸瓶肩部

鎮窯・漳州窯）とそれを模倣した日本製品が対となり、花瓶として拝殿などで実用に供されていたと考えられる。見本となった既存製品のそれぞれ製作年代は14世紀中葉から16世紀後半までの中であり、断続的に中国、タイ陶瓷器が収集され、保管されてきた。日本で製作された倣製品には前者と異なり、それを忠実に写そうとした製作者の意図がみられる。そしてその製作の中で、施文の際にねん紙写し（仲立ち紙）の技法が用いられたことが指摘されている（亀井 2013、94頁）。実際に筆者も実物を実測させていただく中で、青瓷刻花牡丹唐草文長頸瓶では牡丹唐草文の配置に空間が生じていて、中国陶瓷より日本倣製品の方が文様が小さく、葉が小ぶりであり、余白が多くなっていることを確認している。おそらく実物に写し紙をそのまま当てる形で文様を起こしたため、焼成前でひとまわり大きい素焼きでは、中心となる文様をうめる空間があいてしまったのであろう（図2）。これは見本となった既存製品を忠実に写すうえで、仲立ち紙を積極的に用いた結果であると推測される。

　現在の有田の窯元で、製品を検品する際に最も重要視されることは、製品見本と同じ製品が作られているかどうかということである。製作者は、製品見本を前に作業を行う。そして手描きでの線描き、濃みの工程を伴う絵付けで文様を写す場合、やはり仲立ち紙が用いられている。

2．有田における組物生産の技術

　では有田においてに同じ仕様の製品を製作する方法には、どのような方法が

日本における高品質磁器製品の生産と受容の背景

あったか。質を問わなければ、ロクロ成形で同じ大きさに仕上げ、つけたての筆で同じ文様を描く程度で十分であり、低質の大量生産品はその形で作られる。

しかし実際に製品の質幅の多様化した17世紀後半に、上質な組物を焼成していた南川原山の製品をみていくと、高い水準で同品質を保つための製作技術をみることができる。発掘調査によって南川原山で17世紀後半に操業していたことが確認できるのは、下南川原山では南川原窯ノ辻窯、柿右衛門窯、平床窯、上南川原山では樋口窯、ムクロ谷窯である。

まず成形時の工夫をみると、ロクロ成形の後に一手間加える型打ち成形がある。日本の磁器生産の開始と共に、同じ器形を製作する成形方法として、型を用いた技術が導入された。中国から直接移入されたと考えられるのは、型を用いた成形（型打ち成形・型押し成形）と、わが国では入手できなかった青色顔料（呉須）の使用である。型による成形は、大量生産に対応する一面があると考えられる。磁器専業体制を整えるきっかけとなった窯場の整理・統合では、大量生産を目的とした染付製品の製作の際に、朝鮮半島のスタイルの目積みの製品は淘汰され、中国のスタイルの型打ち成形の製品は継続して製作されている。当初から中国の青花瓷器を意識していた日本の染付磁器は、成形技術の一環として型打ち成形を導入したのである。

いっぽうで型を用いた成形は、高品質を保持するうえでも利用されるようになった。型打ちは型を用いた施文も可能であり、複数製品の装飾を同質に仕上げることができる。また型打ちをすることで高台付近を叩き締めるため、焼き

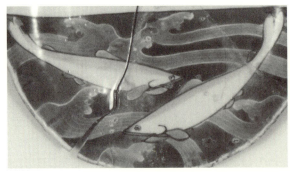

・南川原窯ノ辻窯物原C11層（左）、B19層（右）出土。左の資料が右よりも下層出土。

図3　染付文様の輪郭線の変化

50

割れも少なくなるという[3]。特に17世紀後半以降の南川原山では、主製品が上質皿に変化すると共に顕著にみられる工夫であり、現在もその技術は継続して保存されている。

　次に筆を用いた施文時の工夫をみると、染付製品では文様の輪郭線に太線から細線への変化がみられる（図3）。理由として文様の筆致が同じようにみえるようにするため、不安定な太線より細線が選ばれたのである。さらに細線と共に文様の種類に合わせた輪郭線の線種の使い分けや、中を塗る濃みに段階的な色調を用いるなど、表現の選択肢も増加させている。また他に同質の仕様としての見栄えを保つ施文の工夫をみていくと、空間を埋めることで、その空間の各文様の没個性化を図る方法がある。具体的には葉や花を敷き詰めた唐草文、幾何学文様や全体に文様を配置した地文様などが挙げられる。施文箇所は、内側面の場合や内底も含め内面全体に用いられる場合もある。この方法は施文面積の広い大型品でも応用することができ、文様の没個性化を図ることで、施文の粗を補うことができる。

　また輪郭線を整える工夫として、仲立ち紙の使用がある。仲立ち紙は線描き（輪郭線）の文様を写すのに使われるが、この使用について南川原山では、南川原窯ノ辻窯と柿右衛門窯の製品の中で指摘されている。特に柿右衛門窯では文様の割付に止まらず、鍋島藩窯と共に線描きの下書きとして用いられた可能性が指摘されている（山本2010、36-37頁）。逆に仲立ち紙を用いた施文を行ううえでも、線描きの変化は必須であったと考えられる。また、釉薬がかかった状態で描く赤絵（上絵）の線描きでは、細い線が描きやすいといい、その影響も受けた結果で、輪郭線の変化が生じた可能性がある。

　現在の今右衛門窯では、施釉前の下絵付、本焼き後の赤絵付（上絵付）のそれぞれで、仲立ち紙を用いている[4]（図4）。染付座ではまず製作見本の器に仲立ち紙をあて、文様を写している。そして紙を裏返し、内側をひょうたん墨でなぞり、また裏返して素地に貼りつけ、その上から刷毛にセロハンを固定してこする。赤絵座でも同様である。仲立ち紙は石州和紙を使用して、自分たちで作る。何度も使い、破れた場合やひょうたん墨の色が薄くなった場合、製作見本（磁器完成品）に当ててなぞり、写して新しく作る。仲立ち紙は各自で保管し、一度使用して捨てることはなく、自分の作業のポイントをそれぞれ書き込

日本における高品質磁器製品の生産と受容の背景

(1) 細工場での型打ち成形（左）とその道具（ウチコ、タタキ棒）（右）

・奥には製品見本がみえる。仲立ち紙で写した文様を、下描きとして輪郭線を描く。
(2) 染付座での線描き（左）と仲立ち紙（右）

図4　現在の今右衛門窯での作業（2013、14年撮影）

んでいるという。
　しかし注意することは、線描きの際にはただなぞるだけではなく、描く時に全体の絵柄を見ながら雰囲気を意識してバランスを取り、葉の形を丸くするのか細くするのかなどが考えられている。線1本でも違えば雰囲気や絵柄が変わるといい、線の太さに気を遣うという。あまりにも線がきっちりしすぎて一定

52

の太さの線であると素っ気ないので、流れのある味のある線を描くことを心掛けているという。

同じように近世の描き手も基本的に文様を写す際には、写すことそれ自体が大きな目的ではなく、それぞれの製品の全体の構図に注意を払い、運筆に気を配って輪郭線を描いていると考えられ、これが揃いの製品の施文の中での同質の幅を生み出すのだと考えられる。

このように上質の揃いの製品製作の中で同質の仕上げを求め、器形、そして装飾の見た目のそれぞれについて、成形、施文技術の洗練に繋がっていったと考えられる。現在も保存されている高水準の中で同品質を保つための開発された技術が、17世紀後半の有田南川原山の中で確立されていった様子を窺うことができるのである。

3. 組物受容の実像

17世紀の前半から中頃の国産磁器の受容の様相は、『隔蓂記』などの記述から、上層階級において、まとまった数での授受が行われたことが解る。そして17世紀後半以降には、本格的に組物生産が増加していったことが窺える(前山 1990、34頁)。

近世都市江戸に設けられた、大名屋敷において様々な儀礼、行事の道具は、必須であった。特に供膳具としての揃いの製品、組物が求められた。近年様相が明らかとなった1657(明暦3)年明暦の大火を下限とする有楽町一丁目遺跡070号遺構(武蔵文化財研究所ほか 2015)や、江戸城汐見多門櫓台石垣地点では、中国景徳鎮窯産の揃いの製品(組物)が複数確認されている(千代田教委 2011)。有楽町一丁目遺跡070号遺構出土の色絵如意頭文皿については、それぞれ同じ文様構成であるが詳細に観察すると、厳密な意味では文様の配置や枠にばらつきがみられる(武蔵文化財研究所ほか 2015、156頁、第135図26・27)。つまり器形、文様について、現在の感覚の中での同じ仕様が求められたのではないことが解る。

他に大名屋敷の揃いの製品の出土例としては、東京大学構内の遺跡医学部附属病院病棟地点 C2 層の例がある。C2 層は1682(天和2)年の火災後、大聖寺藩邸再建のための整地に使用された、焼土を主体とする盛土層である。この C2 層出土資料群と接合関係のみられる製品が、加賀藩御殿空間内に位置す

日本における高品質磁器製品の生産と受容の背景

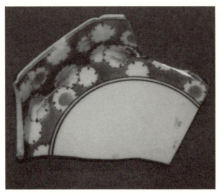 

(1) 染付雪輪牡丹唐草文輪花皿　　　　　(2) 染付雪輪牡丹唐草文猪口

図5　東京大学本郷構内の遺跡附属病院入院棟地点 C2 層出土の揃いの製品

る医学部教育研究棟地点から出土していて、本来は加賀藩邸御殿で使用された食器類を含む整地土が、盛土として使用されたと考えられている（成瀬 2010、444 頁）。これらの磁器は火災時に被熱しているため、内底に別の同種の皿の融着した痕跡が確認でき、各々の器は複数枚重ねて保管されていた様子が窺える。

　磁器は中国景徳鎮窯製品もあるが、皿を主体としたまとまった数の肥前製品が出土する。種類は染付、青磁、瑠璃釉、白磁などがある。詳細にみていくと成形では、型打ち成形の輪花皿、糸切り細工成形の変形皿、口縁の口紅装飾などが特徴的である。高台外側を鋭く削り出した仕上げの丁寧な例が多い。染付磁器の文様としては、雪輪、草柴垣、桜流水または紅葉、牡丹唐草、松原、七宝、雨降り、竜、鳳凰などがあり、柿右衛門窯や南川原窯ノ辻窯で出土する製品と共通する描き方の例がみられる。高台内銘では、南川原山の製品で確認できる異体字銘が比較的多くみられる。また複数の器種にわたって、内外面文様の組み合わせ、高台内銘が一致する例がある。雪輪文＋牡丹文となる例が4種類（図5）、竜牡丹＋山水文の文様の組み合わせの例が2種類の器種がみられる。前者は輪花皿2種、変形皿、猪口であり、後者は輪花皿2種である。これらは7寸以下の寸法で、おそらく膳の上で、同時にセットで使用できる大きさの実用品である。そしてこの製品は一括で注文されたと共に、同じ窯内で生産され、一括で受容された様子が反映されている。他に C2 層では、色絵を伴わない型打ち成形の乳白色手製品がまとまってみられ、近世都市江戸の大名屋敷の中で

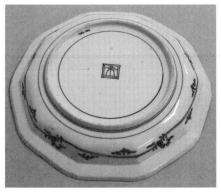 

・内底には使用の痕跡として、無数のスリキズがみられる。

図6　GRONINGER MUSEUM 所蔵の有田南川原山産染付山水文輪花皿

も、17世紀後半の南川原山の製品の受容をまとまって確認できる遺構の1つとして、位置づけることができる。

　海外の事例としてオランダのGRONINGER MUSEUM の有田磁器のコレクションは、日本でも著名であるが、その中にも江戸の大名屋敷でみられるような南川原山の製品がある。染付磁器では1670～90年代の皿、鉢がみられ、型打ち成形を行い、口紅装飾が基本となっている（図6）。施文では内底文様を中心に内側面を放射状に区画した例が多いことや、高台銘が「金」、異体字の「福」と南川原山特有の銘で限定されている。そして実見するとほとんどの資料の内底にスリキズがみられるので、実際に使用されていたことが解る。これらは有田磁器の輸出品の中で、海外向けを意識した生産品でないにもかかわらず輸出された製品であり、武家地で出土する上質品が海外において、一定量受容されたことを意味している。

　有田磁器の海外輸出については、既に指摘されているように1644年の中国の王朝交代の時期を経て、中国からの直接の技術導入があり、中国瓷器の代替品としての役割を担った部分はあるだろう。ただ中国の景徳鎮窯や徳化窯などのような大規模な生産地と異なり、生産量も限られることから、有田が交易品としてそこに共存するためには、常に付加価値が求められた。当初は中国瓷器のデザインに極めて類似した製品生産であったと推測される。さらに中国瓷器に対して圧倒的少数であった有田磁器が、区別化を図るために一面で求められ

たのは、緻密さを誇る装飾の見映え（色絵・染付）、特別注文（器種・文様）への対応であったと考えられる。中国の窯場と異なり、きめ細かい直接注文に敏感に対応できた窯場が有田であったのである。それはオランダ東インド会社商館の長崎の近隣にあるという地理的環境が、大きく作用したのだろう。また有田磁器をアジア内で運んでいた中国人が、長崎以外の港に持ち込み、そこでヨーロッパ行きの船に積載する中国瓷器の数量を補う形で、遜色のない製品として共に運んだことも考えられる。

4．組物生産の線描き技術の変容

17世紀後半に有田南川原山の一部の上質品は、品質においても有田磁器の規範的な役割も果たしたため、時代を象徴する形で作られた。そしてこれらの特徴のみられる高品質製品は、当然のことながら有田磁器生産の中核的な窯場である内山地区でも同時期に併行して作られている。では17世紀後半から18世紀前半にかけて、有田での施文方法をみていくとどうであろうか[5]。

17世紀中頃から1670年代の時期が考えられる西登窯資料では、内底に四弁花を描く染付唐草文鉢、染付水仙文長皿など南川原山の製品と類似する資料が確認されていて、文様の内容にも共通する部分がある。皿では糸切り細工成形の変形皿が特徴的であり、比較的に高い付高台を伴い、高台に施文する例も確認できる。文様の描き方をみていくと、まず染付水仙文長皿は、高台内銘をみると同じ筆致であり、焼成状況も同じであるため、同時に焼成された製品と考えられるが、内底文様をみると同じ図柄の根本近くにある短い葉の形が異なっており、厳密な意味で同じとは言えない（図7（1）上）。染付木賊文菱形皿では、内底の岩草花文について、1枚を写し取って他に重ねてみると、岩に関してはアタリを付けているようであり、草花は一致せず、手描きで配置しているようである（図7（1）下）。他にアタリを付けた例では、雪輪枠を設けた皿が確認できる。

17世紀末〜18世紀初め頃の資料がまとまってみられる泉山口屋番所遺跡のC-1区土坑1では、白磁菊弁形鉢や輪花鉢など型打ち成形を伴う例や、染付の型打ち製品も多く、文様の内容でも丸文、草柴垣文、牡丹花文など、南川原山の製品と類似する資料が確認されている。文様の描き方をみていくと、唐花文

髙島裕之

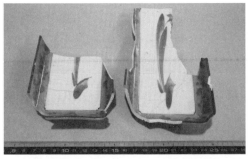

・短い葉の相違。

(1) 西登窯跡出土　　・岩を中心にアタリを付けている。

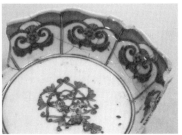

(2) 泉山口屋番所遺跡C−1区土坑1出土　　・唐花唐草文を同じ太さの線で描く。

(3) ムクロ谷窯跡床面出土　・中央の菊花とそこから伸びる茎は、位置や大きさが全く同じである。

図7　組物生産の線描き技術の変容

57

に関して花を中心にアタリをとっているようであり、全体を厳密に写す形で、文様を描いていないことが解る。見た目では全く同じに見える唐花文も、実際にそれぞれを写し取ってみると、きちんと重ならない。つまり同じ太さの線描で均一的に文様を描くことによって、画一化させる形でみせている（図7（2））。

同じような輪郭線の特徴を持つ施文は、18世紀中頃の上南川原山のムクロ谷窯出土染付薄瑠璃釉菊萩文長皿でもみられる。文様を写しとってみると、中央の菊花および枝の配置にはズレがなく、ほぼ同じように写されている。いっぽうで補助する花の大きさが各々異なっている。つまり仲立ち紙を使用して、忠実に写す部分と、筆の運筆にまかせてアタリをとる部分とがある（図7（3））。

このように線描き技術の変容に関してみていくと、17世紀後半以降、その運筆方法の種類が増し、文様の描き方が多様となったといえる。現在の有田陶磁史では、それが技術の洗練という形で一面的に捉えられている。さらに17世紀末から18世紀前半には、同じ太さの線描で均一的に文様を描くことによって、画一化させる形も流行した。現在の感覚でみると、この線描のスタイルは一定の太さの線で、素っ気ないというようにみることもできてしまう。

18世紀前半の南川原山では、前代から用いられている五弁花を用い、内側面に松竹梅、雪輪、牡丹唐草文などを配置した施文の画一的な製品がみられる。つまり有田全体の中で南川原山の製品が抽出できた、前代の製品生産の形とは異なっている（髙島 2010）。その理由としては、むしろ上質の揃いの製品を求める受容者の背景が、社会の経済状況などを含め変化したと捉えるべきであり、現在の感覚で技術内容を一面的に解釈するべきではない。有田磁器の生産を考えるうえで、工業製品としての商品流通の姿を捉える必要があり、線描き技術の変容からは、生産者が常に受容者の嗜好に対して情報のアンテナを張っている様子を読み取ることができるのである。

おわりに

日本における高品質磁器製品の生産と受容の背景について、具体例を挙げ、その実像を示した。最後にまとめると次のようなことがいえる。

近世において同じ仕様の製品を製作する方法、特に、有田の高品質磁器製品生産の技術には、成形ではロクロ成形に一手間加えた型打ち成形、装飾では同

じ仕様の文様を描くために仲立ち紙を使用してアタリを付けることや、運筆の種類の多様化など線描の工夫があった。17世紀後半に有田南川原山で生産された製品にみられるスタイルは、精粗の差があるが有田内山地区の窯場でもみられる。これは南川原山の一部の製品が、品質において有田磁器の規範的な役割も果たし、時代を象徴する形で広く作られたためである。一般的に「高級品」としてのスタイルが固まったのも当該期であり、この時代の様式はいわゆる「柿右衛門様式」という言葉で表現されてきたが、「南川原山様式」と呼ぶ方がより適切である。

　いっぽう受容した側からみると、高品質磁器製品を製作した有田南川原山でみられる技術は、江戸遺跡の大名屋敷の御殿空間で膳の上で用いられる上質の揃いの製品を作るための技術であったといえる。すなわち17世紀後半の南川原山の主力製品の国内最大の消費地の1つが、江戸の武家地であったということができる。そして器の成形、施文などの製作技術の背景にあるのは、製品の受容者の要求に応えた、かゆい所に手の届くような有田磁器の生産の姿である。圧倒的多数の中国瓷器と共に有田磁器が、海外輸出の舞台で18世紀まで継続して受け入れられた背景として、受容者の嗜好に対して常に情報のアンテナを張っていたことが、生産技術の変容からも読み取ることができるのである。

　註
（1）揃いの製品は、組物とも呼ばれ、同装飾の資料について使われるが、部分的に絵変わりにする例もあり、組み合わせ方も様々である。人によってその幅も異なる。組物を見る視点としては、中越編2010では、重さ、表裏対応性など様々あることが解る。本稿では、組物、揃いの製品について、既存製品と倣製品の関係を除き、同時代に同じ場所で製作された組み合わせ製品について想定している。
（2）山本氏は仲立ち紙使用の調査方法として、窯跡陶片をはじめとする製品1点ずつトレーシングフィルムをのせて、線描部分を鉛筆でなぞり、そしてトレースした線をイラストレータで画像に起こし、複数個体分を重ねて比較している。論考では17世紀後半の窯跡出土資料を中心に、次のように年代ごとに分析を加えている。
　・1630〜1650年代―仲立ち紙の使用例はみられないが、文様装飾を整える工夫

がみられる（山本 2010、35 頁）。

- ・1650 ～ 1690 年代—1650 年代以降の染付のなかに「仲立ち紙」を用いて線描した可能性のある製品が楠木谷窯で出始める。「この時代の染付は線描と濃みの濃度が分かれ、一定の線描幅を保つものが多くみられるようになる。仲立ち紙を用いて描いた可能性のある文様は主文様など一部分に限られ、器面での配置は他個体間で一定しないことが多い」。1660 年代の南川原窯ノ辻窯、中白川窯、外尾山窯、長吉谷窯の仲立ち紙を用いた線描は、窓絵の枠や主文様の外形線など、配置（アタリ）に関わる文様が多い。柿右衛門窯では、「樹や草花など複雑な文様の細部にまで仲立ち紙を用いた製品がみられる。個体ごとに自由な加筆がみられるものの、文様のあたりという程度ではなく、線描きの下書きのために仲立ち紙が用いられるようになった。このことは、文様の簡単な割付から厳密な下書き線へ、組物に求められる線描きの精度に応じて、仲立ち紙の用いられ方にも変化が出てきたことを示している」という（山本 2010、36 頁）。また 1690 年代以降の盛期鍋島になると、仲立ち紙を使用して線描の全てを緻密に描く組物が多くみられるようになった（山本 2010、37 頁）。

(3) 14 代今泉今右衛門氏のご教示による。

(4) この記述は、国重要無形文化財保持団体色鍋島今右衛門技術保存会として、江戸時代からの作業に準じた形で作業を行う今右衛門窯での窯業聞き取り調査に基づいている（髙島編 2014）。

(5) 次に取り上げる遺跡の概要は、以下の通りである。西登窯跡、泉山口屋番所遺跡については、有田町教育委員会の村上伸之氏のご教示を得た。ムクロ谷窯跡は有田教委 1991 に基づく。各々資料を実見させていただいた。

- ・西登窯跡：有田内山地区—2009 年、対山窯隣接の住宅の浄化槽工事の際に発見された物原であり、工事の際に採集された資料が 28 箱のコンテナに保管されている。陶磁器と窯道具があり、陶磁器の種類は染付、瑠璃釉、白磁、青磁などがあり、年代は 17 世紀中頃から 1670 年代である。器種には碗、鉢、皿、瓶、香炉などがあり、多いのは碗と皿である。「宣明年製」銘の染付碗、染付雲竜文碗、染付岩花卉文鉢、染付芙蓉手皿などの海外輸出用の製品がある。

- ・泉山口屋番所遺跡 C-1 区土坑 1 ：有田内山地区—1992 年に調査された泉山口屋番所遺跡の C-1 区土坑 1 で、17 世紀末～ 18 世紀初め頃の資料がまとまって出土している。この遺構は窯割れを起こした製品などが同時期で廃棄された土坑で、この付近の窯で焼成された失敗品が整地土と共に廃棄されたと推測されている。「VOC」銘の芙蓉手皿も確認できる。

・ムクロ谷窯跡：有田上南川原山地区―ムクロ谷窯跡は古文書類には記録のみ
　られない窯で、1基（操業推定年代1680年代〜1740年代）が確認されている。
　物原層は整地層、休止層によって大きく5つに分けられる。窯での最終焼成
　品として、元文3（1738）年、享保16（1731）年箱銘の伝世品（色絵薄瑠璃
　釉菊萩文輪花長皿、染付薄瑠璃釉菊萩文長小皿）と類似した資料が、一番上
　で確認された焼成室床面から多数出土している。

参考・引用文献

有田町教育委員会（村上伸之・野上建紀）1991『向ノ原窯・天神山窯・ムクロ谷
　窯・黒牟田新窯―町内古窯跡群詳細分布調査報告書第4集―』

大橋康二・藤口悦子 2000「鍋島家伝来の色絵磁器について」『東洋陶磁VOL.29』
　東洋陶磁学会、65-75頁

髙島裕之 2010「18世紀における有田・南川原山の陶磁器生産」『駒澤考古35』駒
　澤大学考古学研究室、31-46頁

髙島裕之 2011「「柿右衛門」と有田・南川原窯」『人文科学年報第41号』専修大
　学人文科学研究所、101-120頁

髙島裕之 2013「有田・南川原窯製品の生産技術の背景―江戸遺跡での出土状況と
　合わせて考える―」『江戸の武家地出土の肥前磁器―罹災資料と初期色絵・鍋
　島・柿右衛門―』近世陶磁研究会、212-229頁

髙島裕之編 2013『鹿児島神宮所蔵陶瓷器の研究』鹿児島神宮所蔵陶瓷器調査団

亀井明德 2013「4.鹿児島神宮所蔵の中国陶瓷器」『同上書』88-98頁

髙島裕之 2014「GRONINGER MUSEUMの中国・日本磁器」『中華文明の考古学』
　同成社、458-467頁

髙島裕之編 2014『有田・今右衛門窯のしごと―窯業聞き取り調査概要報告―』専
　修大学陶磁文化研究室

千代田区教育委員会 2011『江戸城の考古学Ⅱ　第Ⅱ分冊』

中越康介編 2010『再興九谷組物―吉田屋・宮本屋・松山のうつわぞろえの起程を
　尋ねる―』九谷焼窯跡資料館

鍋島藩窯調査委員会 1954『鍋島藩窯の研究』佐賀県文化館

成瀬晃司 2010「加賀藩・大聖寺藩本郷邸出土の鍋島―天和2（1682）年の火災に伴
　う資料を中心に―」関和男編『改訂版初期鍋島』創樹社美術出版、434-456頁

藤原友子 2000「「古伊万里の道」展について」『古伊万里の道』佐賀県立九州陶磁
　文化館、143-155頁

堀内秀樹・坂野貞子 2008「江戸の陶磁器消費と柿右衛門」『柿右衛門様式研究―

肥前磁器売立目録と出土資料―』九州産業大学、475-494頁

前山博　1990『伊万里焼流通史の研究』誠文堂印刷株式会社

宮田幸太郎　1985『有田町史陶業編Ⅰ』有田町史編纂委員会

武蔵文化財研究所ほか　2015『有楽町一丁目遺跡』

山本文子　2010「近世肥前磁器絵付技法の研究―肥前磁器絵付技術における仲立
　　ち紙使用の成立過程―」『青山史学第28号』青山学院大学文学部史学研究室
　　31-48頁

Christiaan J.A.Jörg 2003 *Fine & Curious* Japanese Export Porcelain in Dutch
　　Collections" Hotei Publishing, Amsterdam.

図版出典

図1　(1) 鍋島藩窯調査委員会 1954、91頁、27図、(2) 髙島編 2013　巻頭図版

図2　鹿児島神宮所蔵　筆者撮影

図3　駒澤大学考古学研究室保管　筆者撮影

図4　専修大学陶磁文化研究室撮影

図5　東京大学埋蔵文化財調査室保管　筆者撮影

図6　 GRONINGER MUSEUM 所蔵　筆者撮影

図7　有田町教育委員会所蔵　筆者撮影

上野・高取系陶器の生産と流通・使用
—— 肥前陶磁器との拮抗の中で ——

佐藤浩司

はじめに

　近世に肥前陶磁器が全国流通を果たす一方、九州島の最北端に所在し日本海
側諸国、瀬戸内海側諸国への通廊的位置にある福岡県とくに東半部豊前、西半
部筑前には、上野焼、高取焼というローカルな窯場で焼かれた特徴的な陶器
が存在した。肥前陶器にわずかに遅れ、肥前磁器にわずかに先んじて生産が始
まった上野・高取系陶器の諸相は、合わせ鏡的に全国流通を果たした肥前陶磁
器のそれと対比することで、生産・流通・使用の実態がより明らかになると考
えられる（佐藤2010a）。

　また、近世の窯業を各国の地場産業に押し上げていくための経済戦略は、藩
主の自国産業育成への関心度と傾注度に大きく左右されたであろう。もちろん、
日本での近世陶磁器生産の始まりが豊臣政権による朝鮮出兵にあったことは間
違いなく、各国藩主が連れ帰った朝鮮人陶工の手によって始められたことから、
そこには藩主と陶工達のさまざまな意向が凝縮されたうえでの生産活動として
位置づけることができよう。

　そこで、まずは北部九州各藩の近世陶磁器生産の始まりと窯跡の分布状況を
確認するなかで、上野・高取系陶器の生産域にみる地理的特徴をふまえ、いく
つかの遺跡における肥前陶磁器との流通比率を比較検討し、上野・高取系陶器
の生産・流通・使用の諸相に迫りたい。

　このことは、供膳形態を土師器と瓦器、一部の輸入陶磁器で長い間賄ってき
た中世日本社会が、秀吉の朝鮮出兵でまさに大陸的陶磁器様式を指向する近世
日本社会に衣替えしたことを端的に示す重要な視点となろう。

　その中で上野・高取系陶器の流通スタンスは、常に近世陶磁器社会を盟主的
にリードしてきた肥前陶磁器との拮抗関係に凝縮されるかのようである。

　故地を同じくする上野・高取系陶器と肥前陶磁器。近世初頭以降の上野・高

63

上野・高取系陶器の生産と流通・使用

取系陶器の独自の展開にも、兄のように連れ添う肥前陶磁器がいたのである。

1．近世陶磁器の始まり

　秀吉の朝鮮出兵は、九州各藩の大名達を中心に肥前名護屋城普請を嚆矢とし、1592（元禄元）年の文禄の役、1597（慶長2）年の慶長の役を経て秀吉の死去で終結したが、明国支配の夢を実現することは叶わず、無益な敗北に帰した。しかし、そのなかで一つだけ戦利品とでもいえるものがあるとしたら、それは朝

図1　近世陶磁器窯跡と積出港など位置図

鮮半島の陶磁器生産技術をもつ陶工達を自国に連れ帰ったことから花開いた近
世窯業の成立と発展であろう。

　それまで東海地方や中国地方などで焼かれ広域流通していた国産陶器[1]と
は全く異なり、多器種多法量のいわゆる銘々器を中心とする食器群が、日本に
も多数搬入されたやや粗い素地をもつ李朝陶器や白磁、白と青のコントラスト
が美しく、細かい素地で薄づくりの中国景徳鎮窯の青花磁器などを手本に製作
され、九州独特の地質から生まれる陶土や陶石の発見、採掘により、各地で近
世陶器が、また肥前有田の地でやがて近世磁器が生産されることになった（大
橋2000）。

　図1は北部九州とくに豊前、筑前、肥前を中心とした地域における近世陶磁
器生産窯の分布とそれらが積出しされる港津の位置を示しているが、近世270
年間を通じ一見して、唐津、北波多、伊万里、有田、波佐見周辺部の窯跡が他
地域にくらべ数、集中度、操業期間において抜きん出ていることがわかる（永
竹1980）。また、巨視的にみれば東に陶器窯、西に磁器窯と分布域が二分できる。
とくに肥前磁器発祥の地有田泉山地区は磁器窯集中地区の北東部に位置してい
ることから、次第に南へ西へ磁器生産窯が拡散していった状況が見て取れる。

　一方、上野・高取系陶器窯の分布については、後ほど詳しく述べるが、豊
前・筑前国境の地域を中心に点在するにとどまっており、磁器専焼窯にいたっ
ては、筑後を含む福岡県内ですら数基を数えるに過ぎない[2]。

　肥前陶磁器が、列島の近世窯業史の中でいかに突出した存在であるかを如実
に示していると同時に、朝鮮出兵の日本側最前線基地が肥前名護屋城にあった
こと、また肥前国領主鍋島直茂が慶長の役後、忠清道金江出身の朝鮮人陶工李
参平（金ヶ江三兵衛）を自国へ連れ帰ったこと（大橋2002）が肥前陶磁器の繁
栄をもたらした主たる要因であろう。

2．上野・高取系陶器の誕生と擂鉢にみる独自性

　金尊楷（上野喜蔵高国）は慶尚道泗川十時出身の朝鮮人陶工である。文禄の
役の際、加藤清正に従って来日し、数年唐津の地に留まっていた後、製陶の技
法を会得するため一旦帰国したが、豊前藩主細川忠興は小倉入城後の1602（慶
長7）年に彼らを自国に招き入れ、田川郡赤池町上野（現在の福智町）にある福

智山南西麓の釜ノ口窯（1602 ～ 32 年）で初めて生産を開始させたとされている（井上 1943）。

尊楷は 1632（寛永 9）年、細川家が肥後に転封になると藩主に付き従い、長男と三男を連れて八代郷高田の地で高田焼（1632 年～）を創始したが、上野に残った尊楷の二男と娘婿が上野焼を継承している。

表1　宅間窯の陶器組成表

	（陶　　器）										（窯道具）					
場所＼器種	椀	水指	皿	大皿	片口（口）	壺	鉢	瓶	甕	スリ鉢	トチン大	トチン中	トチン小	ハマ大	ハマ中	ハマ小
表　採	2						7	1	5	17	10	17	4	29	3	10
1トレンチ	4		33		1	1	6	4	4	10	1	1	3	3	1	
P　1			4	1						1	1	1	4	1		
P　2	1		6						1	1	1	6			2	
P　3	2	1	1	8	1		6	6	5	3		13	3	4	21	
2トレンチ	4		33				3	6	14	30	1	7	2	31	21	3
3トレンチ	2	1	27		2		1		2	17	5	3		11	1	12
2　室	1		9		1		1	2		10				1		
3　室	3		12	2	1				3		4	17		10		
4　室			6	2	2		1		1	7				3		1
焚　口	1		3													
計	20	2	134	11	8	1	22	22	35	95	30	67	19	91	49	23

※高取焼以外のものはふくめていない。

釜ノ口窯に遅れて、すぐ南に岩谷高麗窯（1607 ～ 32 年）、皿山本窯（1624 ～ 1871 年）が築かれ、細川藩の小倉城下西の愛宕山麓には細川忠利により、お楽しみ窯として菜園場窯（1620 ？～ 32 年）が築かれている[3]。

釜ノ口窯の発掘調査は 1955 年に日本陶磁協会が行い、『陶説』33 号に概要報告がなされているが、正式な報告書は発刊されていない（日本陶磁協会 1955）。しかし、近年北九州市いのちのたび博物館に保管されている釜ノ口窯出土品の実測図と胎土分析データが公表され、その内容が明らかになっている[4]。

一方、高取焼はやはり文禄の役後、筑前藩主黒田長政が八山（高取八蔵重貞 慶尚道井韋登出身）なる朝鮮人陶工を呼び寄せ、直方市鷹取山南麓の永満寺宅間窯（1606 ～ 14 年）で開窯させたのを始まりとしている（直方市教委 1983）。上野焼釜ノ口窯と同じ山裾の近い場所で生産が開始されたため、双方の土質は極めて近似しており、作風も釉調も見分けがつきにくい。その後高取焼は内ヶ磯窯（1614 ～ 24 年）、山田窯（1624 ～ 30 年）、白旗山窯（1630 ～ 64 年）、小石原鼓窯（1665 年～）、小石原中野上の原窯（1682 年～）、大鋸谷窯（1704 ～ 16 年）、東皿山窯（1712 ～ 1871 年）、西皿山窯（1718 年～）と続いていく（佐賀県立九州陶磁文化館 1992）。

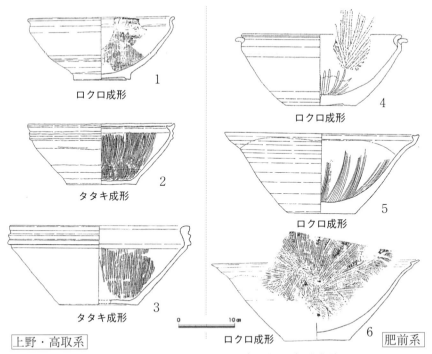

図2　上野・高取系と肥前系の擂鉢比較図（1/6）
（1.内ヶ磯窯跡　2.黒崎城跡　3.小倉城新馬場跡　4.小十窯跡　5.博多89次　6.小倉城御蔵跡）

　さて、高取焼永満寺宅間窯の調査では、創業当初から多器種の陶器が焼かれており、大量の皿類とともに、擂鉢も数多く出土している（直方市教委1983）（表1）。図2－2のような口縁部内側に受部をもつタイプであり、タタキ成形で底部から体部をつくり、擂目は密に施し、端部はヨコナデで揃えられるものを主体としている。また、タタキ成形であるが口縁部が強く湾曲して外反し、擂目が疎で端部がイキているタイプ、ロクロ成形の削り出し高台タイプもわずかに存在する。

　一方、内ヶ磯窯の擂鉢は、図2－1のようなロクロ成形で高台を削り出すタイプの擂鉢も一定量出土するが、3のようなタタキ成形擂鉢が主体をなす（福岡県教委2003）。3は口縁部が内傾して肥厚し、擂目は疎で端部はヨコナデを施さないためイキている（佐藤1993・1995）。しかし、2のタイプの擂鉢は全く出

67

土していない。ほぼ同時期に開窯した同じ高取系の窯でありながら、こうした
タイプの違いは何に起因しているのだろうか。

　肥前で焼かれた擂鉢のうち最も初期のものはタタキ成形がみられるが[5]、図
2－4は上野・高取系擂鉢（1）と同様ロクロ成形の削り出し高台で、擂目は
一本づつ施している（唐津市教委 1988）。続く永満寺宅間窯、内ヶ磯窯と同時
期の資料（5・6）では、ほぼ一貫してロクロ成形であることから（福岡県教委
2003）、上野・高取系擂鉢とは製作技法においてまさに対極にあるといえるが、
その後の擂鉢も、上野・高取系は 17 世紀前半代以降江戸期全期間を通してタ
タキ成形で製作され続け、18 世紀後半～ 19 世紀に平底タイプに加え、貼り付
け高台をもつタイプが出現している（佐藤 1993・1995）。肥前系擂鉢はそれま
でロクロ成形の擂鉢であったものが、18 世紀前半以降、再びタタキ成形が中
心となり、貼り付け高台をもつタイプに変わっていく（大橋 2003）。こうした
製作技法の差はそれぞれの窯の独自性の現れと評価でき、半島故地における技
術伝統の保持が陶工の職人気質に支えられていることを示すものと考えられる
[6]。見方を変えると、やや先んじて生産を開始した肥前擂鉢をただひたすら模
することなく、やがて特色を備えた製品（商品）をめざした上野・高取系陶工
達、ひいてはそれを領内で焼かせた藩主の経営戦略が垣間見られるのである。

　江戸初期の大名茶人小堀遠州による国焼の選定で、上野焼、高取焼は志戸呂
焼（遠江）、膳所焼（近江）、朝日焼（山城）、赤膚焼（大和）、古曽部焼（摂津）
と並び遠州七窯に数えられ、その作風は俗に「遠州好み」とも呼ばれているが、
肥前の窯場は含まれていない。こうした有名茶人の評価からも、茶陶への特別
な思いと自負心が他器種へも注入された可能性はあろう。

3．上野・高取系陶器の主要器種

　江戸初期の上野・高取系陶器の主な器種は図3－1～8に示すようなものが
みられる。1は輪花をなす皿であるが、体部が内湾し肥前の皿9と同一器形で
主体をなす。また2、3のような型押し皿や、腰と口縁部で折れる皿にやや高
めの高台がつくタイプは肥前にあまり見られず、2のように高台内が兜巾状を
なすものは上野焼の製品に多い（敦賀・永尾・森 2008）。

　一方、肥前陶器皿の典型である 10 ～ 12 は9に後出する器形で、12 などは

佐藤浩司

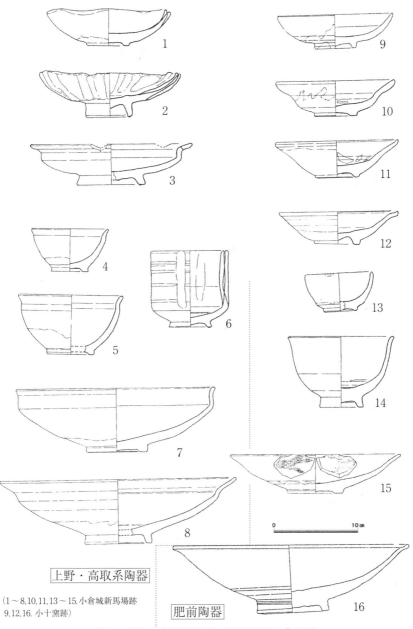

上野・高取系陶器

(1〜8,10,11,13〜15.小倉城新馬場跡
 9,12,16.小十窯跡)

肥前陶器

図3　上野・高取系陶器、肥前陶器の食器群

肥前特有の口縁部溝縁状を呈しており、「溝縁皿」と呼ばれ 1610 ～ 50 年代の基準資料となっている。釉は初期には藁灰釉が多用されるが（大橋 2000）、続いて鉄絵に透明釉、木灰釉・土灰釉と続く。上野・高取系の藁灰釉を主体に青味を帯びた透明釉、木灰釉、鉄釉を多用するのとは対照的である。

　碗においても上野・高取系は変化に富んでおり、茶陶碗や 6 のような筒形碗も一定量みられる。肥前系はやや単純な丸碗が主体をなしており（13、14）、天目風の器形を有する碗も存在するが、上野・高取系に比べると碗の種類は多くない。

　上野・高取系の大皿では、体部が屈曲して立ち上がるもの（7）、段を有して開くもの（8）が多く、内ヶ磯窯では内面を太い彫文で飾るなどバラエティに富む。一方肥前の大皿は鉄絵を施したり（15）、櫛描波状文を巡らすもの、体部が開いて口縁部が外反するもの（16）や口縁部で屈曲するものがあるが、やはり上野・高取系ほどのバラエティはない。

　内ヶ磯窯では、その他の器種においても水指やその蓋、茶入、沓形碗、花生、香炉など肥前の陶器窯とは比較にならないほどの種類と量が出土しており[7]、まさに「遠州好み」と呼ぶにふさわしい茶陶を焼造し、後の白旗山窯でその生産はピークを迎えることになる。

　上野・高取系陶器の胎土は砂粒を多く含み、暗褐色～黒褐色を呈するものが多く、また一見瀬戸・美濃系陶器を思わせるような軟質で空隙をもつ粗いものもみられ、肥前系のような緻密で硬質な胎土は少ない。

　以上のように、器形、胎土、文様と意匠、釉調など、あらゆる面で江戸初期の上野・高取系陶器には、茶陶としての荒々しさや変化を求める気風が碗、皿類にも感じられ、肥前系陶器とは一線を画しているかのようである。

4．器種組成にみる上野・高取系陶器の生産と流通

　次に、上野・高取系陶器と肥前陶磁器について、出土状況が良好な遺構ごとに、器種組成を比較してみよう。

(1) 小倉城新馬場跡

豊前国の本城小倉城の西曲輪にあり、江戸中・後期には「新馬場」とよばれ

ている地区での発掘調査によると（北九州市芸術文化振興財団 2004）、最下面で畠の跡が見つかり、小倉城築城以前の農村景観が想定できたが、その後この畠を埋めて堀や平坦面（郭）、排水溝を築いているため、この地業を最初の城主高橋鑑種（1570〜87年在城）によるものと考えている。もちろん唐津系陶器は出土せず、大坂城の豊臣後期段階に下る遺物もみられない。白磁皿 E1 類（森田勉氏分類）が目立つことから、小倉城郭形成段階のうちこの時期の陶磁器様相を示しているものと考える。

　つぎは堀がさらに大規模掘削される時期で、平坦面には土塁を構築する。その際排水溝は一気に埋められている。土塁は地山の赤褐色砂礫層や黒褐色粘質土、黄白色粘土からなり、ここから出土する陶磁器は明の青花、青磁、白磁、李朝陶器、備前焼などで、豊臣後期に主体を占める青花芙蓉手の鉢や F 類碗（小野正敏氏分類）などもなく、基本的に前代のものと大差ない。

　一方、堀出土の陶磁器については、最下層に堆積した土層から明の青花碗・皿、備前焼擂鉢などがあるが少量で、時期差を窺えるものは存在しない。

　その後、前代までの堀や土塁を一気に埋め、さらに郭を拡張した時期で、その造成土中には前代までの陶磁器組成とともに上野・高取系陶器や唐津系陶器が加わってくる。備前焼擂鉢もカキメが粗く交錯するタイプで、口縁部は三角形をなす。

　この地業は細川藩初代藩主細川忠興（1602〜32年在城）が小倉城入部に際して行ったもので、1602年段階からさほど遅れない時期の陶磁器様相と考えられよう。ただし、使用された造成土の大半は細川入部以前のものと思われる。

　この新馬場の敷地は絵図によると、江戸前期には「名々屋方」「侍屋敷」と記されており、忠興は郭の拡張後に、上級家臣団をこの

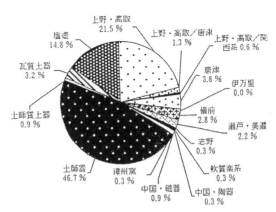

図4　小倉城新馬場跡陶磁器組成グラフ

地に置いたようである。その造成土を掘り込んで築かれた1号井戸からは大量の陶磁器や土師器皿、塩壺などが出土しており、17世紀初頭頃の極めて良好な一括資料と言える。

　井戸からは計317個体の土器・陶磁器が出土したが、その種類別グラフが図4である。土師器を除く陶磁器の中では、上野・高取系陶器が主体を占め、碗、皿、壺、甕など各器種が見られるのに対し、肥前系陶器はその1/5以下で碗、皿のみである。むしろ瀬戸・美濃系陶器や備前焼など遠隔地の広域流通品が肥前系陶器を凌駕しており、肥前系陶器の小倉城下での販路や流通網がまだ確立していなかったことを示すものと思われる。なお肥前系磁器は1点もみられず、陶器碗・皿の目積みはすべて胎土目であった。

　貿易陶磁器については、中国明代の碗、大皿が少量あるが、李朝陶器は含まれておらず、前代との差は歴然としている（表2）。それまで貿易陶磁器を使い慣れた人々（上級武士層）が、自国で焼いた陶器を使い始めたためであろうが、そこには藩主の地場産業保護の意向や、朝鮮人陶工が故地で焼造していた李朝陶器の気風が色濃く残る製品を焼き始めたこと、また明国側の社会混乱、商品流通上の要因があったものと思われる。いずれにしても、肥前磁器出現・流通

表2　豊前、筑前遺構別陶磁器組成表

	遺跡名	遺構名	肥前の時期区分	今回提起の年代	元	明	李朝	東南アジア	肥前陶器	肥前磁器	上野・高取	備前	瀬戸・美濃	志野	織部	その他	画期
豊前	小倉城新馬場跡A・B区	畠遺構		1569年以前	4	12	1					2					小倉城郭形成以前
		畠遺構併行層		1569年以前	6	12	3					5	1				小倉城郭形成以前
		赤褐色礫層	I期前半	1569～1587年	2	1						4					毛利・高橋期
		堀内	I期	1569～1600年	3	6											毛利・高橋・毛利勝信期
		1号溝	I期前半	1569～1587年	2	18	5	2				4					毛利・高橋期
		土塁構築土	I期後半	1587～1600年	2	12	4					2	1				毛利勝信期
		細川期造成土	II-1期	1600～1632年	4	18	4		7		9	9				1	細川忠興・忠利期
		1号井戸	II-1期	1623年前後に廃棄		4			13		41	4	4	1	1		細川忠興期
	小倉城御蔵跡	10号土坑	II-2期	1630～40年代	1	1			15	32	22	1	3	1			細川忠利・小笠原期
筑前	黒崎城跡5a区	第7面遺構	I期後半	1600年前後		5	4		2		11		1			1	黒崎城下町形成以前
		第6面（畠土）	II-1期	1600年前後～1604年		6	4		7		13		3			1	黒崎城下町形成以前
		第5面遺構M10～20	II期	1604～1638年		5	1		2	1	11		3				黒崎城下町～宿場町形成期
		第5面遺構D25～34	II期	1604～1638年		1			3	1	13	1					黒崎城下町～宿場町形成期
		第5面遺構掘削時	II期	1604～1638年		2			2	1	5						黒崎城下町～宿場町形成期
		第5面遺構SD2	III期	17世紀後半					8	9	1	1					黒崎宿場町形成期
	博多89次	SK33	II-2期	1630～40年代		1			52	90	1						黒田忠之期

前夜の食器組成の一端が窺えて興味深いものである。

　この井戸の廃棄時期については、出土資料に多数の京都系土師器や塩壺、また上野・高取系陶器の優品や土師器灯明皿が含まれており、それらが渾然と一括廃棄されていたことから、饗宴に関わる遺物と考えられる。つまり、何らかの饗宴がこの屋敷地で催され、その際使用した食器類を饗宴終了後に廃棄したのだろう。京都系土師器は小倉城下では城郭中枢部や侍屋敷地に限って出土しており、それが城主対家臣、上級家臣対下級家臣の武家儀礼に使用されるものであることから（佐藤 2003）、細川忠興から忠利への藩主の交代期（1623 年）に催された饗宴・儀礼の結果とは考えられないであろうか。すると小倉城下では 1620 年代前半期にはまだ砂目積みの肥前系陶器や肥前磁器が出現していないこととなり、肥前陶磁器に関しては 1622（元和 8）年までに埋められた大坂城下町船場の魚市場跡 SX201 と同様な陶磁器様相[8] が見られることをここで確認しておきたい。

（2）小倉城御蔵跡

　小倉城は 1632（寛永 9）年に細川氏が熊本に転封になり、代わって小笠原忠真が播磨国から入城してさらに城郭の拡張・整備を行うが、小倉城郭の中堀とした紫川の西岸に築かれた御蔵跡の調査では、大量の土器が廃棄された土坑 D10 が検出されている（北九州市教育文化事業団 1999）。初期伊万里の磁器碗、皿が主体をなすが、陶器では唐津系碗・皿類とともに上野・高取系の鉄釉碗や灰釉碗が主体を占め器種も豊富である。年代は肥前陶磁器から 1630 ～ 40 年代におけるものである。肥前高台無釉碗は白磁、青磁、鉄釉、染付の四種がみられる。また、上野・高取系陶器も宅間窯期、内ヶ磯窯期の製品より白旗山窯期のものに近く、年代的には整合する。

　1627（寛永 4）年から 1644 ～ 48（正保）年間の絵図ではこの位置に侍屋敷が置かれており、器種が豊富なこと、伊万里磁器に径約 35 cm の大皿を含む大形品が含まれていること、擂鉢や焙烙など調理具も多量に出土していることから、藩蔵に帰属する遺物ではなく、上級家臣の所有物と考えられ遺構の年代観もほぼ合致しているといえよう。

　ここにはすでに貿易陶磁はみられず、主体は肥前陶磁器と上野・高取系陶器

上野・高取系陶器の生産と流通・使用

という構図が出来上がっている。この時期にはすでに肥前磁器が小倉城下町で
も安定的に供給されていたことがわかる。

以上のように、豊前地域では江戸初期には在地に上野・高取系陶器窯が存在
したために、肥前磁器出現以前には上野・高取系陶器が肥前陶器をも凌駕し、
その一部を中国・朝鮮産陶器でまかなうという陶磁器様相が見られるのに対し、
肥前磁器出現期の1620〜30年代からはその主たる位置を肥前陶磁器に奪われ
る。しかし一定量の上野・高取系陶器碗・皿類は確保され、擂鉢は常に主体を
占めるという傾向が読み取れる。やはり肥前磁器の出現は在地産陶器のシェア
を大きく変える画期となったことは確実である。

(3) 黒崎城跡

筑前国では名島城に居住していた黒田長政が、1601（慶長6）年より福岡城
の築城を開始し、1607（慶長12）年に完成したが、その間豊前細川氏との国境
を守るため六端城も築いていく。そのうちの一つ黒崎城は、1604（慶長9）年
に長政の命で井上周防之房により築造されたが、元和の一国一城令（1615年）
によりわずか11年で廃城となった。近年の道路敷設工事に伴う発掘調査（5a
区）では近世〜近代にかけての黒崎城下町の遺構面が都合7面検出され、各種
遺構が重層的にみつかっている（北九州市芸術文化振興財団2007）。

最下面（7面）では区画溝、土坑、井戸、柱穴がみられ、建物復原はできな
いが、なんらかの屋敷地を意識した建物が存在したようである。上野・高取系
陶器碗・皿を主体とし、瓶もみられるほか、明の青花皿、李朝陶器・白磁皿、
瀬戸・美濃系灰釉ソギ皿、丹波系擂鉢、備前甕などがあり、肥前系陶器は少量
みられるが、肥前系磁器は含まれていない。

この後、この地は一旦屋敷地を廃し、畠（6面）を築く。6面からも上野・
高取系陶器碗を主体に少量の肥前系陶器が出土した。

そしてまもなく黒崎城跡築城にともなう城下町形成に取りかかっている。一
旦整地層（5層）でかさ上げし5面を築いている。5層からは明の青花碗・皿、
李朝陶器・白磁皿、上野・高取系陶器碗・皿、肥前陶器鉄絵皿、や砂目積灰釉皿、
瀬戸・美濃系灰釉皿、志野向付がみられるが、初期伊万里は全く含まれない。

5面では最も多数の遺構が検出されている。南北を走る道路（後の長崎街道）

74

に沿う形で短冊形敷地の町屋が形成され、それに伴う区画溝、柱穴、井戸、石組土坑などが築かれ、金属加工に伴う金床石、炉跡、るつぼなども出土した。

　時期的には17世紀初頭～前半を主体とし、明の白磁小杯・漳州窯系青花皿、上野・高取系陶器碗・皿・壺、肥前陶器碗・砂目積の皿、瀬戸・美濃系灰釉ソギ皿があるが、初期伊万里はやはり見られない。

　黒崎城破却後は宿場町に生まれ変わって近代まで続くが、この5面と上層の4面との間には町場区画が大きく異なるため、5面を宿場町形成以前、つまり黒崎城下町期、4面以降を黒崎宿場町期と考えている。黒崎城下での初期伊万里はこの間の宿場町形成時に出現したとみられる。5面出土の陶磁器組成はその間の事情を物語っていよう。つまり、黒崎城築城に伴う城下町形成は1604年前後から行われ、1615年まで存続したが、その早い段階の陶磁様相を示しているものと考えられるのである。

　表2で明らかなように、黒崎城下町形成以前（7面、6面）、つまり肥前磁器出現以前、すでに食器組成は上野・高取系陶器が肥前陶器を凌駕しており、その傾向は5面の城下町・宿場町形成期に築かれた溝や土坑の陶磁器組成でも変わらない。この面で肥前磁器が出現するものの、ほんのわずかである。

　しかし5面でも最新段階である17世紀後半代の石組土坑SD2では、組成が逆転し上野・高取系陶器はわずか1点しかみられない。この段階で肥前陶磁器が大きくシェアを広げていることがわかった。

　この意味は重要である。黒崎城下では城下町時代はもちろん、宿場町への転換後も上野・高取系陶器という在地産陶器を主とする流通・使用形態を示していたが、肥前磁器の出現期から一定期間経過後、一気にその比率を高め、在地陶器を駆逐する状況が読み取れるのである。そこにはあらたな肥前陶磁器の流通システムの導入、上野・高取系陶器生産形態の変化[9]、ひいては筑前国領主の意向を超えた市場原理が生まれた結果とも解釈できる。

（4）博多89次調査

　福岡城下・博多での江戸期の調査例は堀跡や一部の地区以外では少なく、陶磁器様相を総括的に窺うことは困難である。しかし博多89次調査では17世紀前半代の一括資料が得られた。廃棄土坑である33号土坑出土遺物がそれで、

息ノ濱の西南縁にあり石積み護岸も検出されていることから、汀線近くに設けられた物流拠点の一部と考えられている（福岡市教委 1998）。

　詳細な陶磁器組成は不明であるが、報告書掲載遺物からは、初期伊万里碗、皿、小杯を主体に肥前系陶器碗、皿、擂鉢、甕、二彩唐津鉢を含む。しかし地元産の高取焼系陶器は片口や擂鉢が少量あるのみで、中国産、朝鮮産、また瀬戸・美濃や備前系陶器も見られない。遺構自体の性格によるものかもしれないが、極めて肥前陶磁器の比率が高く、また同一器種が多くみられることから、肥前陶磁器を一括陸揚げ後になんらかの理由で廃棄したものと考えられ、海上交易の一側面を示しているものかもしれない。

　これとほぼ同時期の、前記した豊前小倉城御蔵跡 D10 では、陶器類は上野・高取系が一定量を占めるが、博多 89 次ではあくまで、肥前陶磁器が主体を占めている。

　また同じ筑前国でありながら、黒崎城跡 5a 区と博多 89 次 SK33 では、上野・高取系陶器の占める比率が全く異なっている。SK33 に関しては流通拠点という特殊性があるにしても、福岡黒田藩城下の博多と、豊前との国境に近く、上野・高取系陶器の生産地にも近い黒崎城下町の町屋とでは、地理的勾配や流通経路の違いもさることながら、藩主による領地内での流通規制にも異なる市場原理が働いた結果と見ておきたい。

5．文献にみる上野・高取系陶器の生産と流通

　擂鉢に関しては 17 世紀代中頃以降は筑前国で肥前陶器が主体を占めるが、寛政年間（1789 ～ 1801 年）の記録に、生産地の高取焼西皿山から船で出荷する際の運賃が事細かに定められている（福岡県 1998）。

　　「三五－一　皿山御仕組摺鉢売払覚　覚　口差渡シ曲尺壱尺弐寸位　一大形台
　　付摺鉢　壱枚　代四拾六文……一中形右同　壱枚　代三拾弐文弐歩……一小形
　　摺鉢　壱枚　代弐拾文七歩……一大形摺鉢　壱俵　代三百文……
　　　三五－六　皿山摺鉢買上ケ値段之覚……摺鉢大中小三千枚　代銭百八貫
　　五百文……」

などとあり、驚くことにその数は大、中、小合わせて 3000 枚とされている。さらに、それを取り仕切ったのは姪浜浦、山鹿浦、新宮浦の大庄屋 3 名である

図5 上野焼、高取焼の窯分布と水系・港関連図

ことが、1794(寛政6)年の覚書に記されていることから、生産地の直近の浦のみならず、山鹿浦のような遠方の浦も擂鉢の海上交易・流通に深く関わっていることがわかるのである。

また、高取焼に関しては興味深い記事が『若松集録』にも残されている(小川 1982)。

同書延享二年(1745年)には、〔六七〕

「今度皿山惣問屋赤土屋次郎右衛門・丸瓦屋源次郎江被仰付候、只今迄商売致候者勿論之儀、此已後商売相望者有之候ハ、来月朔日より右両人之者方江申出、為引当證文出置、六ヶ月延ニ而買取可致商売候、尤右願出候者ハ、皿山山庄屋へも可申出候、庄屋・惣問屋双方納得之上買取可申事

一 芦屋・山鹿・柏原ハ専焼物商売致候所柄ニ候得者、西皿山焼物、商売ニ引合申候ハ、諸国ニ売広メ可申候、左候ハ、方角之儀ニ候条、源次郎方江可申出候事、右不相残様ニ可被相触候。巳上 右御書付御当職御渡被成候。可被得其意候。巳上 八月二十五日 三好甚左衛門」

とあり、芦屋、山鹿、柏原の各浦では焼物専門の店があり、高取焼西皿山の存

77

在する福岡市早良区高取で当時焼かれていた高取焼を全国に広めて販売する方策がとられていたことが窺える。どの地域へ売りさばくかは、焼物問屋に申し出ることとされており、国焼である高取焼の日本海域を含む全国展開が想定されるのである。高取焼の具体的な積出港については不明であるが、、西皿山段階では至近距離に室見川河口があり、姪浜（図5）あたりの商船で芦屋商人の活躍する前記の浦々へ集積されたのであろう。ただ、高取焼の古期の窯跡は永満寺宅間窯、内ヶ磯窯、山田窯など福岡県直方市や嘉麻市周辺の内陸部に築かれており（図5）、遠賀川の水運を利用して川湊である山鹿へ、また筑前地域最大の港津である芦屋へと集められ、日本海域へ運ばれていったものと思われる。

　こうした藩の保護規制は、肥前陶磁器に圧倒されるやきもの市場に対抗・拮抗していくためのささやかな、しかし藩にとっては重要な自国産業育成策であったのである。

6．近隣地域の陶磁器生産と流通

　ここで関門海峡を挟んで豊前と対峙する長門地域についても簡単に述べておく。

　関ヶ原の戦いに敗れた毛利輝元は周防・長門二国に減封され、それまで瀬戸内航路の中心に位置した広島城から、日本海域に突き出た指月山に1608（慶長13）年萩城を築き、順次城下町を整備していった。

　井川隆司氏、乗岡実氏によると（山口県ひとづくり財団 2006、乗岡 2006）、長門萩城下町では、17世紀～18世紀後半の陶磁器組成は肥前陶磁器を主体として地元萩産と須佐唐津産で構成され、その後瀬戸・美濃陶器が増加するが、地元製品を圧迫することはないという。こうした陶磁器消費のあり方は、寛永年間からたびたび藩によって出された他国産陶磁器の移入制限に関する法令に示されているように（山口県ひとづくり財団 2006）、地元生産窯を抱えている藩では自国産業育成策の一環、また銀の他国流失防止策として当然の施策である。しかし、ここでも肥前産陶磁器は別格で、その搬入は日本海域を舞台に伊万里商人や筑前芦屋商人によりもたらされたものであろう。

　江戸後期になると、この地域でも肥前系磁器を焼く境下窯や小畑窯が出現し、生産窯も前代までの萩窯の立地とは異なり、港津に近い位置に築かれている（図1）。肥前や京都から職人を呼び寄せたとする文献もみられることから（大

佐藤浩司

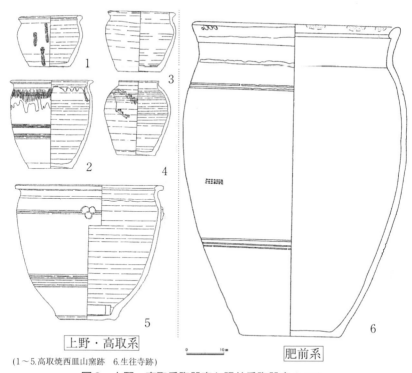

上野・高取系　肥前系

(1〜5.高取焼西皿山窯跡　6.生往寺跡)
図6　上野・高取系陶器甕と肥前系陶器甕(1/10)

橋 2008)、彼ら主導のもと肥前系磁器や京焼を制作したようだ。小畑焼の流通範囲は今のところはっきりしないが、萩城下町では大坂堺や京都の焼塩壺も多量に出土することから、西廻り航路によりすぐに瀬戸内海域に出られる地の利を生かして、海上ルートで瀬戸内沿岸部へも搬入されたものと思われる。

　この地域での上野・高取系陶器の搬入状況についてははっきりしないが、萩焼という朝鮮人陶工により開かれた坂1号窯はじめ最古期の窯が存在することから、隣国とはいえ他国産の陶器は流通しづらかったものと考えられる[10]。

7．特殊品にみる上野・高取系陶器の生産と流通

(1) 甕の法量と独自の流通ルート

　筑前国福岡藩と、北海道、東北諸藩の間で、特殊品が江戸後期に流通している実態が、近年明らかにされるようになった。関根達人氏、佐藤雄生氏は陶

79

上野・高取系陶器の生産と流通・使用

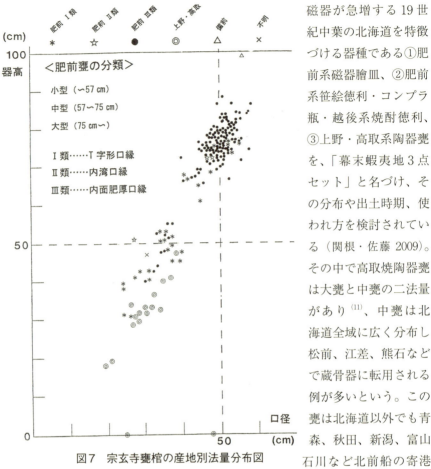

図7 宗玄寺甕棺の産地別法量分布図

磁器が急増する19世紀中葉の北海道を特徴づける器種である①肥前系磁器瞼皿、②肥前系笹絵徳利・コンプラ瓶・越後系焼酎徳利、③上野・高取系陶器甕を、「幕末蝦夷地3点セット」と名づけ、その分布や出土時期、使われ方を検討されている（関根・佐藤 2009）。その中で高取焼陶器甕は大甕と中甕の二法量があり[11]、中甕は北海道全域に広く分布し松前、江差、熊石などで蔵骨器に転用される例が多いという。この甕は北海道以外でも青森、秋田、新潟、富山、石川など北前船の寄港

ルートに沿って分布することから、酒、味噌、塩などを運ぶ蝦夷地向けの商品であったと推定している。今回の主たる検討時期より後出する資料であるが、北前船による海上交易がますます盛んになる時期の福岡産陶器と消費地の流通実態を示すものとして興味深い。なお、当然のことながらこの甕は北九州市域豊前国、筑前国の遺跡でも数多く出土しており、生産地として高取焼西皿山窯跡（福岡市早良区所在 図5）に出土例があるため（福岡市教委 2006）、筑前高取焼系の窯跡で主に焼かれた製品であろうが、例えば田川郡の田香焼窯跡でも出土していることから（大任町教委 1998）、上野焼の窯でも生産されていたであ

佐藤浩司

ろう。

　さて、北部九州の近世甕については、甕棺、生活用甕とも、江戸期を通じて肥前系鉄釉甕が大半を占めており、小倉城下町の宗玄寺（小方 1995）や生往寺（土井ヶ浜遺跡・人類学ミュージアム 2002）甕棺にみるように、大型品は口径 50cm 内外、器高 70 〜 80cm 代が主体で、上野・高取系陶器甕が口径・器高とも 50cm 以内しか存在しないように、法量面においてまさに住み分けされているかの感がある（図 6・7）。器形の違いはもちろん、器肉の厚さ、釉薬、成形技法などが全く異なり、埋葬用に限っても、肥前系は土葬甕棺に、上野・高取系は火葬骨壺に使用されることがほとんどとなっている。

　大量の陶器が出土した内ヶ磯窯でも、肥前のような大型品はほとんど見られないことから、開窯

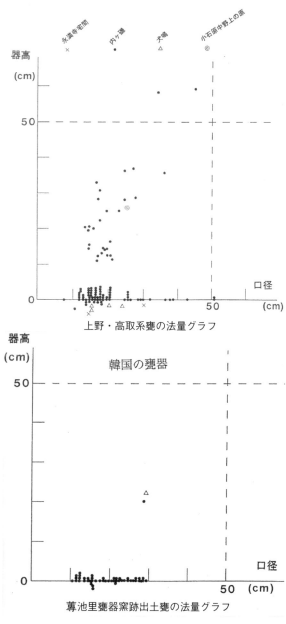

図8　上野・高取系甕と韓国窯跡出土甕の法量分布図

上野・高取系陶器の生産と流通・使用

初期の段階から、大型品を焼成する意図がないことがわかる。

　図8は韓国慶尚北道蓴池里甕器窯（清道郡 1994）の甕と小倉、黒崎両城下町で出土した上野・高取系陶器甕の法量を比較したグラフである。器高のわかる資料はほとんどないが、口径で比較すると、いずれも 20 〜 30cm代が主体であることから、16 世紀の李朝陶器甕の法量にみる故地の特徴[12]を、上野・高取系陶器が江戸後期までも保持し続けていることになる。もっとも朝鮮半島では李朝後期の18 世紀以降、キムチ甕にみるような大型甕器を使い始め今日に至っているが（尹 1993）、少なくとも、上野・高取系陶器諸窯は、当時大型鉄釉甕を製作し北部九州一円に広大な販路を確立させた肥前系陶器窯に追随することなく、前記した特徴を持つ中型、小型甕[13]製作に活路を見いだし、日本海ルート開拓をめざす路線を歩んだことが窺えるのである。

（2）小倉名物三官飴の経営戦略

　次に豊前国小倉の名産品として江戸中期から「和漢三才圖會」などで全国的にも知られていた三官飴壺を紹介しておく（佐藤 2000）。三官飴とは、小倉城

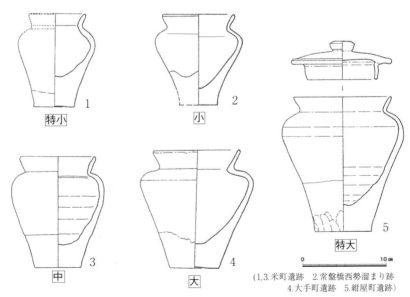

図9　小倉名物三官飴壺の法量分化 (1/4)

下町で「三官屋」という屋号をもつ店で製造・販売された水飴（湿飴）で（西谷編 2007）、その容器である陶製小壺は極めて特徴的な形態をしており（図9）、現在までに、豊前国小倉城下町、筑前国黒崎・木屋瀬の各宿場町はもちろん、中津、久留米、長崎、熊本、下関、広島、松江、姫路、大阪、堺、奈良、京都、江戸、山形と西日本を中心に全国的広がりを示しつつある

図10　西国内海名所一覧に見る三官飴の看板（左下）

（佐藤 2011）。この飴壺の生産窯は上野皿山本窯（田川郡福智町）や小倉清水焼（北九州市小倉北区）、田香焼窯（田川郡大任町）など上野焼系統の窯であるが[14]、今のところ高取焼系統の窯から出土した例はない。この飴壺は小倉城下町の船入りすぐ近くに三官屋が店を構えていたこともあり、舟入部分の発掘調査でも大量にみつかっている（北九州市芸術文化振興財団 2002）。おそらく船待ちの客が船内で食したり、お土産に持ち帰ろうとしたものが空になって投棄されたものであろう。

　小倉湊は客船の出港地として極めて多数の船が航行している様子が幕末期シーボルトが著した書物『日本』[15]や五雲亭貞秀の『西国内海名所一覧』[16]にも描かれており（図10）、上方方面のみならず、日本海側各地へ向かう船客、あるいは寄港した北前船により前記した高取焼甕、擂鉢と一緒に東北・北海道へと運ばれていた可能性もあろう[17]。ただ名産品という商品の性格上、流通というには現在までの出土量が少ないため、多くは人的移動に伴って運ばれたものと考えている。

　さて、三官飴壺の法量については重要な文献が二つ存在するので紹介したい。

上野焼の窯元吉田家に伝わる『萬々代控』（井上 1943）には 1771（明和 8）年、三つの窯元が連名で役所に上野焼の飴壺の値上げを願い出た時の諸控書の内容が示されている。それによると飴壺には十斤入、七斤入、五斤入、三斤入の四種類があり、それぞれの代金も二匁九厘、一匁四分八厘、一匁四分、一匁と記載され順次低価格になっているので、法量が四種類あることが理解できるとともに、飴壺に入れられた飴が、液体のおそらく濕飴であること、飴壺値上げの申請であるからして、当然その初現は少なくとも 1760 年代かそれ以前に求められること、飴壺の価格統制が統一的かつ厳密になされていることがわかる。

次に渡鐵身氏蔵本に収められた『渡文書』（井上 1943）には、一斤入の飴壺と十斤入の蓋が新たに追加焼造され、法量が五種類に増えていること、蓋と一斤入の飴壺が同一代金に設定されていることが記されている。この文書の年代は記載されていないが、前後にある文書の年代や焼物師渡則高の操業年代から 1847（弘化 4）年から 1874（明治 7）年の間であることは間違いない（佐藤 2000）。

この二つの文書は豊前国上野村の窯元に関するものであり、直接清水焼など小倉城下の窯元に関するものではない。また、御飴方、御茶方、御郡方宛になっていることや、御飴壺と表記されていることから藩主献上の特注品の可能性も考慮すべきであるが、少なくとも豊前国小倉藩内では 18 世紀後半から明治初期にかけて盛んに飴壺が焼造されていたことがわかるのである。

そこで、筆者は豊前国小倉城下町ほか各地で出土した飴壺の法量、重量、容量を計測した結果、まさに 5 種類にまとまることが判明した（佐藤 2000）（図 9）。

文献によれば「十斤入り」とされるものに相当すると考える 5 は図のような蓋も備えている状況で出土していること、窯道具のハマという円盤状の土製品がしばしば飴壺と伴出し、その一つに「飴」という墨書もみられたことから（北九州市芸術文化振興財団 2010a）、特大以外の飴壺にはハマを蓋として利用する販売形態も存在したと想定できる（佐藤 2011）。

これら飴壺の生産地は、前記した文献や絵画資料から上野焼の窯場でほぼ独占的に焼かれたことは明らかであり [18]、肥前系の窯場はもちろん高取焼の窯場でも今のところ全く出土していないことから、豊前小倉名物の三官飴は豊前の窯場で焼かれた小壺＝上野焼に入れることでさらに付加価値が生まれ、名産品としてゆるぎない地位を築いたのであろう。そこには、江戸初期以来同じ地

佐藤浩司

図11　肥前系広東碗と上野・高取系広東碗（1/4）

域に窯を構え、ともに競うようにして操業を続けてきた上野焼、高取焼同士でも、自国の独自性を発揮するための努力と経営戦略を怠らない藩主の政策、それに応えた職人たちの心意気が感じられてならない。

(3) 肥前系広東碗模倣陶器碗

最後に、もうひとつの特殊品を紹介しておく。

江戸後期の上野・高取系陶器碗の中で異彩を放つのは、図11 - 2に示すような肥前の染付磁器広東碗（同1）の器形と酷似した碗である。胎土はやや暗い茶褐色を呈し細砂を含むが緻密で、黒褐釉を内外面に掛けるが、外面体部中位を露胎とし、萩焼（同3）に特徴的な藁灰釉と褐釉をイッチン掛けしている製品である。器形的特徴から、肥前系磁器広東碗の影響を受けていることは一目瞭然であるが、その他の特徴は、上野・高取系陶器の胎土と釉薬、萩焼の施釉技法を取り入れたもので、小倉城下町遺跡や黒崎宿場町遺跡でしばしば出土しており、肥前地域の窯や消費遺跡での出土例が管見にないことから、上野・高取系陶器を焼く窯で焼造された独自性、創作性の強い碗とすることができよう。年代的には肥前広東碗の製作年代をさかのぼらない18世紀末〜19世紀前半を想定している。

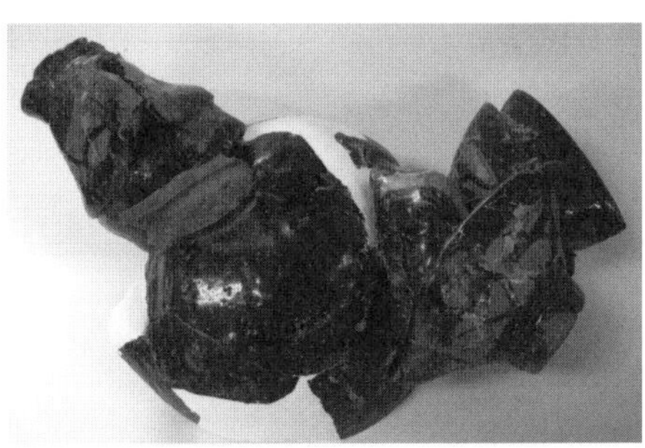

興味深いのは、この碗を多数重ねて焼成した際に生じた溶着資料（失敗品）が小倉城三ノ丸跡で出土したことである（北九州市芸術文化振興財団 2010b）（図12）。この付近に陶器を焼く窯場は存在しないことから、わざわざ武家屋敷地にこれを持ち込

図12　上野・高取系陶器碗の溶着資料

85

んでおり、住人が窯変の妙味を賞玩したのであろう。

8. まとめ―肥前陶磁器との拮抗の中で―

上野・高取系陶器の自国内での生産と流通、また使用の様相をみてきたが、そもそも近世陶磁器生産開始の契機が秀吉の朝鮮出兵にあるとすれば、一番隊小西行長と二番隊加藤清正にみる首都漢城までの進軍行程における対抗意識の存在、一方で蔚山城の戦いで窮地にあった加藤清正への毛利秀元、黒田長政の援軍、順天城の海上で脱出を阻まれていた小西行長へ島津義弘、立花宗茂らが差しのべた援軍など、対抗と相互扶助は常に同一の境遇にある武将たちの意識に通底したものだったと思われる。さすれば、いわゆる「やきもの戦争」と呼ばれた朝鮮人陶工による日本における近世陶磁器生産の諸相においても、藩主達の同様な意識が働いたことであろう。

上野焼の始祖金尊楷が、加藤清正に追随してまずは唐津に留め置かれ、その後小倉藩主の細川忠興に招かれた事情も理解できる。

豊前と筑前でいえば、細川忠興に引き継ぐべき豊前国の年貢米を、黒田長政がそのまま福岡藩に持ち去った（北九州市 1990）ことから端を発した国境警備のための筑前六端城築城は、先守防衛面での戦略であるが、その一方で、国境近い福智山麓、鷹取山麓でほぼ同時期に操業を開始した上野焼と高取焼は、陶工達の技術交流や伝統継承の実務のなかで相互に発展し、肥前陶磁器とも拮抗できるだけの地場生産力と販路の確保、使い勝手の飽くなき探求、独自製品の開発など、自国の手工業生産部門に投じられた力の結集は、今もなお陶煙をあげ続けているように、これこそが産業育成の長い道筋といえよう。

豊前は北と東に、筑前は北に海を擁し良好な港津を拠点に浦々ごとに廻船業もさかんで、博多湾西部の五ヵ浦廻船の全国的展開も有名である（高田 1993）。また、細川小倉藩『日帳』や『記録』などの藩政資料にも、藩の手船を廻航させて、「北前」、「北国」交易でさかんに貢租米や材木、薪を流通・販売させている実情が記載されている（西日本文化協会 1990・1993・2001、中野 1986）。こうした日本海交易は 1672（寛文 12）年の河村瑞軒による西廻り航路開拓よりずっと以前の元和年間からさかんに行われており、江戸後期の陶磁器流通もそのルートに乗って、東北、北海道までも達したものと考えられる（関根・佐藤 2009）。

上野・高取系陶器は、西に肥前陶磁器があったため、東へ活路を求め、小規模ながら江戸期を通して日本海側各地と交易を行ってきたことを物語る貴重な資料といえる。

そこには、細川藩の旧領地が日本海に近い丹後国宮津にあったことが大きな要因であろうし、その販路を小笠原藩が受け継ぐ形で、陶磁器でいえば甕や飴壺、擂鉢などの特定器種流通を支えてきた事実もある。

そうした点にこそ、自国での陶器生産とその流通は決して肥前陶器にゆずることなく、他物資も含め日本海側諸国を指向した豊前国領主の成長戦略が見えかくれしているかのようである。

おわりに

小倉城下町、黒崎宿場町などの近世遺跡の調査に多数たずさわり、かれこれ30年以上が経過したが、厖大な量の陶磁器類が収蔵庫を圧迫し続けるなかで、複雑きわまりない遺構群とそこから出土する陶磁器類の時期別・生産地別分類には頭を悩ませてきたが、そこからたどり着いたのは、在地産陶磁器に感じる歴史的重みへの再認識であった。時に異国の半島系技術が練り込まれ、時に流行先取りの進取精神を発揮する一方で、頑なに同一技法で同一器種を作り続ける愚直さ、一徹さも垣間見させてくれるそれらは、生活のあらゆる面で現代の私達と関わりを持ち、今後の生きていく力を与えてくれているとさえ感じる。

まさに、佐々木達夫氏による、「生まれ、消え去り、身にまとい、変貌する」であろう（本書、佐々木達夫「序論　中近世陶磁器の考古学」参照）。

出土したすべての陶片に触れることができた喜びと、凝縮された技術の歴史を学ぶ感動をこれからも持ち続けて、それに秘められた魅力を伝えていけたらと思っている。

註

（1）主なものに瀬戸・美濃系陶器、常滑焼、備前焼などがある。

（2）筑前の須恵焼、能古焼、筑後の朝妻焼がある（佐賀県立九州陶磁文化館1992）。

（3）発掘当初まで、この窯は細川忠興のお楽しみ窯とされていたが、その後種々の文献資料を検討した永尾正剛により、初期上野焼の窯は上野、弁城村に所在

上野・高取系陶器の生産と流通・使用

　　したこと、菜園場窯は二代藩主忠利期の窯で、忠興がこの窯で焼かせた事実は
　　確認できないと指摘した（永尾正剛2008）。

（4）このなかでの胎土分析結果によると（敦賀ほか2008）、特定鉱物の化学組成
　　によっては、黒崎城跡出土陶片資料と上野焼釜ノ口窯出土陶片資料の領域が明
　　確に分かれており、筑前国黒崎城跡出土資料がまさに高取焼である可能性も考
　　えられる。

（5）朝鮮半島の擂鉢については類例が少ないが、16世紀代の資料が小倉城御厩跡
　　や博多遺跡でいくつかみられ、タタキ成形で平底の底部をもつ。上野・高取系
　　擂鉢のほうが、肥前系よりその技術伝統を強く継承しているのであろう。

（6）肥前では、全時期を通じて基本的に茶陶生産を中心に据えたことはなく（九
　　州近世陶磁学会2000）、日常雑器の生産を主にすることによって、現在まで命
　　脈を保ってきた、とされている。

（7）小倉城新馬場跡1号井戸出土の上野・高取系陶器には、李朝陶器の「缶（장
　　군）」の脚部を模した脚付俵形盤や扁壺など、粉青沙器にみられる器形があり、
　　陶工のみならず、小倉城下で流通させる商人、そしてそれを使用する階層（上
　　級家臣）の想いが凝縮しているようである。

（8）ただし、中国陶磁や朝鮮陶磁の比率や唐津系陶器と上野・高取系陶器の比率
　　は異なっている（森毅1992）。

（9）この時期は、白旗山窯、小石原鼓窯にみるように、碗、皿類などより茶陶を
　　主力に焼いた窯の操業時期にあたることから、上野・高取系陶器が肥前陶磁器
　　に対抗する新たな経営主眼を求めたものと考えられる。

（10）藩による他国産陶磁器の流通規制は薩摩藩においても自国産陶磁器の量産化
　　と相まって進められている（渡辺芳郎2006）。

（11）文献（関根・佐藤2009）では、「大甕、中甕」とあるため、そのまま記した
　　が、本稿後段では肥前系陶器大型甕の存在を考慮し、「中型甕、小型甕」と読
　　み替えている。

（12）上野焼創始者とされる尊楷の故地は慶尚道泗川であるが、近年泗川市泗南面
　　牛川里窯の試掘調査がなされた（慶南文化財研究院2003）。出土する器種の主
　　体は甕であり、詳細は不明だが上野焼成立期の器種組成や焼成技術の比較研究
　　は今後の最も重要な課題であろう。

（13）ここでの「中型」「小型」は文献（関根・佐藤2009）でいう「大甕」「中甕」
　　にそれぞれ相当する。

（14）上野皿山窯については、後述するように、操業時期に飴壺値上げの申請をし
　　た文書が残されている（井上1943）。また、清水焼については幕末期に「清水

88

皿山」なる題目のついた絵画資料があり（北九州市立歴史博物館 2004）、窯場で大量の飴壺が焼かれている光景が描かれている。田香焼窯からは、1点のみであるが、飴壺の底部が報告書に掲載されている（志満 1998）。

(15) シーボルトが帰国後著した書物『日本』（アクロス福岡 2007）にエッジングで掲載されている。

(16) 『西国内海名所一覧』には、多数の舟が小倉湊を行き交う様子と、常盤橋付近の長崎街道が描かれ（北九州市立歴史博物館 1998）、街道沿いに誇張された「名物大明三韓飴」なる看板がみられる。

(17) 飴壺が豊前上野焼の窯でのみ生産されていたとすれば、甕や擂鉢などの他の器種とは違った流通、販売ルートがあったかもしれない。豊前地域の北前船寄港地には田野浦（北九州市門司区）があるが、江戸期にはここに御茶屋や御蔵、皿屋が営まれており、宝暦〜天保年間の繁栄ぶりから（佐藤 2010b）、ここを積出港と考えることもできる。また、当時豊前には行橋に行事飴屋があり、さかんに飴を販売していた。あるいは行橋あたりの港津からの流通も考えておく必要がある。さらに、文献（関根・佐藤 2009）によると、北海道や青森県では、上野・高取系甕とともに擂鉢も出土している、としている。

　一方、「長崎行役日記」には、固形の飴であるが、小倉湊から発つ船中での食用にと宿の亭主から三官飴が贈られた、とする記載があり（古賀編 1976）、海上交通による三官飴又は飴壺の他国移動は十分考えられるところである。

(18) 例えば文献（北九州市立歴史博物館 2004）には、画題「清水皿山」として、窯場で働く5人の陶工と大量生産されている飴壺が描かれている。豊前上野焼系統の窯での飴壺生産を物語る。

　一方、上野焼の飴壺に酷似した製品が、山口県下関市にある窯蓋窯跡、鷹羽山窯跡もしくは松風山窯跡で表採されている。山口県三隅町の正眼山明峰寺の門前では古くから「明峰寺飴」「硝子飴」と名のついた水飴が製造されており（森澤 1973）、毛利家文庫「深川御湯治記録（1747年）」に小倉名物の「三官飴」を清末藩主から贈答されたという文書がみられることから、藩内での飴壺の製造は充分考えられるところである。飴壺出土例については下関教育委員会濱崎真二氏より御教示いただいた。毛利家文庫「深川御湯治記録（1747年）」については柏本朝子氏よりご教示いただいた。

参考・引用文献

アクロス福岡文化誌編纂委員会 2007『街道と宿場町』海鳥社

尹龍二 1993「朝鮮時代질그릇（陶器）의變遷과特色」『조선시대 질그릇』延世大

學校博物館

井上圓藏 1943『豊前上野焼研究』国書刊行会

大任町教育委員会 1998『田香焼窯跡』大任町文化財調査報告書第 6 集

大橋康二 2000「Ⅰ 九州陶磁概論」『九州陶磁の編年』九州近世陶磁学会 10 周年記念　九州近世陶磁学会

大橋康二 2002『日本のやきもの　有田 伊万里』淡交社

大橋康二 2003『日本のやきもの　唐津』淡交社

　　北波多村の初期の窯跡ではタタキ成形の擂鉢もみられるが、1590 ～ 1615（慶長）年間頃からはロクロ成形の擂鉢が一般的になるという。

大橋康二 2008「肥前陶磁生産技術の地方窯への伝播」『第 9 回四国城下町研究会発表要旨・資料集　四国・淡路の陶磁器―砥部焼・屋島焼の生産と流通―』四国城下町研究会

小川賢 1982『若松集録・延享元年』筑前六宿通り黒崎宿　宇都宮家文書（三）

唐津市教育委員会 1988『小十古窯跡』

岸本圭 2001『内ヶ磯窯跡 1』福岡県文化財調査報告書第 163 集　福岡県教育委員会

岸本圭 2002『内ヶ磯窯跡 2』福岡県文化財調査報告書第 170 集　福岡県教育委員会

岸本圭 2003『内ヶ磯窯跡 3』福岡県文化財調査報告書第 181 集　福岡県教育委員会

　　内ヶ磯窯出土擂鉢については、福岡県教育委員会岸本圭氏に御教示いただいた。

北九州市 1990『北九州市史　近世』

北九州市教育文化事業団 1995『宗玄寺跡』北九州市埋蔵文化財調査報告書第 172 集

北九州市教育文化事業団 1999『小倉城御蔵跡』北九州市埋蔵文化財調査報告書第 228 集

北九州市芸術文化振興財団 2002『室町遺跡第 3 次』北九州市埋蔵文化財調査報告書第 282 集

北九州市芸術文化振興財団 2004『小倉城新馬場跡』北九州市埋蔵文化財調査報告書第 314 集

北九州市芸術文化振興財団 2007『黒崎城跡 3』北九州市埋蔵文化財調査報告書第 375 集

北九州市芸術文化振興財団 2010a『室町遺跡第 11 地点』北九州市埋蔵文化財調査報告書第 442 集

北九州市芸術文化振興財団 2010b『小倉城三ノ丸跡第 6 地点 2』北九州市埋蔵文化財調査報告書第 439 集

北九州市立歴史博物館 1998『再見 城下町小倉』所収分から転載

北九州市立歴史博物館 2004『豊国名所』

九州近世陶磁学会 2000『九州陶磁の編年』九州近世陶磁学会 10 周年記念

慶南文化財研究院 2003『泗川市泗南面牛川里陶窯址試掘調査概要』

古賀武夫編 1976『中・近世の豊前紀行記』美夜古郷土史学校

財団法人山口県人づくり財団　山口県埋蔵文化財センター 2006「小畑焼の開窯と萩藩の関わりについて」『萩城跡（外堀地区）Ⅲ』

財団法人山口県人づくり財団　山口県埋蔵文化財センター 2006『萩城跡（外堀地区）Ⅲ』

財団法人瀬戸市文化振興財団埋蔵文化財センター 2006「流通⑤　中国・四国」『江戸時代のやきもの—生産と流通—』記念講演会・シンポジウム資料集

佐賀県立九州陶磁文化館 1992『福岡県の陶磁展』

佐藤浩司 1993「近世擂鉢考（1）」『博多研究会誌　法哈嗹第 2 号』博多研究会

佐藤浩司 1995「近世擂鉢考（2）」『博多研究会誌　法哈嗹第 3 号』博多研究会

佐藤浩司 2000「小倉名物三官飴とその容器について」『研究紀要』第 14 号　北九州市教育文化事業団

佐藤浩司 2003「西国における在地産土器の生産と流通」『戦国時代の考古学』高志書院

佐藤浩司 2010a「豊前・筑前近世城郭から出土する国産陶磁器の出現時期—小倉城と黒崎城—」『関西近世考古学研究 18』消費地からみた国産陶磁器の出現と展開　関西近世考古学研究会

佐藤浩司 2010b「九州地方　福岡県」『近世日本海域の陶磁器流通—肥前陶磁から探る—』平成 22 年度環日本海文化交流史調査研究集会発表要旨・資料集　財団法人石川県埋蔵文化財センター

佐藤浩司 2011「小倉名物三官飴壺の生産と流通」『江戸時代の名産品と商標』江戸遺跡研究会編　吉川弘文館

志満紀郎 1998『田香焼窯跡』大任町文化財調査報告書第 6 集　大任町教育委員会

清道郡 1994『清道蓴池里甕器가마터』慶南大學校博物館 雲門댐水没地域發掘調査團

関根達人・佐藤雄生 2009「出土近世陶磁器からみた蝦夷地の内国化」『日本考古学』第 28 号　日本考古学協会

高田茂廣 1993『近世筑前海事史の研究』文献出版

敦賀啓一郎・永尾正剛・森康 2008「豊前国焼・上野焼の研究—釜ノ口窯跡出土陶片の胎土分析を中心に—」『北九州市自然史・歴史博物館研究報告』第 5 号

土井ヶ浜遺跡・人類学ミュージアム 2002『京町遺跡第 3 地点』北九州市生往寺境内発掘調査報告　浄土宗生往寺

永尾正剛 2002「豊前上野焼および菜園場窯に関する編年史料」『研究紀要』10

上野・高取系陶器の生産と流通・使用

北九州市立歴史博物館

永竹威 1980「肥前陶磁の背景とその流れ」『日本やきもの集成Ⅱ　九州Ⅰ』平凡社

中野等 1986『幕藩体制成立期における領主的商品流通の展開─豊前小倉細川藩の
　　場合─』吉川弘文館

西谷正編 2007「飴壺」『東アジア考古学辞典』東京堂出版

西日本文化協会 1990『福岡県史 近世資料編 細川小倉藩（一）』

西日本文化協会 1993『福岡県史 近世資料編 細川小倉藩（二）』

西日本文化協会 2001『福岡県史 近世資料編 細川小倉藩（三）』

日本陶磁学会 1955『日本陶磁協会誌　陶説　上野古窯調査報告』33

直方市教育委員会 1983『古高取 永満寺宅間窯跡』直方市文化財調査報告書第5集
　　宅間窯出土の擂鉢に関しては、直方市教育委員会田村悟氏のご好意ですべての
　　出土資料を見学させていただいた。

乗岡実 2006「流通⑤　中国・四国」『江戸時代のやきもの─生産と流通─』記念
　　講演会・シンポジウム資料集　財団法人瀬戸市文化振興財団埋蔵文化財センター

福岡県 1998『福岡県史　近世史料編　福岡藩浦方（一）』

福岡県教育委員会 2003『内ヶ磯窯跡3』福岡県文化財調査報告書第181集

福岡市教育委員会 1998『博多61』福岡市埋蔵文化財発掘調査報告書第556集

福岡市教育委員会 2006『藤崎遺跡17』福岡市埋蔵文化財調査報告書第916集

森澤雄治 1973『三隅町の歴史と民俗』町制三十周年記念　三隅町

森毅 1992「第5節　16世紀後半から17世紀初頭の陶磁器」『難波宮址の研究　第
　　九』大阪市文化財協会

山口県ひとづくり財団山口県埋蔵文化財センター 2006『萩城跡（外堀地区）Ⅲ』

渡辺芳郎 2006「江戸時代後期における薩摩磁器の生産と流通」『江戸後期におけ
　　る庶民向け陶磁器の生産と流通』九州近世陶磁学会

図・表出典

図1～3・6～9・11　筆者作成

図4　北九州市芸術文化振興財団 2004 より転載

図5　佐藤浩司 2010b より転載・加工

図10　北九州市立歴史博物館 1998 より転載・加工

図12　北九州市芸術文化振興財団 2010b より転載

表1　直方市教育委員会 1983 より転載

表2　佐藤浩司 2010a より転載・加工

町人地にみる「鍋島」
——近世後期の身分・階層を超える志向を読む——

水本和美

はじめに

　江戸時代に、徳川将軍家への献上と大名家への贈答のために、肥前国佐賀藩鍋島家の「御用陶器」として、藩の厳重な管理の下で製作された磁器「鍋島」（江戸時代の認識としては陶器に入る。また、当時は「大川内焼」と称したが、本稿では以下も「鍋島」と呼称する。）。碗・皿・鉢、そしてその他にも、多くの器種はあるものの、献上・贈答という目的を反映してか、三寸・五寸・七寸・尺といった規格性の高い皿が最も多く焼かれた。

　特に特徴的なものが、木盃形の皿である。盛期鍋島を例にとれば、精製された真白な素地を用い、同時代の肥前磁器に比して高い高台には、染付による櫛目文が精緻につけられ（櫛高台）、見込みには染付や色絵で、あるいは色絵染付などで、繊細に厳しい筆致で文様が描かれる。その絵付けは、手仕事であるにも拘わらず、揃いの皿の一枚一枚の図の線書きが一致するほどであることは（ときに「中立ち紙」を用いる）、17世紀後葉から18世紀初頭の肥前磁器の製作技術の極みともいえる。青磁では特徴的な青緑色の釉薬が厚く掛けられており、染付・色絵・色絵染付・青磁などのいずれをもっても、当該期の最高の技術と藩の御用窯たる意識を持って製作されたものと考えられる。

　現在では、こうした気品ある作風によって、国内外の美術館における美術品として多くの来館者に鑑賞さ

図1　盛期鍋島（払方町遺跡出土）
同じ皿を重ねた痕跡もわかる。

町人地にみる「鍋島」

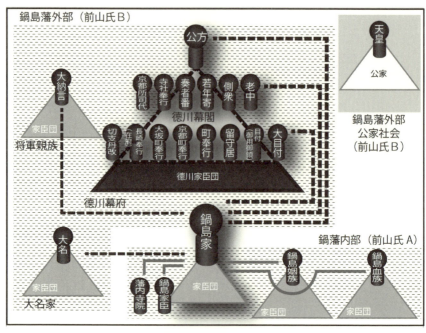

図2　鍋島の献上・贈与先

れ、「柿右衛門」と並び、わが国の陶磁史における上における一つの精華ともなっている。

　この鍋島については、作品と製作や注文などに関わる文献（考古学・歴史学・美術史など）、陶片と窯跡（考古学・美術史など）、あるいはこれらを研究した書籍などを用いた多くの研究蓄積がある[1]。その中で、考古学と美術史における主要な研究蓄積は、個々の作品による様式的な研究と窯跡調査と窯跡出土陶片による製作と技術に関する研究として行われてきた。近年の動向としては、本稿が主な対象資料とする消費地遺跡の出土資料を用いて、ここまで蓄積された成果と総合する新たな段階に入っている。こうした研究の先駆けとなったのは、下記に示す前山博氏の仕事であった。

　1992年、前山博氏が文献資料を用いて、その製作と献上・贈与の問題についての研究成果を発表した（前山1992）。同氏はこの研究において、A藩内部関係と、B藩外部関係に分けた上、さらに、Aについて（イ）藩主の血族・

（ロ）藩主の姻族・（ハ）藩の家臣身分の者・（ニ）藩内寺院に細分、Bについて
（イ）将軍家・（ロ）諸大名・（ハ）長崎関係・（ニ）江戸・京都・大坂関係（役
人・銀主立入）・（ホ）文芸関係・（ヘ）公家関係・（ト）寺社関係に区分して整理
した。そして、鍋島の主な献上・贈与先が、幕藩体制を背景とした将軍家・幕
臣のヒエラルヒーに基づいた、徳川将軍家と、譜代大名・旗本などで構成され
る江戸幕府の幕閣に向けて、あるいは、佐賀鍋島の親族・姻族に向けて行われ
たものであることを、史料を通じて確認したのである。

　また、前山氏は、江戸後期である安政期に、佐賀（鍋島本）藩が長崎警備に
あたったことから、将軍家が5年間にわたって月次献上を容赦したことも指摘
した。

　つまり、鍋島の製作とその贈遺は、佐賀藩鍋島家の藩政と家政の双方の事情
から行われたことを示し、その重きは武家社会の中でも特に幕藩体制下の徳川
幕府とその頂点たる将軍と要職にあった幕閣との関係にあったと理解できる。
そして、将軍家の側では、鍋島の献上を必要としながら、幕末の政治的事情に
おいては佐賀藩の経済的な事情を認めているのである。政治と経済、幕府と藩
政（藩主の事情も含む）の複合的な要因、時代ごとに少しずつ状況をかえながら、
鍋島の製作と贈遺のやりとりは続いた。

　さて、前山氏はこのとき仲野泰裕氏の研究にもとづき（仲野1991）、江戸遺
跡出土資料なども含む実物資料との対比の必要性にふれているが、江戸遺跡で
は、文献資料に対して真正面から応え得るほどにまでは、出土陶片の蓄積と
分析が行われてはいなかった。ただし、1969年の「近世考古学の提唱」以来、
高度経済成長期の開発にともなって大きな成果をあげつつあった1990年代の
江戸時代の遺跡の発掘調査によって、鍋島は消費地の各遺跡でも出土している
ことが知られるようになった。

　筆者は、1998年に江戸遺跡出土鍋島についての集成作業を行った。その際、
鍋島は、その主要な贈遺先である武家地以外にも、町人地から出土しているこ
とを確認し、さらに、これらと遊興地との関連について指摘した（水本1998）。

　その後、折りにふれて出土鍋島に関する集成や言及は続き、代表的なもので
は鍋島焼の編年作業にふれた大橋康二氏（大橋2001）と、出土消費地遺跡の性
格にふれた堀内秀樹氏（堀内2013）らの指摘がなされている。

この間、生産地側における重要な成果として、伊万里市に所在する鍋島藩窯の発掘調査資料の整理が進められた（東中川ほか 2003）。さらに、小木一良氏による箱書きのある伝世品を資料とした一連の研究成果では、享保期以降の鍋島の年代観や、本稿にも関わる受容層の評価に重要な成果がある（小木 2015など）。なお、初期の鍋島に関しては、佐賀県伊万里市教育委員会によって日峯社下窯跡が発掘されるや、日峯社下窯に近い様相を持つ有田の製品の問題が注目されてきた（盛 1994、船井 2010）。

そして、筆者が江戸城跡・汐見多聞櫓台石垣地点の調査によって、1657 年下限の明暦大火一括資料の中に、初期鍋島の誕生期頃のいわゆる「松ヶ谷手」として知られてきた製品に類する肥前の色絵磁器を発見して以来、この時期の製品製作地、さらにはその受容層に注目が集まってきている。このような中で、佐賀県伊万里市教育委員会では再度、日峯社下窯跡に学術調査のメスを入れるなどしている。現在のところ、東中川忠美氏、大橋康二氏、小木一良氏らの積極的な発言によって、特に盛期以降の鍋島の総体的な年代観については、おおむね描かれつつある（大橋 2001 など）[2]。

これらをふまえて、今後の鍋島研究について、筆者が考古学的な立場から、自身がフィールドとする江戸遺跡の分析を中心として言及可能で、かつ有益な課題として考えるのは、次の 3 つである。

（ア）鍋島誕生期の製品の製作の問題、特に景徳鎮磁器の意匠と技術との関係やほかの有田磁器製作地との関わりについての問題
（イ）江戸遺跡の調査件数の増加により急増した鍋島出土地の製品の再分析
（ウ）上記の分析を進めることで知り得る鍋島の総体的価値の変遷

本稿では、特に（イ）、（ウ）の問題について特に「町人地」を鍵としてとりあげることとした。なぜなら、先に述べたような佐賀藩の鍋島贈遣の目的からすると、町人地から鍋島が出土することは不可思議な現象に見えるからである。

本来ではない出方に思えるが、しかしそこに何らかの歴史的背景を想定しうるのではないか。そこで本稿では町人地から出土する鍋島とその理由についてを考察してみたい。

水本和美

1. 鍋島に関わる資料の偏在性

　前山氏が明らかとし、また、考古学的に確認されてきたとおり、本来であれば、伝世品としての鍋島作品、鍋島の出土陶片などの考古資料、あるいは文献史料や絵画資料は、考古学的な意味での遺物（資料との読み替え可）のライフサイクルとあわせて考えると、下記の資料の所在が想定可能である[3]。

　（A）　製作以前（構想段階）の史料と製作途上の資料と陶片。
　A01：製作に関する構想・発注関係の文書（佐賀鍋島藩［A01－文－鍋］）、発注段階（徳川将軍家［A01－文－将］）、製作段階の指示書等（徳川幕府［A01－文－幕］・代官［A01－文－代］など）などの記録類をあげておきたい。
　A02：製作に関する窯跡、工房、道具類（窯［A02－窯－鍋御］、工房［A02－工－鍋御］、道具類［A02－道－鍋御］）をあげたい。
　A03：窯跡出土陶片［A03－陶片－鍋御］は、試行錯誤段階を含めて、主として失敗品である。
　A04：消費地等で出土する未製品［A04－陶片－都市］は、想定不可能に思えるが、実は、江戸遺跡（新宿区・三栄町遺跡）で出土例がある。
　（B）　佐賀藩領内にとどまった完成品。
　B01：完成したが、手元に残した（献残品を含む）。
　B02：失敗品を処分した（佐賀城内か）。
　（C）　完成品として佐賀藩を出たが、流通（広義、移動中と読み替えて欲しい。）途上、あるいは何らかの理由で最終的な目的地に行かなかったもの。
　C01：大坂の佐賀藩蔵屋敷資料（藩主の御用品か）など。
　C02：その他の流通遺跡資料。
　（D）　佐賀藩からの直接の献上・贈与に関わるもの。
　D01：佐賀藩から直接に献上されたもので、将軍家に伝わる。
　D02：佐賀藩から直接に献上されたもので、武家に伝わる。特に幕閣。
　D03：佐賀藩から直接に献上されたもので、武家に伝わる。幕閣ではないが、佐賀藩との関係がある。イベント的な場合もある（藩主が一時的に世話になったなど）。
　D04：佐賀藩の親類筋、あるいは姻戚筋にあたる家。

町人地にみる「鍋島」

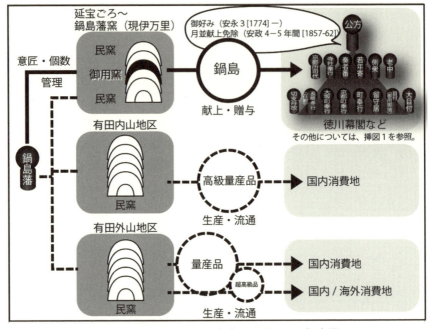

図3　鍋島と肥前磁器の製作・流通（広義）概念図

D05：D1〜D4に当てはまらないものの、佐賀藩の直接の（一次的な）贈遣先と評価できるもの。これは、文書などによって立証するほかない。

（E）　**佐賀藩からの献上・贈与先から、2次的に移動したもの。**

E01：1次的な献上先である将軍家から、下賜品として移動したもの。

E02：武士身分内の贈答行為（下賜品含む）などによって、一次的な贈遣先から移動したもの。

E03：1次的な贈与先である武家から、武士身分以外に贈答行為（下賜品含む）などによって、一次的な贈遣先から移動したもの。

E04：一次的な贈与先である武家から、アクシデンタルに移動したもの。

なお、Eは、時間の経過によって、その後、二次的あるいは三次的なサイクルとして繰り返される可能性がある。また、この各段階で、文書や箱書きなどが残されることがある。

（F）　**A〜Eの経過を経て、最終的に何らかの理由によって遺棄・廃棄され**

たもの。消費地遺跡で確認できる陶片は、これらである。

F01：武家地出土。

F02：町人地出土。

(G)　A～Eの経過を経て、現代に伝世された資料（史料含む）。

佐賀藩によって当初想定された鍋島のライフサイクルは、A－B－D－Eである。これらが伝世されずに遺跡に遺棄・廃棄されれば、FのうちF01として想定が可能である。この種の遺跡地から確認できるならば、元来の佐賀藩鍋島家の企図を越えるものではなかろう。

しかしながら、消費地遺跡ではすでに、F02の事例が存在する。Gの事例については、町人に保有されてきた資料が存在可能であるものの、小木一良氏の紹介資料以外を知らず、同氏の掘り起しによるもののほかには本稿では扱わないこととする。

2．「鍋島」の出土地

(1) 江戸遺跡における鍋島の出土地

先にあげた中ではF02として想定できる、江戸遺跡から鍋島出土例の集成には、以下の仕事がある。

[1] 前述の前山博氏の論考でも引用された、お庭焼きに関してまとめる際に鍋島の出土事例について言及した、仲野泰裕氏の論考がまずあげられる（前掲、仲野1991）。ここで前山氏の紹介した事例は22件あって、大橋康二氏による紹介（16件分）と仲野泰裕氏による紹介（5件）とされている。

[2] 次に、この論考にもとづき、江戸遺跡出土例を他府県の消費地遺跡とともにまとめた筆者の論考（前掲、水本1998）がある。

[3] その後、大橋康二氏が前述の論考をまとめた中で（前掲、大橋2001）、江戸遺跡の出土例を集成している。さらに、2003年には第13回九州近世陶磁学会が「鍋島の生産と流通—出土資料による—」をテーマとして開催され、大橋康二氏（大橋2003）と成瀬晃司氏（成瀬2003）によって、2003年時点での鍋島の出土状況が把握された。

鍋島の出土遺跡に関しては、当初は、文献から前山博氏が指摘した贈遺先の追認的なところが大きかった。しかしながら、特に新宿区において、享保期の

町人地にみる「鍋島」

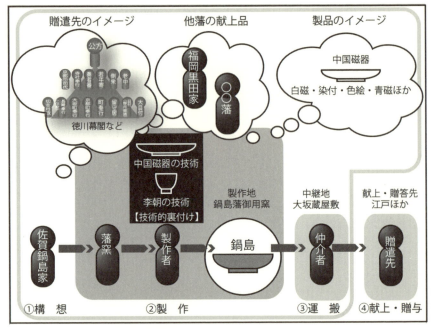

図4　鍋島家の想定した「鍋島」献上・贈与システム概念図

火災罹災資料などの発見が相次いだことで、18世紀代における鍋島の編年観にも大きく貢献することとなった。

　幕臣の屋敷の中でも、当初は江戸城西方の武家屋敷事例に偏りがあったものの、最近では、譜代大名の屋敷などの事例も増えることとなった。

(2) 武家地出土鍋島と幕藩体制

　江戸遺跡から出土する鍋島では、鍋島家からの直接的な（一次的な）贈遣先と想定可能な武家地（武士が拝領した土地）の範囲に集中することが明らかである。

　このことは、資料のライフサイクルにおいて、仮にEとして示した二次的な移動がみられるとしても、武家身分内部の移動が主体であったことも同時に指摘できよう。鍋島は、幕藩体制を象徴する資料としても重要であることが明らかである。

　しかしながら、一方で町人地の出土例が存在することもみのがせない事実で

あり、鍋島が（先に指摘したとおり）幕藩体制の象徴と呼ぶにふさわしい資料であるがゆえに、町人地出土例はその理由を考える必要がある。筆者は、一つには、【1】身分を越えた人的交流、を、今一つに、【2】幕末の武士と町人の身分・経済格差の相克が想定されるのではと考える。

3.「鍋島」と町人地

(1) 神田・日本橋の町人地

神田・日本橋の町人は、一般的に江戸町人のイメージを代表する存在である。これは都市史研究の蓄積に加えて、「江戸町人」に関する研究やここから発展したマスコミ的なイメージの拡散も大きい。しかしともかくも、この神田・日本橋の界隈が、近世江戸城の外堀の東側に接する町人地として、近世都市江戸の中でも早くから開けた場所の一つであることはうたがいない[4]。

近世都市江戸は、徳川家の城下町であることで政治・軍事・経済の中心となっていき、当初に築かれた城郭構造の区画であるとともに、流通においても幹線をなしていた内堀と外堀の外へと広がりを持って発展していく。こうした中、武家地と寺社地、さらに町人地が配されている。町人地は、都市のインフラや土地を拝領した武家や寺社に先駆けて、あるいはその後を追うように、自身も都市の機能を担いながら広がってゆくのである。

江戸城は、城の東側で武蔵野台地と東京低地が接する立地である。この東の低地には、内堀内に二の丸・三の丸、その外側で外堀内に大名小路、さらに外堀の外にある町人地が広がる。これらの土地の間に内堀と外堀が築かれて、身分差を反映した土地区画を形成している。また、武蔵野台地と東京低地の間には、現在の千代田区飯田橋付近から、神田川の支流である平川が流れていて、これが、いわゆる日比谷入江—中世以来の江戸湾の最奥にあってもとは三の丸辺りまで達していた—に注いでいたが、この入江の埋め立てと日本橋川の掘削によって、この流れは止まった。しかしながら、この日比谷入江と大川（隅田川）の間に、河川堆積により形成された「江戸前島」が本郷台地から延びており、この前島部分や沖積低地でも微高地上には、江戸時代以前、いや、中世（12〜13世紀）にはすでに開けた土地があったことがわかっている。耕作地への水資源と水上交通のために、河川は前近代社会の生産と流通を支え、都市

の芽を生んでいく。平川沿いには、寺社が多く、13世紀から15世紀の板碑も多く見つかることから、15世紀以前からの富裕な人びとの存在が指摘できる。そして、続く太田道灌やその後の小田原北条氏の時代にも、それなりの都市的な場を想定できる [5] [6]。

このような歴史的経緯から、神田・日本橋周辺の住人は、（ア）家康入府以前から暮らしている人々、そして、（イ）家康入府後に三河などから移入した人々、さらに、（ウ）元和・寛永以降に江戸の都市に流入してきた人々の、大きく三つに分けることができる。なお、江戸の町人地は神田・日本橋地域以外にも存在しており、その数は延享2年の町屋御免以降には激増もする。しかしながら、移転を繰り返しながら存在しつづけた江戸町奉行所が、当初から、江戸城外郭の中でもこの神田・日本橋地域に相対する方向でその門を開いていたことは、都市構造の中で、やはりこの地が江戸町人の町として常に意識されていたことを物語る。さらに、この江戸町奉行所の役人に、江戸以前の東国の武士にゆかりある人々を登用したことは、江戸幕府が在地勢力を支配する際の妙と考えることができ、つまりは、この地にあった在地勢力の力を想定できるのである。

さて、神田・日本橋の町人地については、現在の行政区域で前者は千代田区に、後者は中央区に含まれる。前者では、町人地の調査事例として岩本町一丁目遺跡・外神田一丁目遺跡・外神田二丁目遺跡などがあるが、ここには鍋島の出土が確認できない。これらを神田の町人地として語るには現在のところは材料不足である [7]。このためひとまずは、おおむねの傾向として、譜代を含む多くの大名の上屋敷が立ち並んだ低地側と町人地側を比較すると、武家地側にのみ鍋島が出土していることを確認しておきたい。

次に、比較的町人地研究の進んでいる中央区例を見てみよう [8]。

ちなみに、町人地のイメージが強い中央区であるが、中には武家地（幕臣など）があって、中央区の鍋島が出土するのは主として武家地からである。

中央区における鍋島が出土した町人地の事例には、日本橋二丁目遺跡（中央区教委 2001）、日本橋人形町三丁目遺跡（中央区教委 2014）などをあげることができる。特に目立つのが、日本橋人形町三丁目遺跡の事例である。

日本橋人形町三丁目（第2次）遺跡（東京都中央区日本橋人形町3丁目2番8・

9号所在）は、江戸時代に一貫して町人地であった場所である。ここからは鍋島41点が出土している。この日本橋人形町三丁目（第2次）では、江戸時代の生活面が24枚重なっていることが確認された。この遺跡については、金子千秋氏が歴史学の立場から絵図資料と史料に基づく調査地点周辺の歴史的な変遷を（金子2014）、仲光克顕氏が考古学と同遺跡調査を総括する立場から、遺跡地の比定と遺跡の評価を行っている（仲光2014）。金子氏と仲光氏によるこれらの成果をもとに、調査地点の歴史的環境を概略する[9]。

　日本橋人形町三丁目遺跡の第1次調査地点・第2次調査地点は、ともに、江戸時代から昭和期にかけて「葺屋町」（現在の日本橋人形町3丁目2〜3番付近）と呼ばれた地域の一角にあたる。この葺屋町は、江戸三座の一つである市村座が置かれた江戸の芝居町であった。付近には、芝居茶屋など芝居に関連した建物が置かれた堀江六軒町（現在の日本橋人形町3丁目2〜3番付近）などが存在する。江戸時代前期では、古地図から、葺屋町でなく「堺町」の名が確認でき、当初の葺屋町は上堺町（堺町が上堺町と下堺町に分かれていた）と呼ばれたようである。1651（慶安4）年、中村座（官許の大芝居）が移転してくる際にはこれを下堺町に、もともとあった市村座は上堺町の二つの町にそれぞれ分けて、以前のとおりに興行を行えるように願い出た（どちらの座がくるかはくじ引きで決めている）。「日本劇場史表」によると、1658（万治元）年の地割改正によって、下堺町を堺町、上堺町を葺屋町と改称したとされる。なお、現在の人形町の名は、もとは俗称で、江戸時代に当時の長谷川町（現在の日本橋堀留2丁目）周辺に人形細工を行う家が多くあって、3月には雛人形、5月には菖蒲人形の市が立ったためであるようである。この葺屋町の沽券図（町の基礎資料で、町屋敷1筆ごとの地価、間口、面積、地主、家守を記したもの）は、1744（寛保4）年のものが存在する。また、通りを挟んだ反対側の堺町の沽券図は、寛保4年のものと年号の記載がないが宝永と推定されるものの2種が存在する。これらによれば、葺屋町の地面は26筆あり、比較的小規模である。判読不明を含めて地主は18人を確認できる。小間あたりの金額（地価）はおよそ150両〜200両で、通りの両側は175両である。

　対して、堺町は23筆（寛保4年）で19人の地主、22筆（年不詳・宝永か）で18人の地主と異なる。小間あたりの金額は寛保4年では160両〜200両で、

町人地にみる「鍋島」

年不詳では80両〜130両である。葺屋町に対しては若干高い。堺町では、宝永から寛保4年の約30年間の間に、地主と地面がそれぞれ増え、沽券金が40両〜80両ほど値上がりしている。また、このほかに堺町では女地主が増えるなどしている。なお、同じ芝居町でも木挽町五丁目（現在の銀座5丁目）では、205両〜250両である。天保の改革で芝居町が移転して、地主らは替地として浅草猿若町に地面を与えられている。

　ここで金子氏は、吉田伸之氏の天保14年の書付（「御手当残金猿若町地坪ニ割合当り申上候書付」『市中取締類集　芝居所替之部　一ノ上』写　国立国会図書館蔵）の分析（吉田2003）を引用し、「天保14年の芝居町移転以前の地主について、(1)居付地主はほぼ皆無であること、(2)女性名前のものが多いこと、(3)有力商人も多いこと、(4)一部に多数の地面を所持するものがいること、などを挙げ、地主の一人であった三井の町屋敷経営の様相から、地主らは高額な地代によって狂言座や小芝居、茶屋や関連上人等に吸着する存在だったと考察されている」と評価する。この金子氏の評価に対して、仲光克顕氏を中心とした遺跡の理解からは、この地の実際の居住者は、そのほとんどが役者や、茶屋ま

図5　日本橋の町人地出土の鍋島（日本橋人形町三丁目遺跡〈2次調査〉出土）

たは商店の経営者といった、芝居関係者であったと推定されている。

　つまり、地面を所有した富裕な地主たちが経営する町屋敷に、役者や商店の経営者といった芝居関係者らが居住する場所であったことが想定されたのである。

　ここで、同遺跡から出土した41点の鍋島をみておこう。

　41点には時期差があり、まずは盛期鍋島と後期鍋島に分けることができる。

　この土地の歴史的な変遷を考えると、付近に元吉原がある遊興地、1634（寛永11）年には市村座の前身の村山座が、中村座の移転してきた1651（慶安4）年以前より置かれていた芝居町である。これに伴い茶屋のような飲食に関係したミセの存在があったことも考えられる。この遺跡では、天目茶碗が目立って出土しており、これらは居住者が飲食に用いた生活財でなく、茶屋に伴う接客に用いた道具の可能性も指摘されている。ただし、吉原は明暦の大火後に浅草に移転、また、先に述べたとおり、天保の改革（1842〈天保13〉年）によって江戸三座も移転した。つまり、17世紀中葉から19世紀中葉の2世紀の間に、遊興地として隆盛した場所であり、17世紀後半に転換期があるといえるのである。

　図5の色鍋島の猪口は享保期頃の製品と考えられる。この猪口は、複数個体が生活面の2面、4面、5面、6面、7面、8面で確認されている。9面は18世紀前葉頃で、8面が18世紀前葉～中葉頃、7面～5面が18世紀中葉～後葉頃、4面・3面が18世紀後葉頃、2面が19世紀前葉～中葉頃とされる。

　一部の破片に被熱がみられ、享保期の製品ということを考えると、目黒行人坂の火事に遭った可能性が高い。会席の器として使用されたものであろうか。

　鍋島の色数は、享保の改革にしたがって制限されるため、この色絵猪口は、これ以前の資料である。さて、遺跡地には、鍋島の他にも色絵製品が数多くみられる。18世紀以降このような色絵がヨーロッパに多く渡っている。江戸遺跡をみると、色絵の多く出土している場は、武家地の家財としての高級食器群を除くと、町人地でも遊興地、また、武家地内では「奥」の空間、に多く見出すことができる。

　このほか、盛期の染付皿もみられる。このうち、揃いの皿として誂えられたものもみられる。また、江戸遺跡では後期鍋島として比較的多く出土している

岩芙蓉の図案の製品も確認できる。このような状況からは、この遺跡の居住者（たち）が、鍋島を18世紀前半から19世紀にいたるまで受容できたということがうかがえる。ここで先のライフサイクルに戻れば、廃棄者、使用者、居住者、土地所有者はかならずしもイコール（＝）ではないが、この遺跡の場合、他の資料との整合性や継続的に鍋島が出土していることから見て、居住者、所有者、廃棄者の一致する蓋然性が高いと考える。

　上記の事例に対して、日本橋・神田の町人地で、鍋島の出土が見られない遺跡としては、日本橋一丁目遺跡（日本橋一丁目遺跡調査会2003、万町）、八丁堀三丁目遺跡（八丁堀三丁目遺跡〈第2次〉調査会2003、寺社地→武家地→町人地と変遷）、柳原土手跡遺跡（中央区教委2013、町人地→柳原土手と変遷）などがある。

　なお、前述の（ア）のような江戸時代以前からの元来の居住者にも相応の力を認める必要があるだろう。（イ）や（ウ）では、町人層の中には、東海地域からの移入や西国地域からの流入がみられるが、江戸の当初は「上方」の語が示す通りに、列島の西側に経済的優位性があったと考えられる。つまり、（ア）・（イ）・（ウ）の間にも相対的な経済的な格差や、あるいはそれぞれにおけるライフヒストリーがあった。こうした背景によって、彼らによって享受される物質文化の総体が、ひいては、そこから生まれる考古資料に個性が生まれる。具体的には、戦国期の茶の湯の隆盛と茶器蒐集をリードしたのは、大名とともに戦国期の豪商と呼ばれた人々である。茶器や一部の高級食器は、戦国期まではこうした層に享受されたものであった。このような中で、元来は「献上・贈答の器」として製作されて武家地に偏在するはずの鍋島は、享保期以降、遊興地などの町人地にも出現し、江戸後期まで入っているのである。

(2) 麹町・四谷ほか、日本橋以外の町人地

　ここでは、城西、城南に形成された、武蔵野台地内（谷部を含む）の町人地をみてみよう。

　港区の芝神谷町町屋跡遺跡（現在は虎ノ門に含まれる）では、鍋島3点が出土している（港区教委1987）。神谷町の成立については、同報文中の小沢詠美子氏の文献調査によって紹介しておこう。三河以来、家康の御手廻り中間を勤めていた者が家康とともに江戸に入って、のちに神谷町となるこの地に、1614

（慶長 19）年に組屋敷を与えられた。その後、1696（元禄 9）年、この組屋敷が大縄町屋敷となり、延宝年間には西久保田町と称されたこの地が三河国八名郡神谷村（現在の愛知県豊橋市石巻町）からとった神谷町に変更された。この町は、周囲を抄録の武家屋敷に囲まれた町であり、享保期、おそくとも文政期以降には流入人口の増加や町人地活動の活発化がなされていた（小沢 1987）。

　3 点の鍋島は、すべて後期の染付五寸皿の破片である。見込には雲居菊花文、高台は櫛歯文、裏文様は七宝結文である。II 層と称する江戸後期の面から出土しており、町人地化のすすんだ段階の遺物である。同じ面の資料をみても、何らかの商売や、経済的な優位性を想定させる資料ではなく、18 世紀中葉から 19 世紀前半の江戸ではごく一般的な陶磁器といえる。このような資料とともに、おそらくもともと数枚の揃いであった鍋島の染付皿が出土した理由については不明である。

　城西の台地側にある武家地（旗本など）には鍋島は出土するものの台地側でも町人地にはみられない、という点のみを指摘しておきたい。

（3）その他の町人地など、江戸近郊の状況

　ここで、少し、江戸の周辺に目配りをしてみよう。

　豊島区・雑司が谷遺跡のみみずく公園地区で、鍋島が出土した（豊島区遺跡調査会 2003）。みみずく公園地区出土の鍋島は染付の七寸皿で、見込みに岩芙蓉の図柄を描き、裏文様が七宝結文、櫛高台である。特徴的であるのは、高台内に釘書きにより、屋号と推測可能な記号が記されていたことである。この地区は江戸近郊の地域であるが法明寺の一部である鬼子母神の参道に面する寺社地に含まれる。この地域は、『新編武蔵風土記稿』に、寺社地の一部であったところ農閑期の渡世として、水茶屋経営をするものが生まれたことが記されている。筆者は、近接する雑司が谷遺跡マンション地区の発掘調査の成果から、鬼子母神参道に面する一帯が、宝暦年間より遺物が増加していき、この頃から次第に農村的な有り方から、短冊形地割を伴う町的な区画が採用されていく様子を明らかにし、その理由として寺社門前の茶屋経営を想定した（水本 1996）。これはつまるところ、門前町屋の開発が想定できる。盛土層の形成が個別の短冊形地割の敷地を越えて行われていることからみて、この開発が、法明寺に

より行われて、そこに個別の経営があったと思われるのである。そして、この中に営まれた茶屋の遺物として、多数の陶磁器類が発見されるのである。みみずく公園地区の鍋島は、このような茶屋で保有された器であったと想定できる。通常は、鍋島では見られない屋号と考えられる釘書きも[10]、これを補強する。なお、岩芙蓉文の染付七寸皿は、後期鍋島の中でも出土事例が多い。むしろ、この皿と雲居菊花皿の意匠に集中する様相ですらある

なお、江戸近郊の百姓町屋として1745（延享2）年に町屋御免となった豊島区・巣鴨町遺跡では2014年までに多数の調査例があるが、鍋島藩窯製品は出土していない。

江戸（御府内）の外側の近郊農村であった葛飾区・柴又河川敷遺跡でも、鍋島の出土事例がある。この遺跡は、遊興地との関わりを指摘でき、そしてこの皿も、豊島区の雑司が谷遺跡・みみずく公園地区と同じく、江戸後期の製品である。

（4）　町人地出土例と遊興地

鍋島の出土した町人地についてまとめると、以下のようになる。

① 町人地の出土例がもっとも多いのは、地域としては現在の中央区である。この地域は、江戸の初期から開発の進んでいた地域であり、町人地としての起立も早い。町人地の中での経済的な優位性も認めることができるだろう。しかし、日本橋人形町三丁目（2次）の事例からは、遊興地であることの要素が強く影響しているのではないかと考えられる。

② 上のとおり、町人地における鍋島の出土例からは、以前の指摘どおり、遊興地との関係が読み取れる。しかしなぜ、遊興地においては鍋島を保有することができたのであろうか。雑司が谷遺跡（みみずく公園地区）の釘書き資料から考えると、これらは、ミセの器として使用に供されていた可能性が高い。遊興地は、身分を越えて多くの人々が訪れる場所であった。そこで、武士が訪れる中で、その場の特性とは別に、モノが移動したと見ることもできる。ただし、それではやはり先の雑司が谷遺跡（みみずく公園地区）の釘書き例を説明することができない。また、日本橋人形町三丁目遺跡（2次）例の説明も困難となる。

③ 城西地域においては、港区の芝神谷町町屋跡遺跡などの事例があるが、

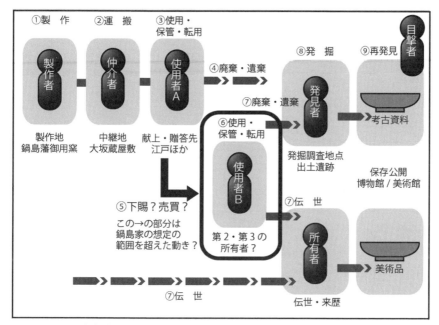

図6 考古資料による鍋島のライフサイクル（④以下は鍋島家の想定外か）

後期鍋島であることを確認できる以外、経緯の解釈の難しい遺跡である。

4．出土鍋島の様相―武家地出土資料との比較―

　ここで、今一度年代を追って鍋島と出土遺跡との関係を武家地と町人地を比較しながら整理しておきたい。

（1）器種と年代ほか、一括資料の構成とともに
① 器種と点数
　町人地においても、武家地と同様に、器種で最も多いのは皿である。猪口も出土している。武家地と異なり、大量出土している遺跡は少ないが、複数枚（個）を確認できる遺跡もある。
② 文様
　後期の資料が多いためか、染付製品の割合が高いが、一部に色絵もみられる。町人地に共通した文様、というよりは、後期鍋島の出土例に多い岩芙蓉や雲居

菊花文以外、町人地のみある図案などはなかったと考えられる。

③ 年代

上記のとおり、後期に入る製品が多い。初現期としては享保期頃の製品がみられる。

④ 廃棄の状況

廃棄状況では、火災に遭った資料も目立つ。アクシデントによっての廃棄が多かったことが予想できる。

⑤ 推定される収納方法

さて、小木一良氏は鍋島の箱書き資料には、町人地のものが多く、武家地はむしろ少ないことを指摘している。

このことについて、筆者は、最近、武家地の発掘調が進むことで明らかになってきた武家地内での食器保有の有り方から述べたい。例えば、日本橋牡蠣殻町一丁目遺跡（第2次調査）では、同じ125号という遺構から鍋島の皿が10枚分の揃いの状態で出土している。これらは、火災の熱を受けた資料であるが、火災に罹災した時点では、5枚ずつ重なって納められていたことが、皿同志が上下に重なっていたことを示す溶着の痕跡から明らかとなっている。こうした事例は、ほかの高級食器でもみられるようであり、最近では発見例が増加している。武家地においては、こうした高級磁器は饗宴などを含めた生活什器として使うものであった。そこで、こうした製品は、什器をしまっておく蔵や棚などの家屋内の施設に複数枚が重ねられて納められていたと考えている。

対して町人地ではどうだろうか。このことは、小木一良氏の研究成果との対比として後述することにする。

（2） 武家地との比較

① 明暦の大火以前（1640年代？～1650年代後半 [1657]）—プレ鍋島期—

のちに日峯社下窯跡出土資料を指標とするようになる一群である。江戸遺跡では明暦大火によって、下限が1657年とすることのできる資料がある。江戸城の本丸御殿からの廃棄が想定できる江戸城跡（汐見多聞櫓台石垣地点）や、加賀藩邸の東京大学本郷構内の遺跡など限られた地点のみとなる。なお、この時期は町人地の出土例がない。

② 明暦の大火頃（1660年代～1670年代）―初期鍋島―

　日峯社下窯跡出土資料を指標とする。変形皿を主体とし、木盃形でも体部の立ち上がりは浅い。この時期の製品も、町人地ではみられない。例えば、港区の旧芝離宮庭園址における青磁染付の変形皿など、大名家の出土例がある。徳川譜代で幕閣の稲葉氏の屋敷よりの出土である。

③ 延宝・宝永・元禄頃（1680年代～1726年代頃）―盛期鍋島―

　藩窯が大川内山へ移った延宝年間以降の盛期鍋島の製品になると、特に武家地の出土事例が急増する。しかし、この時期まで確実にさかのぼりうる事例は、町人地ではみられない。

④ 享保期（1726年～1740年代頃）―盛期鍋島（※大橋氏：中期）―

　鍋島が文献に登場するのは1726（享保11）年からであるが（前掲、前山）、先の日本橋人形町三丁目遺跡の出土例の中の古い事例は、この時期に相当する。この時期から、町人地に鍋島が出土するようになるといえる。ちなみに、この時期は、新宿区内でも鍋島が多く出土しており、旗本屋敷の事例が増加するのは1724（享保9）年の火災を挟む、この時期である。

⑤ 安永3年以前（1750年代～1774年）―後期鍋島―

　1774（安永3）年、将軍家御好みの十二通りの発表される以前の段階である。

⑥ 安永3年～安政4年（1774年～1857年）―後期鍋島―

　将軍家御好みの十二通りが発表されてから、5年間の月並献上が容赦される期間以前である。⑥～⑧は、製品からは識別し難い。豊島区・染井遺跡（伊藤マンション地区）で、19世紀前半の製品と推定する尺皿（染付梅図皿）が確認されている。また、岩芙蓉文や雲居菊花文の染付皿もこの時期であり、これらは、武家地とともに町人地においても確認できる。廃棄についても、武家地において盛期鍋島では比較的長い使用（伝世）期間を経たのちの廃棄を想定できるものがあるのに対して、これらの製品では共伴資料との時期差が少ないことが考えられる。

⑦ 安政4年～5年（1857年～1862年）

　月並献上が容赦された5年間である。

⑧ 安政5年（1862年～1867年）

⑨ 明治以降

この問題は本稿では資料をもたないため、扱わない。表土出土のものの一部があたるだろう。

(3) 製品の質（技術と意匠）

さて、後期鍋島の中でも、岩芙蓉文や雲居菊花文などは、例えば現代の「廉価版」（枚数が多く製作されたもの）とみるべきなのであろうか。これらの後期鍋島の中でも遺跡から多く発見されている図案ものは、生産量が多かった可能性も考えている。ここで、最近では、鍋島藩の本城である佐賀城跡の本丸周辺からも、岩芙蓉と雲居菊花文の図柄の製品が出土していることから、岩芙蓉と雲居菊花文については、やはり鍋島の範疇に含めておきたい（佐賀市教委2015）。しかしその製作量が、他の図案に対して比較的多かったことも予想される。

(4) 小木一良氏の研究成果との対比

小木一良氏は、『[江戸後・末期] 興味深い鍋島箱書紀年銘作品類』の中でも「一章 『鍋島紀年銘箱書品』にみる武士層の生活困窮」、「二章 藩主、または前藩主より受領の鍋島箱書作品類」において、鍋島の伝世品の箱書き資料の悉皆的な調査を行い、「古伊万里類」のそれとの比較を行っている。これによると、[1] 鍋島の紀年銘箱書き資料は21点が存在すること、[2] 製品の年代と箱書きの年代の検討から、古鍋島と盛期ではこれより新しい年代（延享3年〈1746〉、寛政年中〈1789～1801〉）であるのに対して、享保期では製作時期に近い年代が、そして宝暦年中（1751～1764）の銘ではすべてが製作年代に近い年代となっていること、[3] 箱書き紀年銘の鍋島の所有者が町人層を主とすること、などを明らかにした。そしてこれらの要因として、江戸後期から幕末になると、武士層の財政的な困窮状況のため、町人層に鍋島が流通したためと結論づけている。

この成果を、ここまで筆者の検討してきた町人地出土鍋島と比較してみよう。すると、時代的には享保期がカギとなる可能性がみえてきた。この時期は、江戸後期の、町人層についても、階層性が分かれてくる時期といえる。この時期あるいはこの少し前から、町人層の手に鍋島がわたっていることは、こここま

水本和美

で検討してきた出土例と上記の小木氏の検討結果によって明らかとなった。さて、その原因であるが、一つには小木氏の指摘した武士層の困窮があるだろう。しかしその背景には、鍋島は、将軍と幕閣に供給されるものとして製作されたがゆえに、町人層もかえって手にしたいものであった可能性—すなわち物質文化的な上昇志向—を読み取ることができるのではないだろうか。もちろん、困窮した武士層に対する何らかの対価に不要なものを引き取った可能性もあろうが。例えば、京焼に対する一群の京焼風陶器などのように、あるいは、杉成りの茶碗の文様変化にみるように、江戸時代の高級品にはさしずめその「廉価版」ともいうべき製品がつきまとう。そこには、高級品や流行に対する物質的な上昇志向を読み解くことができると考えられるのである。

鍋島はその典型的な意匠によって、武家層の象徴たる役割をわかりやすく体現したがゆえに、その武士層の困窮に際して、町人層の手に製品が渡った可能性が考えられるのである。江戸遺跡では、鍋島以外の陶磁器・土器類が、その組成においても、特に武士層のみに流通していた品はみられないことによっても、陶磁器類の享受においては武家と町人層の間にそれほどの変化がないようである。

そして、今一つは、町人層に渡った鍋島の用途として遊興地における「料理屋の器」としての用途が考えられる。料理屋では大皿の出土が多いこと、内藤新宿においてワインボトルに釘書きを施した製品がみられることなど、料理を盛る器や容器である陶磁器やガラス製品には贅を尽くしたものを並べたと考えられる。ここに、鍋島という高級磁器（しかも武家層を象徴する）が使用された可能性を想定することが、遺跡の事例から可能となるのである。

おわりに—「鍋島」にみる近世期の上昇志向—

鍋島の製作が開始される以前の1580年代〜1590年代、肥前では李朝陶器の技術を使った陶器生産が始まる。この頃、磁器は国内では生産されておらず、戦国時代末から江戸時代初頭にいたるまで、磁器はすべて中国の景徳鎮や漳洲窯からの輸入品である。これが、1610年代に入って肥前の陶器窯の中に磁器の焼成を行う窯が出現する。そして、1640年代に色絵の焼成がはじまり、1650年代の半ばまでには、中国磁器の意匠を格段に高いレベルで写すことを

113

可能にしたのである（村上 2013）。この間、窯場の整理統合などの生産拠点の整理がなされるなかで、鍋島藩の御用窯（御道具山）が現在の有田町から現在の伊万里市大川内山に移る。

ここで大橋康二氏が行った以下の2つの指摘に注目したい（大橋 2003）。

【1】大橋氏は、『佐賀県史料集成』を使って、鍋島が将軍家への献上品となっていく以前に、献上品としては唐物を調達していることを紹介した。ここでは、「慶長15年（1610）頃の書状には、8月26日、北絹、皿、茶碗の類の進上を積極的に行おうと考えるので、調達するようにと命じた。江戸（将軍秀忠）、駿府（大御所家康）、へ使者を派遣するが、進物について福岡藩主黒田長政に相談したところ、黒田長政は若松（北九州市）に唐船が着岸したので白砂糖を献上できるという。われらも唐船物を進上したいので、深堀（長崎市）の唐船の皿、茶碗、北絹、その他、容易に進物になるものがあれば今年のから船物を進上しようと思うから見つくろって、家康、秀忠、阿茶局（家康の側室で、大奥を統制すると共に大阪冬の陣和睦の使者をも勤めた）、本多正信・正純父子、大久保忠隣、その他5、6人へも贈遺する物を取りそろえて、来月20日前後に付くように急ぎ送るようにと命じたのである。（佐賀県史料集成）中国の皿・茶碗で将軍や幕閣に献上する物となれば、景徳鎮の磁器の可能性が高いであろう。」（傍点、筆者加筆）

【2】「秀吉に比べれば、家康が茶の湯にのめり込んだとは聞かないが、慶長15年（1610）将軍秀忠が駿府の大御所家康に土井利勝を遣わした際、家康は茶入れを賜い、「汝関東に帰りなば、御茶すすめらすべしとおおせ下さる」とあり、慶長17年2月28日に仙台藩伊達政宗、讃岐の生駒正俊が駿府に行った際、家康は茶を振る舞う。さらに3月26日家康の茶室に秀忠を迎えて茶事を行ったのに対し、10月18日には江戸城に家康を迎えて茶事を行う。もちろんこの時期、大名から将軍家への献上として記録されたなかで陶磁器といえば、ほとんどが茶入、茶壺であった。それ以外の陶磁器は献上されたとしても記録には残らないのであろう。

そうした将軍家の茶事の動きを感じ取ったものか、鍋島勝茂は1615（慶長20）年頃かとみられる3月19日付書状で、茶碗を持っていないが、高麗茶碗が流行っているので善し悪しはともかく、高麗茶碗ならばよいから、領内の家

中、町人、百姓共に持っているか尋ねさせ、金を支払っても 14、15 個も急ぎ江戸に送るようにと命じている。それは実行され、翌 4 月 5 日、茶碗 11 個を家臣が進上しているのである。さらに 1615（元和元）年頃には浮遊輪の水指が流行っているので、探して送るようにいい、形などの特徴の概略を絵図にして送るが、中国から蜜や梅漬のような物を入れてきたり、近年はルソンより渡ってくる物にあるので、よくよく町の物や方々に尋ねて送るように命じている。これらは陶器であろうから、すでに肥前でも陶器（唐津焼）を盛んに焼いている磁器であったが、なお輸入品を探している様子からみると、この時期の将軍や大名間の交際のなかでは唐津焼よりも舶載品の評価が高かったと推測される。」（傍点、筆者加筆）

　これらの指摘を鑑みるに、以下のことが考えられる。

　まず、【1】についてである。近年、上記にある家康・秀忠・阿茶局の屋敷に保有されたと考えられる陶磁器類について、江戸城跡（汐見多聞櫓台石垣地点）で明暦大火以前の本丸御殿の様相（水本 2013 ほか）、江戸城跡（北の丸地区）で阿茶局などの将軍近親者の居住域の様相（東京都埋文 2010）、駿府城跡で隠居時の家康の居住域の様相が、発見されている（河合 2010）。これらの遺跡の様相からは、肥前が磁器の焼成に成功する 1610 年代以前までは、戦国時代末に続いて景徳鎮の白磁と青花主体の組成がみられ、青磁や漳洲窯系の大皿などを伴う様子が看取される。しかし、1620 年代〜 1640 年代の中国磁器の崇禎期に入ると、1630 年代〜 1650 年代頃の肥前磁器と共伴する様子がうかがわれる。1620 年代については過渡期的であるが、この時期の景徳鎮と肥前磁器の編年観や併行関係についての詳細については、現段階での言及は少々難しい。しかし、この時期の他の江戸遺跡の事例と比較して明らかとなるのは、景徳鎮磁器の保有数の突出と、肥前磁器の先端的な受容である。戦国時代まで、徳川家（松平家）も多くの大名家の一つであり、その陶磁器受容についてもその範疇を出ないものであった。それが、1620 年代〜 1640 年代の間には、景徳鎮磁器を優先的に保有することとなったのである。これらの景徳鎮磁器が、鍋島家を通じたものを含む可能性は高いだろう。

　さらに、【2】については、将軍家と大名家の間での茶事のことのほかに、これらで使用するような茶道具の類が、町人身分あるいは百姓とされる人々の

町人地にみる「鍋島」

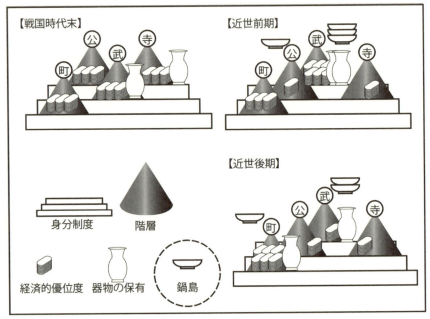

図7　鍋島等の考古資料からみた武士と町人の物質文化的構造変化

間に保有されていたという事実である。先の指摘は、佐賀藩領内の指摘として示されたものであるが、戦国期の茶の湯の流行を振り返ると、博多や堺などの富裕な町人の間での流行があって、ここには武家と町人間の身分では道具においてではなく、経済的要因や流行(情報)・流通へのアクセスが重要度として高かったと考えられる。つまりそれは、港湾や都市などの経済・情報に関する拠点的な場所で、経済的優位を誇るものにこそ持ちえた品であった。

つまり、高麗茶碗や水指などの舶載品の茶器が流行った頃で、1610年代半ば頃までは、佐賀藩においても、あるいは上記の献上を競って行う状況からみて将軍やその周囲の大名家においても、こうした嗜好品的な陶磁器類の保有は、他の大名家、町人、百姓、おそらくは寺社などに比較しても、身分・階層や経済的上下のトップたる格別の優位性は無かったことが想定できるのである。この時代から徳川初期にかけては、寺社などの権威もなお強固であって、また、西日本に経済的な優位性があったことは否めない[11]。しかしながら、元和・寛永期には、やはり、積極的に茶道具が献上されている可能性が高い。

116

【1】【2】において指摘のとおり、1620年代〜1640年代にかけて、将軍家や譜代大名（例えば、有楽町一丁目遺跡の藤井松平家など）[12]、あるいは有力大名を含む武家身分において、その経済的・物質的優位性が確立されていくものと考えられる。

そして、その象徴的存在が鍋島であり、将軍・幕閣などの武家のヒエラルヒー、あるいは鍋島藩内の家政に応じて献上・贈与が行われた。将軍家の権力が確立する寛永期から（藩窯が移転する延宝期を挟んで）元禄期まではおそらく町人層にとって、これは手の届く品ではなかったのである。しかし、享保期頃から、町人層に経済的な優位が生じて彼らの中にも階層分化が起こってくる頃、鍋島が彼らに受容することが可能となる事態が生じている。これは町人側の志向も関係してくるであろう。「いいもの」を得たい。番町皿屋敷などの伝説の形成もそこにあるだろう[13]。享保期の状況はこれらの過渡的な様相として注目でき、武士層の中でも受容する幅が広がっていそうである。

町人層の受容した鍋島は、江戸時代の身分・階層の象徴でもあり、また、彼らの身分・階層を超える志向の象徴でもあるという2つの側面を持つ資料なのである。

謝辞

本稿執筆にあたっては、下記の方々・機関のお世話になりました。記して感謝いたします（敬称略）。

大橋康二・小木一良・栩木真・仲光克顕・船井向洋・新宿区教育委員会・中央区教育委員会

註

（1）多くの文献があるためここでは割愛するが、研究史については、松下久子2003「鍋島の研究史」（第3回　近世陶磁学会『鍋島の生産と流通—出土資料による—』資料）によくまとめられている。

（2）もちろん、鍋島の意匠（図案）は、繰り返し使用されることがあるため、図案のみによっては編年が難しいことは留意が必要である。

（3）ここでの、(A)・(B)・(C)などのアルファベットには時間経過の意味を含ませているが、A1、A2、…などの数字は、時間経過とは無関係とする。

（4）江戸城には、太田道灌時代以降の変遷があるため、ここではいったん「近世」

を付した。ただし、本稿での主対象は近世社会であるので以下については、「近世」の文字を省略する。

（5）このあたりの事情の詳細は、水本和美編 2009『海と千代田の 6000 年』（千代田区立四番町歴史民俗資料館）における赤澤春彦論考、小山貴子論考、水本和美論考を参照されたい。

（6）水本和美 2015「中世の日比谷」、小山貴子 2015「江戸前島の中世的景観について」いずれも、『有楽町一丁目遺跡』（株式会社武蔵文化財研究所）に詳しく述べている。

（7）町人地の発掘例はあるが未報告である。管見の限りでは、千代田区側では町人地において鍋島の発見はなされていない。今後、この地域でも鍋島発見の可能性は少なからず残されている。

（8）鍋島がその他の陶磁器より、考古資料として分析対象として有利な点がある。それは、冒頭で掲げるように特徴的な資料であるために、発掘者や整理者にとって認知しやすいことである。鍋島（主に盛期、青磁等はなお難しいところもあるが）は、筆者の経験上、多くの調査員・調査スタッフが認知される資料である。これによって、発見時（水洗時含む）の見落としや抽出漏れ・エラーは、多くの遺跡で比較的回避されやすい。ただし、膨大な資料の出土する（破片にして千・万単位以上）江戸遺跡においては、まず、すべての破片資料に対し、いったん抽出の眼が入っているか否かは、研究資料としての情報の質・量を大きく左右している。新宿区や豊島区、東京大学埋蔵文化財調査室などでは、こうした資料への調査者の観察の「眼」がいきわたることで、資料の質・量を確保していると考える。中央区では、こうした中でも陶磁器の抽出作業については比較的丁寧に行われており、特に、鍋島藩窯製品では報告エラーが少ないと判断した。

（9）歴史的環境の内容については、参考・引用文献に引いた金子千秋 2014 による報告により、筆者が概略した。

（10）磁器には、陶器の徳利に多量にみられるような屋号を示す釘書きは少ない。ただし、江戸時代の宿場町である内藤新宿では、磁器皿に釘書きを行う事例も知られる。また、江戸城や尾張藩邸などでは奥向きの磁器皿の裏面に、保有された場所を示すものがある。

（11）ここでは、博多や京、大坂などの中世からの都市が西日本に多い傾向にあることを指摘しておきたい。ただし、小田原北条氏の拠点である小田原城、八王子城、あるいは、伊達政宗の仙台城などといった東日本の拠点などを全く否定するものではないことはことわっておく。

（12）②では、近年、少しずつ調査蓄積が上がりつつある、譜代大名の藩邸と外様、
　　　下級の幕臣などの関係も言及できそうである。これについては、今ただちには、
　　　まとめられないので今後、評価していきたい。

（13）ただし、のちに岡本綺堂の紹介によって広まった部分もある。

参考・引用文献

大橋康二 2001「鍋島焼の編年についての考え方」『青山考古』第 18 号

大橋康二 2003「鍋島焼の変遷と出土分布」『鍋島の生産と流通―出土資料による
　　―』第 13 回　九州近世陶磁学会資料　九州近世陶磁学会編

小木一良 2015『[江戸後・末期] 興味深い鍋島箱書紀年銘作品類』「一章　『鍋島
　　紀年銘箱書品』にみる武士層の生活困窮」、「二章　藩主、または前藩主より受
　　領の鍋島箱書作品類」創樹社美術出版金子千秋 2014「第 6 章　文献資料の調査
　　による成果」『日本橋人形町三丁目Ⅱ』（10）前山博 1992「鍋島藩御用陶器の献
　　上・贈与について」

小沢詠美子 1987「2　江戸時代の芝神谷町―文献調査の成果からみて―」前掲、
　　『虎ノ門五丁目　芝神谷町町屋跡遺跡』

河合修 2010「駿府城内遺跡の調査と出土陶磁」『貿易陶磁研究　№ 30　貿易陶磁
　　研究、この 10 年の総括』日本貿易陶磁研究会

佐賀市教育委員会 2015「（5）参考資料・本丸跡出土遺物」『佐賀城跡Ⅳ―6 区（天
　　守台）の調査―』第一分冊　発掘調査編

中央区教育委員会 2001『日本橋二丁目遺跡』

中央区教育委員会 2013『柳原土手跡遺跡』

中央区教育委員会 2014『日本橋人形町三丁目遺跡Ⅱ』

東京都埋蔵文化財センター 2009『江戸城跡―北の丸公園地区の調査―』東京都埋
　　蔵文化財センター調査報告　第 234 集

豊島区遺跡調査会 2003『雑司が谷Ⅰ』

仲野泰裕 1991「御庭焼と御用窯について」『愛知県陶磁資料館研究紀要10』、※
　　2000「御用窯と御庭焼」『淡交社 50 周年記念出版　茶道学大系　第五巻　茶の
　　美術』谷晃編

仲光克顕 2014「調査成果からみた日本橋人形町三丁目（第 2 次）遺跡―江戸の芝
　　居小屋の発掘調査、二―」『日本橋人形町三丁目Ⅱ』

成瀬晃司 2003「江戸遺跡出土の鍋島」『鍋島の生産と流通―出土資料による―』
　　第 13 回　九州近世陶磁学会資料　九州近世陶磁学会編

日本橋一丁目遺跡調査会 2003『日本橋一丁目遺跡』

町人地にみる「鍋島」

八丁堀三丁目遺跡（第2次）調査会 2003『八丁堀三丁目遺跡Ⅱ』

東中川忠美ほか 2003『鍋島藩窯―出土陶磁に見る技と美の変遷―』

船井向洋 2010「大内川山窯跡発掘調査報告」『初期鍋島』創樹社美術出版

堀内秀樹 2013「都市江戸における肥前磁器の消費―初期色絵・鍋島・柿右衛門―」
　　第3回　近世陶磁研究会『江戸の武家地出土の肥前磁器―罹災資料と初期色絵・
　　鍋島・柿右衛門―』

水本和美 1996「江戸と遊興地―雑司が谷遺跡の事例から―」『江戸の都市空間』
　　江戸遺跡研究会編、第10回江戸遺跡研究会大会発表要旨

水本和美 1998「消費地遺跡出土の鍋島」『東京考古16号』東京考古談話会

水本　和美編　2011『江戸城の考古学Ⅱ』（第Ⅱ分冊）、千代田区立日比谷図書文
　　化館発行

港区教育委員会 1987『虎ノ門五丁目　芝神谷町町屋跡遺跡』

村上伸之 2013「初期伊万里から古九谷へ（有田の動向）」『徳川将軍家の器』（水
　　本和美編、千代田区立日比谷図書文化館発行）

盛峰雄 1994「日峯社下窯発掘から見た鍋島のルーツ」『目の眼№208』里文出版

吉田伸之 2003『身分的周縁と社会＝文化構造』

図版出典

図1　新宿区教育委員会所蔵

図2　筆者作成

図3　筆者作成

図4　筆者作成

図5　中央区教育委員会所蔵

図6　水本 2015　第1図　考古遺物と美術品の関係Ⅰ（モノのライフサイクルか
　　らみた）鍋島の特徴　を加筆

出島和蘭商館跡出土の貿易陶磁
── 近世の流通及び産業振興の視点から ──

山口美由紀

はじめに

　出島は、築造初期から 18 世紀に至るまで、アジアやアフリカの各地に商館を構え、中継貿易を行っていた連合オランダ東インド会社の拠点であった。この中継貿易によって、日本に、ヨーロッパをはじめ中国、東南アジア、イスラムの文物がもたらされた。出島の発掘調査では、この拠点地域に関連する様々な陶磁器類が出土している。これらの世界各地の陶磁器から、東インド会社の経済圏の広がりと日本国内に与えた影響を知ることが出来る。出島の時代は、世界的な規模で交易が行われた時代であり、日本もその交易システムの圏内に存在したと言えよう。

　モノや文化の移動、伝播は異世界同士が接触する際に発生し、その後交易あるいは侵略などの関係性が生じる。オランダと日本においては、歴史的な経過の中で、侵略や征服を伴わない経済活動に重きをおいた付き合いが出島を舞台に展開された。

　筆者は、2001 年から出島復元整備事業の担当となり、出島の発掘調査に従事し、10 年以上が経過した。貿易陶磁の華やかな世界観に魅力を感じつつ、総括的に出土遺物の組成を見渡すと、「なぜ、このような資料がたくさん出土するのだろう」と疑問に思う資料も少なくない。ここで、生活や文化に視点を置き、出島出土遺物の用途や性格を推察すると、島内における様々な生活の場面で、類似品が入手可能であればなるべく日本製品を使おうという試み、用途を換えて代用しようという試み、材質を換えて用立てようという試み等、様々な需要の傾向が見られる。ここに、日蘭双方に商機が生まれ、新たな産業の発生や伝統的な産業の発展が見込まれる。日本の国内生産品が出島オランダ商館で消費されていた状況は、西洋人の求めに足る製品を生産できていた国力、藩力を示唆するものであり、江戸時代の日本国内の産業水準が高かったことを意

味する。

以上の視点から、出島から出土した国内外の陶磁器を紹介し、出島を基点とした経済活動がもたらしたものについて、再考したい。

1. 出島和蘭商館跡の概要

(1) 地理的・歴史的経緯

寛永11（1634）年、江戸幕府はポルトガル人によるキリスト教の布教を禁止するため、長崎の有力な町人に命じて人工の島"出島"を築いた。築造場所には、長崎市の中心部を流れる大川（現在の中島川）の河口が選ばれた。この川は、長崎の港に突き出した岬状の台地に沿って、長崎の中心部を流れ、長崎湾に注ぐ河川であった（図1）。

寛永13（1636）年に完成したこの島の面積は約15,000㎡、特徴的な扇の形をしたこの島の最初の住人はポルトガル人であった。しかし、寛永16（1639）年、ポルトガル船の来航が禁止されると、ポルトガル人は出島から追放され、出島は無人の島となった。その後、寛永18（1641）年にオランダ商館が平戸から出島に移転し、以後、安政の開国に至るまでの218年間にわたり、西洋に開かれた唯一の窓口として、出島は日本の近代化に大きな役割を果たした。オランダ商館時代の出島は、オランダのアジアを中心とした貿易活動拠点の一つであり、そのため広くヨーロッパ、アジアの文物が行き交う場所であった。また、商館員と日本人の自由な出入りが禁止されるなか、商館員はこの閉ざされた島で日々の暮らしを営み、阿蘭陀通詞や蘭学者などの限られた日本人と交流を持った。江戸幕府にとっては海外の情報を入手する窓口であり、また出島を介して西洋の進んだ学問や技術が伝えられた。さ

図1 出島和蘭商館跡の位置 5万分の1

らに日本の文物や情報も広く西洋に伝えられ、出島は、日本と西洋、アジアにおける国際交流の場としての役割を担った。

（2）復元整備事業と発掘調査

　安政の開国以後、出島の周囲は次第に埋め立てが行われ、明治期の大規模な港湾改良工事により出島は完全に内陸化し、扇形の姿を失うこととなった。その後、大正11年（1922）に出島和蘭商館跡として国指定史跡に指定され、現在に至る。長崎市では、失われた往時の出島を現代に甦らせるため、出島復元整備事業を進めている。具体的には、19世紀初頭の建造物の復元、島の形状を取り戻すための護岸石垣の整備や視覚的な顕在化等に取り組んでいる（図2）。

　これらの史跡整備に当たり、出島では度重なる発掘調査が行われてきた。出島における発掘調査は、1984年に始まる出島の境界確認と範囲確定を目的とした調査と、1996年より着手した第Ⅰ期復元整備事業に伴う調査、2001年から行われた第Ⅱ期復元整備事業に伴う調査、そして2010年から着手している第Ⅲ期事業の4つに大きく区分される。

　1984年から3ヶ年をかけて実施された範囲確認調査では、境界となる護岸石垣が各所で検出され、明治中期に埋め立てられた出島の範囲が明らかになっ

図2　出島航空写真　2012年撮影

た（長崎市教委 1986）。

第Ⅰ期〜第Ⅱ期事業では、出島の西側を中心に出島敷地内の継続的な発掘調査を実施、復元の基礎となる 19 世紀前半の建物の基礎石を検出し、土坑からは廃棄された遺物が多数出土した（長崎市教委 2000・2008）。また、西側、南側護岸石垣の顕在化に伴い、石垣の発掘調査、修復整備も行われた（長崎市教委 2001・2010）。

現在は、出島復元整備事業第 2 ステップ（第Ⅲ期事業）に着手し、2010 年から発掘調査を始めている。本事業では、出島の中央部に位置する 19 世紀初頭の建物 6 棟を復元する予定である。以上の発掘調査で、国産陶磁器や舶載陶磁器、土器、瓦、ガラス製品、貝類、動物遺体など、約 75 万点の遺物が出土した。貿易はもちろんのこと商館員の暮らしぶりについてうかがえる資料群である。

2．貿易陶磁器の概要

出島は隔離された島であるため、西洋の建築や土木技術などが本格的に出島を通じて日本国内にもたらされることは難しく、一部の書物による西洋技術の導入を除いては、本格的な技術刷新への取り組みは安政の開国を待つことになる。そのような中、貿易品として、また伝えられた文化として、出島を介して日本国内に持ち込まれたものは多岐に渡り、その一部が出土資料として発見されることにより、当時の世界的な交易における文物の動きの一端を知る事ができる。さらに、出島を経由し、日本から海外へ輸出された貿易品が、出島内から出土することによって、経由地であった出島の往時の状況を把握し、生産地と消費地をつなぐ拠点地域の様相をうかがい知ることが出来る。

1969 年から現在に至るまでに実施された発掘調査によって、これまでに約 75 万点を越える遺物が出土している。その内容は多岐に渡り、様々なキーワードによる解析が可能であるが、本論では、貿易陶磁器について、出島を表現する二つのキーワード「貿易」と「生活」に着目し、分析を行いたい。

「貿易」については、輸出された国産陶磁器及び輸入された西洋陶器等、器そのものが商品となった陶磁器について、取り上げる。また、内容物が商品とされ、その容器としてもたらされた陶磁器類についても紹介する。

「生活」については、オランダ商館内部で使用された国内外の陶磁器類につ

いて、その内容や用途等につき、紹介する。貿易品としてまとまった量の取扱い記録はないが、商館内部での需要を満たすものとして、どのような陶磁器が使用されていたのかを明らかにする。

3．輸出された国産貿易陶磁

(1) 海を渡った肥前磁器

　出島からは、海外輸出向けに生産された多種多様な肥前磁器が出土する。出島を拠点とした連合オランダ東インド会社は、1647年から有田磁器の輸出を始めた。それ以前から、当時ヨーロッパで需要があった中国磁器を、貿易品として売り捌いていたが、中国が明から清に変わる動乱期には、これらの磁器の入手が難しくなり、代わって肥前磁器を本格的に輸出し始めた。有田では、その後の急速な窯元の技術進歩によって、大量生産が可能となった。肥前磁器の大量輸出は、1658年に中国のジャンク船が日本の磁器をアモイに出荷したことに始まる。翌年、出島のオランダ商館長ワーヘナールはアラビアのモカ向けに肥前磁器56,700個の注文を行い、これ以降出島オランダ商館を介した日本産の磁器の大量輸出が始まった[1]。

　磁器輸出の変遷では、1684年にこれまで清朝が行っていた遷界令が解かれると、中国で作られた磁器と日本の有田で作られた磁器の海外における競合が始まる。有田の磁器は、伊万里と呼ばれ、出島オランダ商館を介して、東南アジア、中近東、南アフリカ、ヨーロッパへともたらされた。

　肥前磁器の輸出最盛期の様相については、注文された内容と数量、そして実際にその表記からイメージ出来る磁器の同定が、佐賀県立九州陶磁文化館及び佐賀県有田町を中心とする研究者らによって、明らかにされている。具体的な注文に基づく積荷目録と、同時代に生産され、海外に輸出された肥前磁器の調査により、その個体が示されている（佐九陶文2000）。

　初期に輸出された製品の内容は、丸碗など小振りの磁器が主であったが、焼成技術の向上に伴い、次第に大型の磁器が作られるようになった。そして、17世紀末から18世紀初頭にかけて、ヨーロッパの宮殿を飾った大皿や長胴瓶、蓋付広口壺などが盛んに作られ、輸出向け肥前磁器の隆盛期を迎える。その後、中国の磁器製作の復興が進み、18世紀中頃には輸出向け古伊万里は次第に押

され、肥前磁器は転換期を迎えることととなった。

　肥前磁器は、硬質で丈夫であったため、当時ヨーロッパでは磁器で作られていなかった様々なものが、注文により磁器で作られた。これらは、当時の日本人には馴染みがないものだったため、実物や絵入りの注文書などで、有田の陶工はその製作を試みた。このため、まったく知らない文字であった欧字のアルファベットなども、絵師により絵付けされた。

　出島では、この初期の輸出例を示す17世紀中頃の発掘調査を大々的には実施していないが、遺跡の残存状況によっては、該当期の調査例があり、各地点を総合的に整理すると、出島における輸出向け磁器の様式の変遷を掴むことが出来る。これらは、商館員の注文に合わせて生産が行われたことから、その時々に西欧人が必要としたものが分かり、海を渡った肥前磁器の有り様が見えてくる。まずは出島から出土事例が見られた各様式について詳述し、次に好まれた器形や特別注文の事例について報告する。

(2) 代表的な様式

柿右衛門様式

　初期の輸出向け肥前磁器の代表格である柿右衛門様式の色絵磁器は、17世紀中頃まで遡った調査を実施していないため、出土数が非常に少ない。しかし例外的に17世紀代の発掘調査を実施した一番船船頭部屋跡において、本様式の貴重な資料を得ている。

　肥前・有田では、1610年代頃より磁器の焼成が始まった。この頃、連合オランダ東インド会社では中国の磁器を大量に輸入していたが、天保4（1647）年からは出島を通じて、日本産の磁器も取り扱われるようになった。その頃、初代酒井田柿右衛門が、磁器に赤絵を施すことに成功し、のちに柿右衛門様式と呼ばれる高級な輸出向け色絵磁器の焼成が始まる。

　柿右衛門様式の特徴は、素地が乳白色をしていることで、「乳白手」、「濁手」といわれる。さらに、型打成形でゆがみが少ないこと、器の厚みが薄いこと、縁の部分を着色する口さびを施したものが多いことなどが挙げられる。絵柄は、余白が多く非対称の構図で、黒の細い線を用いて描かれ、赤金青緑黄の5色で上絵付けが行われる。つくられた器形は、輪花皿や丸皿、鉢、碗、角瓶、壺な

どのほか、人形や置物などもあった（佐九陶文1999）。

出島からは、色絵菊花卉文輪花鉢の出土が挙げられる（図3）。同種の鉢が、広島県立美術館に所蔵されているが、こちらは重要文化財に指定されている。この鉢は、ヨーロッパからの里帰り品であるため、同じ時期に出島に持ち込まれ、一方はヨーロッパへ、もう一方は出島に廃棄されたことが分かる。出島内においても、高級な柿右衛門様式の色絵磁器の出土は希少である。このほかには、色絵芝垣文碗のまとまった出土が見られた。

図3　色絵菊花卉文輪花鉢

芙蓉手様式

出島からは、17世紀後半から18世紀代に比定される様々な種類の芙

図4　染付芙蓉手花鳥文皿

蓉手様式の皿が出土した。芙蓉手とは、皿の縁の部分を八つに割り、その中に吉祥を意味する紋様を描く絵柄を指す。明朝末期から清朝初期にかけて中国で作られた絵柄で、その後、これを手本に世界各地の窯でその写しが作られるようになった。その図柄が芙蓉の花が開いた形に似ているため、日本ではこの呼称が与えられた。

出島から出土する芙蓉手は、器種は皿が圧倒的に多く、瓶と碗が後出する。紋様は、初期のタイプはモチーフを線書きで表した白地が多く見られる図柄で、その後皿の中央に花虫鳥文を描いた明時代の芙蓉手を模写した絵柄が主流となる。18世紀前半には、中央の文様に鳳凰文、三果文、花盆文などの例が見られ、縁周の部分に松、竹、岩や松竹梅などを描く明時代の芙蓉手には無い意匠の出土例がみられた（図4）。これまでに出島から出土した染付芙蓉手花鳥文皿については、同資料が、有田町の長吉谷窯から出土している。長吉谷窯は、1655

出島和蘭商館跡出土の貿易陶磁

図5　色絵金彩牡丹唐草文壺

年頃から1670年代まで操業された古窯で、輸出向け磁器を生産した窯の一つである。このほかに出島に関連する有田の古窯として山辺田窯や柿右衛門古窯などが挙げられる。

金襴手様式

1690年代頃から作られた金襴手様式（古伊万里様式）の色絵磁器が多数出土している。この様式は、染付けによる藍色と、上絵付による赤や金を組み合わせた配色が特徴で、器面には、窓絵や区画割が描かれ、全体に細かい地文様が書き込まれる。最盛期は18世紀初頭で、その後新しい技法や焼成法などが導入され、18世紀中頃には新しい意匠の様式へと変化する。海外輸出向けであったこの様式の瓶や壺、皿は、大きく華やかで、ヨーロッパの王侯貴族や裕福な人々の館の室内を飾る装飾品として使用された。出島から出土した金襴手様式の磁器は、いずれも小片であるが、大皿や蓋付壺、長胴瓶などの大型の器種であることが分かる（図5）。

(3) 注文による生産

出島出土の肥前磁器は、前項に述べたとおり、輸出を念頭においたものであった。このため、その器種や器形など、日本人の暮らし、風習、文化の中では用いられない資料が、出島からは多数出土する。これらの資料について、以下に詳述する。

カップ&ソーサー

大航海時代の幕開けとともに、世界各地から茶葉や珈琲豆、カカオ豆がヨーロッパにもたらされ、貴族から上流階級の人々まで広く喫茶の習慣が普及した。このため、喫茶に用いる碗と受け皿、ポットなどが必要とされ、有田に注文されるようになった。のちには、シュガーポット、ミルクピッチャーなども含めたティーセット、コーヒーセットとなり、ヨーロッパの諸窯で作られるようになる。

これらの状況を示すカップ&ソーサーの破片が出島からまとまって出土し

ている（図6）。日本では、以前より酒盃や碗がつくられていたため、はじめは小碗が喫茶用として使われた。これに、使い勝手の良さから揃いの受け皿が付き、カップ＆ソーサーとして輸出されるようになった。カップ＆ソーサーは有田で最初に製作され、その後中国・景徳鎮、後にはヨーロッパの窯で類似の製品が作られた[2]。

輸出向けの欧字文入り磁器

出島出土の輸出向け肥前磁器において、重要な位置を占める資料が、欧字文が描かれた一群である。オランダからの注文による生産品の代表例として、これらの資料を輸出した連合オランダ東インド会社の社章VOCを描いた磁器が挙げられる。

図6　色絵小碗・受皿

図7　NVOC銘染付磁器

連合オランダ東インド会社は、正式社名が"De Vereenigde Nederlandsche Oost-Indische Compagnie"で、VOCはその頭文字三つをとったものである（図4）。

また、月桂樹にNVOC字文を施す磁器も多数出土している（図7）。以前から出土例が知られていた本資料は、調査事例が増えるにつれ、出土点数が増加し、器形も多様化の傾向を示す。器種は深皿が中心となるが、直径は概ね6寸及び7寸相当に区分され、また深皿の蓋に当たる資料も出土している。このほか、近年、皿や手付鉢（ソース入れ）などの出土例も見られることから、同一文様で構成されたテーブルウェアの可能性が高く、有田への磁器注文によって、製作された資料と思われる。VOCの前にアルファベットが記される例は、ほかにA、D、H、M、Z、Cなどが知られ、それぞれアムステルダム、デルフト、ホールン、ミデルブルフ、ゼーランディアなどオランダ東インド会社関連の都

出島和蘭商館跡出土の貿易陶磁

図8　染付アルバレロ形広口壺

市名を示す。オランダの州都以外の例として、Cがコロンボを表すことが知られており、このことから、NはNagasakiを表す可能性が高いと従前より思われていた。実際に"N VOC"銘の肥前磁器の出土例が増加し、逆に同一様式ではその他のアルファベットの例がみられないため、Nが長崎の都市名を表すものと考えられる。検討の段階で指摘されたNがネザーランドを表す可能性については、現在のところオランダにおいて、その例は知られていない。

このほかに、皿の中央に社名やオランダの州都の紋章を描き、瓶の胴部や底部に欧字を書いたものが出土している。これらの欧字は、絵文字風にデザインされているが、会社や商館長など注文者の名前の頭文字にちなむ例が知られている。また、小瓶などの場合、調味料入れとして用いられる例が知られ、瓶の正面中央1文字の場合、アルファベットの「A」が酢（Azijn）、「O」が油（Olie）、また「S」はソースやシロップ、「L」はレモン汁をあらわすと考えられている。さらに「HB」は、オランダのブランデー（Hollandsche Brandewijn）をあらわすと言われている（佐九陶文2000）。

見本品による製品の写し

オランダ商館の注文により磁器生産を行った例として、オランダ陶器の見本品に倣って製作されたアルバレロalbarelloと呼ばれる円筒形をした広口壺や唾壺、おまるとして利用された取手付鉢や髭皿が挙げられる。

アルバレロ型壺は、ヨーロッパでは主にクリームや薬などの軟膏を入れる薬壺として使用され、主にオランダ・デルフトやイギリスなどで作られていた。大小様々なタイプがあり、青や橙色で彩色されるものと、無地のものがあるが、肥前磁器の写しもこれに倣い、染付けによる幾何学文を描くタイプと染付けを施さない白磁のタイプが出土している（図8）。見本とされたオランダ製の白釉薬壺については、その用途に応じた適当な大きさがあり、比較的小型の製品が多いことも知られている。白磁製品については、とくに大中小のアルバレロ型

広口壺が見つかっていることから、オランダ商館の注文により行われた肥前磁器への模倣が、細部に渡っていたことをうかがわせる例である。

　唾壺は、大きく二つのタイプに分かれる。一つは受け皿が浅く、描かれた絵柄がよく見え、胴の部分が小さい小型のタイプ（図9右）。もう一つは、口部が大きくラッパ状に開き、縦に長く、外面に花卉文が描かれる（図9左）。この形のモデルは、出島のオランダ商館内部が描かれた絵画資料に見られ、真鍮製の大型の痰壺がこれに当たる。痰壺は、食事や喫煙の際に必要とされ、当時の日本人の生活様式においては馴染みがないものであった。

　取手付の鉢は、揃いの蓋が付くタイプと付かないタイプがある。これは東南アジアやヨーロッパ向けに輸出された鉢で、東南アジアでは米などを入れる櫃として使用された例が知られている。ヨーロッパでは、同じ形をした金属製のおまるなどがあり、この代替品として使用されたと考えられている。

　縁の一部が半月状に凹み、縁の先が玉になっている髭皿は、ヨーロッパでは髭剃りや病気の治療などに使用されるもので、欠けた部分を頸にあてて使用する。モデルとなるヨーロッパ製の陶器は実用的な無地のものであるが、肥前で作られた出島出土の事例は染付、色絵ともに美しい絵柄が描かれる。

　以上、唾壺やおまる、髭皿など、本来は実用的な金属製もしくは無地の陶器製の生活用具であったものが、装飾製の高い肥前磁器で注文生産された例が多いことが出土資料の事例からもうかがえる。

　国産磁器の出土状況を概観すると、17世紀前半の出島築造当初に製作年代

図9　染付痰壺（左）　染付・色絵唾壺（右）

が当たる資料から、幕末、明治時代までの各期の資料が出土した。そのなかでも、肥前磁器の輸出最盛期にあたる17世紀後半〜18世紀中葉までの磁器が最も多く、次いで18世紀末〜19世紀前半の国内向け磁器と輸出向け磁器が中心となる。最も多い器種は皿類で、次に碗及び鉢、瓶であった。

　1757年連合オランダ東インド会社による正式な国産磁器の輸出が途絶えると、肥前磁器は商館員の私貿易のなかで取り扱われるようになった。出島の発掘調査では、18世紀後半以降も国産磁器が出土するため、これらの磁器が出島のなかで使用されていたことが分かる。

（4）　輸出向け色絵磁器の再興

　清朝による海禁政策の変更により、中国磁器の輸出が本格化すると、肥前磁器は次第に押され、大口の販路を失うこととなる。本来の貿易品としての取り扱いとなる本方貿易による正式な取引は宝暦7（1757）年の取引を最後とし、以後は商館員らの個人取引となる脇荷貿易によって、取り扱われることとなる[3]。

　19世紀中頃になると、これまでの東洋趣味（シノワズリー）に加えて、日本趣味（ジャポニズム）がヨーロッパで流行し、次第に、日本製磁器の需要が増加する。このような中、肥前磁器が再び出島を経由して、輸出されたことを証明する資料群が、遺跡から出土した。

肥前有田磁器

　幕末には、開国に向けた動きのなかで、出島オランダ商館を取り巻く環境が激変し、そのなかで色絵を中心とした輸出向け磁器の生産と輸出が、再び行われるようになった。幕末に製作された色絵磁器は、17〜18世紀前半の色絵磁器とは異なった文様が描かれた。これまで窓絵の外側に描かれた地文様は、染付の上に金彩が施されていた。これに比べ、幕末期の製品は、金彩で羊歯文が描かれ、その外側を朱色で塗りつぶす絵柄が中心となった。窓絵の内側には、着物姿の婦人像や鎧をまとった武者など日本人の風俗衣装が多色使いで描き出される。

　幕末頃、出島のなかに、これらの輸出向けの磁器を取り扱う商店が設けられた。出島から出土した遺物には、「肥碟山信甫製」や「蔵春亭三保」の銘が多くみられる。肥碟山は幕末期に有田で外国へ輸出する磁器を焼いた田代紋左

衛門の銘である。田代紋左衛門は万延元（1860）年、イギリス貿易を名義とした許可を得て、長崎で開店、その後、上海や横浜にも出店した。蔵春亭三保は、二代久富与次兵衛の号。初代久富与次兵衛は、天保13（1842）年に公許を得て長崎でオランダ貿易を始めた人物である。これらの資料は、長崎市中からも出土事例が報告されているが、とくに万才町遺跡（長崎県 1995）において、質、量ともに充実した資料が出土したことが紹介されている。

肥前長崎系磁器

出島からは、このほかに平戸焼、亀山焼、波佐見焼、現川焼、長与焼などの肥前長崎の各窯で製作された陶磁器が出土する。

平戸焼（三川内焼）については、当初よりその洗練された技巧が評価され、海外輸出向け磁器の代表であった。幕末頃には薄作りの色絵、染付碗などが製造された。出島では、とくに器壁が薄い小碗や小皿の製品が多数出土する。本資料は、その特徴から卵殻手と称される。卵殻手は、1860 年にプロイセンの全権公使として来日したオイレンブルク伯がまとめた『オイレンブルク日本遠征記』の中に、その資料について紹介されており、「ことに買う気を起させたのは、いわゆる卵の殻型の陶器と…」と記されている[4]。

出島出土資料には、「三川内製」、「平戸造」という裏銘が確認されたほか、「蔵春亭三保造」の銘も見られる。これらの関連性については、下川（長崎市教委2010）に詳しい。

また、19 世紀前半に操業した亀山焼も、操業期間が短いながらも出土例が多い資料である。

亀山焼窯跡は、長崎出島に近い長崎市伊良林に位置し、その操業がオランダ貿易に端を発するものであるため、出島との関わりが深い窯であったと言えよう。出島からは、亀山焼製磁器は、敷地内の 19 世紀前半の土層及び幕末の護岸石垣埋立て時の土中から、まとまった量が出土している。器種は、小坏、碗、蓋付碗のほか、小皿、皿、鉢などが主体を占める。山水文、魚藻文、花卉文など染付の一般的な資料が多く、とくに上手の資料に絞られるわけではない。ワインボトルや西洋陶器が混在する出土状況から、日本人のみが使用したと考えることは難しく、オランダ商館員らが手にした可能性が残る。

このほかに、主に波佐見で製作されたコンプラ瓶も、多数出土例が知られて

いる。酒や醤油の容器として作られ、その名前の由来となったコンプラドールはポルトガル語で仲買人を意味する。出島ではこんぷら仲間と呼ばれる 15 〜 17 名の諸色を扱う株仲間であり、商館員が毎日の暮らしで必要なものを調達し、出島に納める人々でもあった。

出島では、南側護岸石垣前面から、慶応 3 年遊歩道設置に伴う拡張工事の際にまとめて廃棄されたと思われる多数のコンプラ瓶が出土した。本地点出土遺物は、その埋立て年代が限られることによって、幕末期の一括資料として貴重であり、その理解には、この時期が出島の歴史的変化期に当たることを踏まえた解釈が必要である。

集中出土したコンプラ瓶については、出土状況、出土総量、種類、部位（個体数）、裏銘の分類などにつき、全点を対象とした調査を行った。結果として、総数 5,600 点が出土し、そのうち種類が分かるものについては酒瓶（ZAKY）が全体の 62％を占め、醤油瓶（ZOYA）が 38％に当たり、酒瓶の出土割合が高いことが分った。また、醤油を表す欧字表記は、これまで主に SOYA と ZOYA が知られていたが、本一括資料では ZOYA が圧倒的に多く、主体を占めることも判明した（長崎市教委 2010）。

4. 輸入品から見える世界

本項では、出島から出土した舶載陶磁器について紹介する。舶載陶磁器は、陶磁器が商品である場合と、その内容物が商品である場合に大別される。両者につき、その生産地を中心に見ていく中で、東インド会社の経済圏の広がりと日本国内に与えた影響をうかがうことが出来る。

（1） 中国陶磁器

連合オランダ東インド会社は、出島に商館を構える以前から、東アジアでは広東（広州）やタイオワン（台湾）に拠点をもち、中国の品々の輸出を手掛けていた。その一つに、古くからの技術、伝統に支えられた、たいへん質のよい中国磁器があった。これらの磁器は、ヨーロッパやアジア全域において好まれ、当時ヨーロッパで東洋趣味が流行したこともあり、大量に輸出された。出島オランダ商館でも、中国各地の窯で作られた様々な種類の磁器が出土する。

景徳鎮窯

出島から出土した景徳鎮産磁器は、主に数種のタイプに分かれる。中央に唐人や花卉文を描く皿、バタビアン・ウェアーと呼ばれる染付けに褐色釉が掛け分けされるカップ&ソーサー、上面全面に花唐草文が描かれる大皿などがある（図10）。楼閣山水文は、後にイギリスにおける銅版転写陶器製作時にウイロウパターンのモチーフとなった文様である。オランダではアンティークショップや博物館内で、17世紀後半〜18世紀前半に製作された同種の染付磁器が、テーブルのセッティングや室内装飾に使用されている例が紹介されていた。出島の商館員も、同じ頃これらの中国磁器を食事の時に使用していたと思われる。

図10　中国製　染付楼閣山水文皿

このほか、一部で実施した出島築造当初の時代の調査によって、16世紀末に製作された芙蓉手様式の大皿も出土した。同様の焼物は平戸オランダ商館跡の発掘調査で、まとまった出土例が報告されている。

福建・広東地方

中国南部の福建・広東地方の窯で製作された磁器。景徳鎮窯の製品に比べ、胎土がもろく、器に厚みがある。染付の発色が鈍く、滲む特徴をもち、粗野で暖かみのある印象を受ける。出島からは、染付碗や鉢、皿などが出土している。アモイ〜インドネシア間を航行した沈船の引揚資料に、本資料の類似資料が含まれている。また、出島当初期まで遡る地点からは、漳州窯産の陶磁器が出土、赤絵の大皿や、餅花手などの古手の資料が確認されている。

宜興窯

器種は急須のみであるが、その器形は多様で、陽刻が施されたものも見られる。中国茶が持つ本来の薬効が、この急須の材質によって引き出されるため、中国茶を嗜む道具としてもたらされたものである。やはり出島から出土する景徳鎮製の染付褐釉小碗・小皿のカップ&ソーサーと並べてみると、外側の赤褐色の色が融合し、内側の白磁染付面には茶の色が映え、小さなものではあるが

東洋の美が感じられる。当時の東洋趣味と喫茶の流行の様子がうかがわれる。

徳化窯

　出島からの出土遺物は、18世紀後半～19世紀前半に製作された色絵の小碗で、同種の製品が地点を問わず、数点ずつまばらに出土する傾向がある。長崎市内の同時期の町屋の遺跡でもこの小碗は散見されるため、長崎では一般的で比較的入手しやすい製品であったと思われる。

（2）　アジアの陶器・土器

　出島には、オランダの中継貿易により、その広い交易圏の文物がもたらされている。このため、発掘調査により、日本とオランダの資料だけでなく、アジアの焼物が出土する。これらは、輸入品の容器として持ち込まれたものが主体となり、大きく中国南部、東南アジア地域、イスラム地域に分かれる。この地域で流通するほとんどの交易品は、出島の土中には残らないが、これらの容器として持込まれた焼物が交易圏の広がりを示している。

中国南部と琉球の焼物

　中国南部で焼かれた壺類が、出島に容器として持ち込まれている。中には、油や酒などが入っていた。これらの壺は、長崎の唐人屋敷からも大量に出土し、当時容器として一般的であったことがうかがえる。また琉球（現在の沖縄）で作られていた壺屋焼なども、わずかだが出土している。

東南アジアの焼物①　タイ

　タイ産の橙色の四耳壺が、数多く出土している（図11）。この壺は、肩の部分に四つの取手が付き、胴部に数条の沈線が施されたもので、液体物の容器として出島に持ち込まれたと推測される資料である。とくにカピタン別荘と庭園部分の発掘調査のおりにコンテナー約10箱分に及ぶ欠片がまとまって出土した。タイには、シャム王朝時代にあたる17世紀初頭から、アユタヤにオランダ東インド会社の商館が設けられた。

東南アジアの焼物②　ベトナム

　長崎では、ベトナム陶磁は朱印船貿易時代に多数持ち込まれ、市内の16世紀末頃の遺跡から出土例がみられ、馴染み深い資料である。出島からも、その後の形式をもつ染付が、わずかであるが出土している。ベトナムには、トンキ

ンやホイアンにオランダ東インド会社の交易拠点があった。

イスラム地域の焼物

イスラムには、イランのバンダル・アッバースやアラビアのモカにオランダ東インド会社の拠点があった。イスラムの染付は、白釉に藍彩が施されたもので、イラン産の染付の鉢や皿が出土している。出島でもイスラム陶器の出土例は少なく、貴重な資料である（図12）。

図11　タイ産　焼締四耳壺

（3）西洋陶器

出島からは、オランダをはじめとしてヨーロッパ各国の焼物やガラス製品が出土する。これらは、商館員が個人的に取引を行った脇荷物などの輸入品として持ち込まれたものと、商館員が

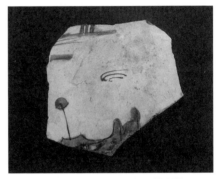

図12　イスラム錫白釉藍彩鉢

出島で生活する際に実際に使用したものに大きく分かれる。

日本が鎖国下にある中、ヨーロッパではいくども戦争が繰り返されていた。その中で、有力者の求めに応じ、陶工らはその庇護を求め国家間を移動、その行為によって技術が広がり、製品の製作地もヨーロッパの国々で重複する傾向が次第に現れてくる。オランダの中継貿易はヨーロッパ間の流通を促し、このような状況下で製作された陶器やガラス製品の一部が出島にもたらされた。

この頃ヨーロッパでは、中国磁器への憧れから、硬質で白くコバルトや色絵が映える美しい磁器を王侯貴族が求め、直属の窯を作り磁器焼成が行われた。1710年にマイセン窯が開窯され、セーブルやウエッジウッドなどの有名な窯が18世紀代に次々と作られた。出島からは、これらの高級な磁器はほとんど出土せず、商館員が私用に持ち込んだ瓶や薬壺などの炻器、ファイアンス陶器が主体を占める。

出島和蘭商館跡出土の貿易陶磁

デルフト陶器とファイアンス陶器

オランダのデルフトで焼かれた陶器とその系統に属する資料。当時ヨーロッパでは、東洋への憧れから東洋風の意匠を愛好する東洋趣味（シノワズリー）が流行していた。16世紀にイタリアのマヨリカの技術が、陶工の移動によってヨーロッパ各地に伝わり、オランダでもデルフト地方の窯業地では、イタリア、スペイン、イスラムの流れ

図13　西洋 アルバレロ壺

を汲む厚手の陶器が作られた。17世紀には、中国や日本の染付の意匠を真似た白地に青の染付を施す東洋磁器の影響を受けた陶器を生産し、代表的な窯業地になった。出島からは、中国の芙蓉手を模した花卉文芙蓉手皿の一部やアルバレロ albarello（広口壺）が出土している。このアルバレロは、16世紀末に日本で茶陶が普及した際に、珍重され水差しとして使用されたと言われている（図13）。

ヨーロッパの炻器

炻器は、ドイツからベルギーにかけてライン川流域で作られた塩釉炻器と、イギリス製のものに大きく分かれる。ライン川流域のものは、灰色地に藍釉が施される瓶や壺、髭徳利に代表される褐色の塩釉瓶が挙げられる（図14）。前者は、現在のドイツ、ヴェスターバルト地方でつくられた。様々な大きさがあ

図14　西洋 藍絵広口壺

り、ピクルスやバター、その他の食品の保存容器として使われた。この藍彩壺や瓶は、有田磁器の写しが知られており、陶器や金属器以外に炻器も磁器に変えての需要があったことが分かる。後者の髭徳利はフレッフェンで製作されたもので、本資料は日本で珍重され、模倣品が日本の陶工により製作された。ラインラント地方一帯で作られる長胴の塩釉瓶もミネラルウォーター入りの瓶として、出島から多数出土する。資料の一部には、表

面にアムステルダムの刻印が見られるため、瓶と中身の炭酸水はドイツ製で、アムステルダムの会社が出荷し、商館員や船員の日用品として出島に持ち込まれた。ヨーロッパの物流の流れが分かる資料である。オランダでは、類似する瓶が、現在もジュネヴァと称する酒を入れる容器として使われている。

このほかに、イギリス製のクリーム色地の洋酒瓶が多数出土する。19世紀中頃の土層からまとまって出土するため、ヨーロッパにおいて大量に生産され出荷されたことがうかがえる。その後、日本において函館や横浜が開港されると、その地の発掘調査により、類似資料の出土事例が報告されている。

オランダ人の生活のなかでも、これらの塩釉瓶は保存容器として日常的に使用され、商館員も出島に持ち込み、日々の暮らしのなかで使っていた容器であった。

西洋銅版転写陶器（プリントウェアー）

19世紀初頭、ヨーロッパでは銅版画によるプリントウェアーが製作された。この技法では、同種の文様をたくさん生産することができるため、この陶器は、瞬く間にヨーロッパ中に広まった。出島でも、19世紀初頭から中頃にかけて、大量のプリントウェアーが出土する。とくに出島の護岸石垣の外側から、捨てられたプリントウェアーが大量に出土した。同一の絵柄で皿や蓋物、鉢、手付きの瓶などがあり、テーブルで使用する食器のセットとして持ち込まれていたことが分かる。これらの陶器は、商館員の毎日の食事で使われていたが、西洋の風景や人物を描いた陶器は日本人にも好まれ、阿蘭陀渡りとして、出島から日本国内に広まった。ヨーロッパのプリントウェアーは、ヨーロッパの文物を好む大名や豪商などにとっては、憧れの品々であった。このため19世紀になると、脇荷物の一つとして、これらの商品が取り扱われるようになった。とくに、19世紀中頃になると、盛んに日本国内に持ち込まれ、現在も、その頃の箱書きを持つ製品が日本国内に伝世している。本来は、大きくイギリス製とオランダ製に分かれるが、当時の箱書きには総じて「阿蘭陀」と記される。このほかにベルギーやフランス製のプリントウェアーも知られている。

イギリス系の銅版転写陶器

イギリスでは、ダベンポートやスタッフォードシャー、ドーソンなどの窯でプリントウェアーが作られた。銅版転写の技法は、1785年、イギリスのスポー

出島和蘭商館跡出土の貿易陶磁

図15 イギリス 銅版転写陶器
染付皿モスク&フィッシャーマン

図16 オランダ 銅版転写陶器
染付鉢・皿パルスメ・オーロリア

ド窯で、銅版に彫った絵を薄い紙に転写し、それを陶器に写す技法が完成し、その後オランダへと技術が伝わった。華やかで、繊細なタッチの描写が多く、イギリスの風景のほか、アジア各国の風景をモチーフにしたものが多数作られた。現在でも、引き続き操業し、同様のパターンを製作している窯もある。中心となるスタッフォードシャーの窯では、その当時、急激に需要が高まったことにより、苛酷な生産体制が敷かれ、悪条件の中、製作が行われていたと伝えられる（図15）。

オランダ系の銅版転写陶器

オランダでは、17、18世紀、デルフトが一大窯業地として栄えていたが、イギリスで発明された銅版転写技法が伝わり、マーストリヒトで多くの銅版転写陶器が作られるようになった。出島からは、オランダ、マーストリヒトのペテルス・レグゥー窯の製品が多数出土している（図16）。オランダ製の銅版転写陶器の特徴の一つは、フロウン・ブルーと呼ばれるにじんだ風合いの染付で、絵柄がソフトな印象となる。白色のクリームウェアーなども作られた。ウイロウパターンなど、イギリスでもオランダでも製作された同種のパターンが出島から出土しているが、これは銅版画のパターンがイギリスで製作された直後に、オランダからも買い付けが行われるためで、同種のものが両方の窯で製作されることになる。近年マーストリヒト市セラミックセンターとの交流により、出島で貿易を行っていたスペングラー商会が、ペテルス・レグゥー社の支店として業務を請け負っていたことをご教示いただいている。

5. オランダ商館員が使った器

　出島を考察する身近なテーマとして、生活という要素が挙げられるが、出島の中を一つの街として定義し、生活空間として敷地の用途を考えた時に、過不足なく整っているかどうかと言う視点が生まれる。改めて発掘資料を概観すると、国産資料の出土数が非常に多く、器種も多岐に富むことが分かる。なぜ、このような貿易陶磁には分類できかねる資料群が、出島から出土するのか、近年その問いを念頭に置きながら、発掘調査を続けてきた。

　出島に出入りする役人や、通詞、番所役、商人やその他の人夫が出島内で使用したものであろうと言う解釈に辿り着いた部分もあったが、全てがその要素では消化できかねる。

　やはり、オランダ商館員らが、使用していたのである。ここに、貿易品として島外には持ち出さないものの、日々の生活の中で用いていた資料群という性格が浮き彫りになってくる。

　本稿では、これらの国産陶磁器類について、生活あるいは文化というキーワードを念頭に、出島の出土遺物を紹介する。

（1）食文化と調理器具

　出島に住むオランダ商館員は何を食べていたのだろうか、この素直な問いに対する答えが、出土遺物の中に隠されている。廃棄土坑の中の食物残滓を見てみると、カキやアワビ、テングニシ、ハマグリなどの貝類、ウシ、ブタ、ヤギ、ヒツジ、ニワトリ、カモ、キジなどの獣骨、マグロやサメ、タイ、エイなどの魚骨が見られる。また、調味料については、その容器の出土から、コンプラ瓶の醤油、東南アジアや中国南部で生産された壺に入っていたと思われる油や酒、焼塩壺の塩などが挙げられる。日本国内から調達したもの、海外から持ち込んだものに分かれる。

　このほかに発掘調査での出土は確認できないが、様々な野菜類やバターなどの乳製品が前記の食材と合わさって、出島の食卓に供されていたのであろう。

　また食材ばかりでなく、食文化の観点では、その調理法や食卓への給仕方法、用いられた食器とカトラリーから分るテーブルマナーなども重要な要素である。

出島和蘭商館跡出土の貿易陶磁

　調理法では、絵図から推察される調理場の風景から、オランダで一般的に使われる保存容器や、中国製の壺、日本製の鉄鍋や木桶などが出土品の類から調理道具として選択される。金属製品は比較的残りがよくないため、カトラリーについての詳細は不明だが、用いられた食器が時代ごとに異なることや、ワイングラスや調味料入れなどにガラス器が使用されていたことは出土資料からうかがえる。
　このような出土資料を用い、どのような食卓の風景が存在したのかについては、蘭館図に所収される宴会図や阿蘭陀正月の献立などの文献史料から、うかがい知ることが出来る。
　出島築造当初までさかのぼる17世紀前半期については、発掘例が少ないが、景徳鎮製染付大皿や漳州窯製の色絵大皿など、この時期に該当する資料が散見されるため、オランダ本国と同様に、東洋陶磁が用いられたと推察される。その後は、使用痕が確認された肥前磁器が出土することから、有田を中心とした肥前磁器が主体となり、19世紀には、西洋陶器の出土数が増加することから、これらの陶器類が用いられたことがうかがえる。
　生活必需品であったボトル類は、どの時代であっても常に持ち込まれていたようであるが、食器類や調理器具については、陶磁器の先進地域であった東洋にあって、自国の陶磁器を持ち込むことは少なく、中国、日本産の東洋陶磁が愛用され、さらに各種製品が肥前有田へ注文された。その後、西洋は産業革命を経て、西洋陶器が主流となる時代を迎え、出島のオランダ商館員らも同様に安価に入手することが可能となった西洋陶器を愛用していたことが、出土資料から読み取れる。
　それでは、調理や食品の保存のうえで、具体的に用いられた国産陶器類について、出土事例を見てみよう。
　まず挙げられるのは、褐釉手付鍋や摺鉢、鉢類である。
　褐釉手付鍋は、耳状の二つの取手と蓋が付き、鍋底に足が付く型と、片手付きで蓋と注ぎ口を持つ行平鍋の型が見られる（図17）。いずれも生産

図17　褐釉手付鍋・蓋

地は関西方面で、19世紀前半頃の資料である。絵画史料では、大きな鉄鍋を竈にかけている光景が描かれるため、このような銘々に供するような小振りの鍋の用い方は不明である。しかしながら、まとまった数量が出土することから、オランダ商館員が用いたことがうかがえる。

　摺鉢については、使用痕の有無に着目して、その用途を推測したい。一説に、1798年に出島で発生した火災によって西側半分を焼失したオランダ商館では、その後、暖を取るために火鉢を用いた際に、火災防止のため、摺鉢を覆い蓋として用い、火災予防としたことが知られている。実際に出土した摺鉢には、全く摺痕が見られないものと、摺痕が顕著なものに大別される。使用痕が見られるものは、生産地は肥前で、高台が無い17世紀代のものから高台を持つ19世紀のものまで、時代ごとに切れ目なく出土する。摺鉢は、香辛料をすりつぶしたり、肉や魚をペースト状にしたり、様々な調理に使用することが予想されるため、欠かせない調理器具であったのではないだろうか。一方使用痕が見られない摺鉢は、18世紀後半から19世紀前半に製作されたものが中心となり、上記の覆い蓋としての転用事例と合致する。

　肥前産の大きな甕、壺類も多数出土する。床面に据え付けられた状況で出土する際には、便槽、水甕、薬品などの貯蔵容器としての使用例を検討するが、とくに固定された形跡が見られない大型容器も多数見られる。これらの甕、壺類は、水や食品などの容器であった可能性がうかがえる。

　このほか京焼風色絵碗や皿、関西系の急須などが出土する。大量ではないものの、一定量の出土例が確認されるこれらの関西系陶器類については、現時点でオランダ商館員が使用したものと断定することは出来ない。しかしながら、長崎出島における使用例は、これらの資料群の普及度を示すものとして着目すべき点と考える。

　土器製の関西系焼塩壺も多数出土しており、当時、塩の産地として国内で有名であった堺湊の塩を商館内で愛用していたことがうかがえる。

（2）　生活を潤した嗜好品

　喫茶の習慣や酒、煙草などの嗜みは、日々の暮らしの中で欠かせないものと言えよう。茶や珈琲、チョコレートなどの飲用の風習が出島オランダ商館時代

に流行したことは先に述べたが、これに伴い中国磁器や肥前磁器製のカップ＆ソーサーが大量に出土している。飲用に際し、まず湯を沸かすことが必要となるが、現在のところ、オランダにおける当時の習慣から金属製の薬缶やポットなどが用いられたと推測する。この湯を沸かす行為についても、代替品となり得る資料がわずかながら出土している。薩摩や熊本など九州を産地とする土瓶は、直接火に掛けることが出来る。また、関西系の土瓶も散見される。

　酒については、ワインやジェネバ、リキュール、ビールなど、多様な種類の酒を飲んでいたことが知られている。発掘調査資料からは、酒の容器であったボトル類やグラス類、小杯の種類や形状から飲用した酒の種類をうかがうことが出来る。中には、通常国内において日本酒を嗜むための小杯も散見される。東南アジア地域では、主に椰子から生産するアラキ酒など、現地の酒類をオランダ商館員らが飲用していたことが知られている。日本の酒もコンプラ瓶に詰め、海外に輸出した経緯があることから、日本酒も商館内で消費していた可能性が考えられる。

　喫煙については、オランダ人が愛用したクレーパイプはよく知られ、オランダ製の灰入れもオランダ本国では馴染み深い陶器である。日本では煙管と火入れ、灰落しなどの煙草道具がセットになった煙草盆があるが、これらのセットに収納する蓋付段重も、よく出土する資料である。染付、あるいは色絵の磁器製で、産地は肥前、18〜19世紀前半の資料が主体を占める。このような日本の煙草盆をオランダ人も使ったのであろうか。喫煙時に用いる道具が日本とオランダでは異なるため、短絡的に結論は出せないが、近しい席で、両者がそれぞれの異なる道具を見とめていたことはあったのであろう。

　もう一つ、煙草については唾壺がある。唾壺は、口縁部がラッパ状に大きく開き、器高が高い痰壺と、受け皿の部分が唾状に広がり、器高が低い唾壺に大別される。ともにその器形は、アジア域内で使用されていた金属製品にそのルーツが求められるが、前者は大きなものから小さなものまであり、床に直接置くことが想定された器形である。後者は、大きさが一定で、棚やテーブルの上に置くことが出来る。両資料ともに肥前磁器製のものは装飾製が高く、高級な資料群である（図9）。

住環境の誂え

日々の暮らしの中で用いる生活雑器については、とりわけ日本製品の出土割合が高く、オランダ商館への供給率が高いことがうかがえる。

具体的には、植木鉢、火鉢、灯明具などが挙げられる。

図18　褐釉植木鉢

植木鉢は、2001～02年に発掘調査を実施したカピタン部屋跡から特にまとまって出土した。種類は藁灰釉が施された福岡製と褐釉の関西系のものに分かれる（図18）。ともに18世紀後半から19世紀代に製作された資料群であった。オランダ人が園芸を好む国民性であることが第一に挙げられるが、出島内で鉢にたくさんの花樹を育てていたことが予想される。とくに業務をこなすために出島に出入りしていた日本人らが園芸に勤しむとは考え難いため、オランダ商館員らがこれらの植木鉢を必要としたことが分かる。

火鉢は、陶器製のものと土器製のものが見られる。オランダ商館員は炭を入れた陶器製の小鉢を木の箱に収め、その上に足をのせて暖を取る足温器を使用していたことが知られているが、日本製の火鉢も状況に応じて使用されていたと推測される。

灯明具は、日本国内でも当時用いられていた数種類の型が確認されている。明かり取りの道具は、仕事に就いていた日本人役人や通詞らにも必要なものであったため、出土品のほとんどは日本人が使用した可能性が高い。オランダ商館では、代表的な建物の室内には、シャンデリアが取り付けられ、テーブル上にはロウソクが燭台に設置されていた。ロウソクなどの生活物資が不足した際には、日本国内で調達していたことが推察される。

おわりに

18世紀の初めごろに描かれた出島の絵画には、出島の北東部に「伊万里焼物見せ小屋道具入」と記された建物が描かれる。この建物からも、当時出島のなかで、貿易品として伊万里（肥前磁器）が重要な位置を占めていたことがうかがえる。出島では、この時期国産磁器のほかに、銅や樟脳などが主な輸出品

として取引きされていた。オランダ船が港に入り、貿易で賑わう夏から初秋の間が、人や物資の出入りが盛んで、最も出島が活気付く季節であった。

本稿前半では、出島出土の貿易陶磁について、国内で生産された輸出品、海外からもたらされた輸入品につき、その概要を記した。

実際に、海外に渡った輸出向け磁器はどうなったのであろう。これについては、オランダ東インド会社のアジア域内における貿易活動につき、様々な調査が行われている。

積荷目録等のオランダ貿易関連史料を駆使し、進められた山脇悌二郎氏の研究は、「長崎のオランダ商館」(1980) にまとめられている。これはアジア各都市間の貿易を中心に、ヨーロッパ世界まで網羅的に著述されたもので、出島の貿易を考える上で基本となる研究の一つである。近年は九州産業大学によって、この研究成果に、さらにアジア内での中国陶磁器の動き、各都市間での動き、など物流の実態に則した考察が加えられた。

具体的には、出島から帆船によって運ばれた肥前磁器は、まずインドネシアのバタヴィア（現ジャカルタ）に降ろされる。その後船を移しかえ、アジア域内に運ばれるもの、ヨーロッパに運ばれるものに分かれる。これにより、多くの肥前磁器が東南アジア一帯やイスラム圏に持ち込まれるが、アジアについては、オランダ船が運んだ肥前磁器の個数よりも、中国船が運んだ数のほうが多かったことも明らかにされている。この中国船も、出島と同じく長崎の唐人屋敷、新地荷蔵を中心とした中国貿易によるものであり、肥前磁器のアジアにおける展開については、オランダ貿易、中国貿易双方の状況を視野に入れる必要がある。

大橋氏によると、食文化の違いからヨーロッパでは各種の皿類が必要とされ、アジアでは鉢や碗等の器種が好まれたことが指摘されている。文化や習慣、あるいは宗教によって、需要が変化することを考慮し、出島から出土した肥前磁器を見てみると、17世紀後半から18世紀代にかけて一定量の碗の出土事例が認められる。これらの輸出先について、オランダ商館がどこを意図していたのか、ヨーロッパ、アジアの調査例から今後検討を進めたい。

さらに、肥前磁器と西洋の関わりを見ると、日本の磁器がいかに優れた工芸品であったかがうかがえる。肥前磁器が、ヨーロッパの磁器製作に多大な影響

を与えた点については、専門家により言及されているところであるが、出島か
らは「手本」となる資料とその「写し」の双方が出土し、興味深いところであ
る。ヨーロッパの陶器や炻器、金属器を手本に、そっくり写した肥前磁器が有
田の陶工たちによって製作された。その中には、当時の日本国内では用いられ
ない形の器も含まれていた。

　出島から輸出された品々が、世界で果たした役割について考えると、貿易活
動を制限されていた江戸時代の日本において、出島の重要性が改めて認識され
る。また、輸入品についても、西洋陶器やガラス製品などのヨーロッパの文物、
アジアの交易品の容器などから、海外の文物や文化に、日本人が触れる機会が
非常に多かったことがうかがえる。小さな出島を通じて、多くのものを日本は
享受していた。

　本稿後半では、とくに貿易陶磁の枠組みには入らない日本製陶器類を中心に、
紹介した。出島の出土資料からうかがえることは、肥前磁器については、広く
海外に輸出されたことが数々の専門家によって明らかにされており、詳細な報
告が行われている。しかしながら、京焼風色絵碗や褐釉手付鍋（行平鍋）など
の関西系の陶器が、非常に多く見られることなどについては、これまで意識
的に言及することが出来なかった。磁器はもちろんのこと、日本製の陶器につ
いても、オランダ人が利便性を感じ、消費していたことがうかがえる事例であ
る。このほか、赤間硯の出土例の増加や灰落し、炭入れ、煙草入れなど煙草に
関係する器などの出土例によって、日本人が出島で消費した資料が出島から混
在して出土することが分かってきた。役人らの仕事場であった出島への出勤に
際し、身の回り品や携帯筆記具として島内で消費していた道具類ということに
なる。日本国内において生産地が限定されるこれらの資料を、長崎の地役人が
使用していたことから、これらの文物の供給力、浸透率を推し量ることができ
ないだろうか。

　現在、我が国では、地域の活性化が国力維持の重要なテーマの一つとして掲
げられ、産物の地産地消が推進され、地域の伝統工芸品の魅力を再提起するな
ど、土地の個性を打ち出そうという動きが全国規模で見られる。出島から出土
した国内生産品を見るにつれ、江戸時代に発展した産物の国内流通、あるいは
世界展開が、現在の地域振興策の魁であったように感じられる。

食器類については、出島に出入りしていた日本人らが使用したと考えても、まだ疑問が残るほどの日本製食器が出土している。これらについては、商館内での日本食の提供など、出島の迎賓館的な役目についても検討を行う点で、新たな研究テーマとなる可能性を秘める。

　出島では、異文化への視点が重要であり、日蘭の文化や生活様式の相違を把握する必要がある。出土資料から日本とオランダの相違を対照的に比較できるという点に着目すると、人間として必要とするものは、同じであることが浮かび上がってきた。日本人の道具の使い方や所作についても、西洋人の道具や慣習を知り比較することで、その特徴や性格を改めて認識できる。その両方を出島の出土遺物が有しているため、私たち研究者に与える情報は数多く、様々な観点からの研究を可能としていることに改めて気付くことが出来た。

　最後に、出島の貿易陶磁について、御指導、御鑑定をいただいています大橋康二先生、本稿の執筆の機会をいただきました佐々木達夫先生に深く感謝申し上げます。

註

(1) 大橋康二 1990「肥前磁器の変遷―技法と器形からみた―」『柴田コレクション展Ⅰ』佐賀県立九州陶磁文化館、229 頁
(2) 大橋康二氏よりご教示いただいた。
(3) 註（1）と同じ、236 頁
(4) 中井晶夫訳 1969『オイレンブルク日本遠征記』下巻　新異国叢書 13、115 頁

参考・引用文献

大橋康二・坂井隆　1994　『アジアの海と伊万里』
九州産業大学柿右衛門様式陶芸研究センター　2005 ～ 2012
『九州産業大学柿右衛門様式陶芸研究センター論集』第 1 号～第 8 号
佐賀県立九州陶磁文化館 1990『柴田コレクション展Ⅰ』
佐賀県立九州陶磁文化館 1999『柿右衛門―その様式の全容―』
佐賀県立九州陶磁文化館 1995『柴田コレクションⅣ　古伊万里様式の成立と展開』
佐賀県立九州陶磁文化館 2000『古伊万里の道』日蘭修交 400 周年記念
櫻庭美咲・フィアレ・シンシア 2009『オランダ東インド会社貿易史料にみる日本磁器』九州産業大学柿右衛門様式陶芸研究センター

下川達彌 2010「出島出土のながさき陶磁器　最近の問題点から」『国指定史跡
　　出島和蘭商館跡』長崎市教育委員会
長崎県教育委員会 1995『万才町遺跡』
長崎市教育委員会 1986『国指定史跡　出島和蘭商館跡』
長崎市教育委員会 2000『国指定史跡　出島和蘭商館跡』
長崎市教育委員会 2001『国指定史跡　出島和蘭商館跡』
長崎市教育委員会 2008『国指定史跡　出島和蘭商館跡』
長崎市教育委員会 2010『国指定史跡　出島和蘭商館跡』
中井晶夫訳 1969『オイレンブルク日本遠征記』上下巻　新異国叢書 12・13
山口美由紀 2008『長崎出島―甦るオランダ商館』　日本の遺跡 28
山口美由紀 2012「出島オランダ商館とたばこ」『VOC と日蘭研究―VOC 遺跡の
　　調査とたばこ』たばこと塩の博物館研究紀要第 10 号
山口美由紀 2013「出島和蘭商館にて使用された陶磁器の様相　発掘調査資料の構
　　成を元に」『東洋陶磁　Vol.42』東洋陶磁学会
山口美由紀 2013「日本出土のヨーロッパ陶器」『陶磁器流通の考古学』アジア考
　　古学四学会編
山脇悌二郎 1980『長崎のオランダ商館』

図版出典
図 1　国土地理院 5 万分の 1 地形図「長崎」に加筆
図 2 ～ 7・9 ～ 18　長崎市出島復元整備室提供
図 8　長崎市教委 2000 より転載

津軽悪戸焼の生産と流通

佐藤雄生

はじめに

　青森県津軽地方を代表する焼き物としてあげられるのが悪戸焼である。悪戸焼は、19世紀初頭から20世紀初頭にかけて、弘前藩領の下湯口村で焼成された焼き物の総称である。悪戸焼の名称がいつ頃から使われだしたかは判然としないが、『弘前藩庁日記（国日記）』（弘前市立図書館所蔵、以下、国日記とする）をはじめとする同時代史料の中には「悪戸焼」の名称はみられず、生産者の名を冠するか若しくは、磁器は「白焼」、陶器や土師質土器・瓦質土器は「雑焼」などと呼ばれることが多かったようである（関根編 2005）。

　悪戸焼の廃窯後、地元の津軽地方では、松野猛雄のように早くから悪戸焼に関心を寄せた収集家がおり、相馬貞三や成田紀夫といった青森県民芸協会の人々は、悪戸焼の名を地元以外にも広く紹介した。1968（昭和43）年に発行された協会の機関誌『みちのく民芸』14号において悪戸焼特集が組まれたことを皮切りに、弘前市立図書館・青森県立郷土館などの展示会が開催され、民芸として悪戸焼の名が知られるようになった（青森県史編さん文化財部会 2010）。

　一方、1980年代以降、弘前城跡や野脇遺跡など、津軽地方の近世遺跡の発掘調査が行われるようになったことで、在地産とみられる近世陶磁器の生産窯と製作年代が問題となった。当時、津軽地方で中近世陶磁器の研究を行っていた半沢紀は、郷土史家の豊島勝蔵によって悪戸焼窯跡に隣接する栃内川の川縁より採集された資料を紹介し、器形や釉薬、窯詰技法といった属性を明らかにした（半沢 1994・1995）。

　2001（平成13）年には、弘前大学人文学部の関根達人のもとに、半沢紀が十三湊遺跡において採集した中近世陶磁器や悪戸焼窯跡周辺採集の悪戸焼（以下、半沢資料）が寄贈され、2003（平成15）年には成田紀夫が収集した悪戸焼コレクション（以下、成田コレクション）が、遺族により弘前市立博物館に寄贈された。また、同年、開発工事に伴い、悪戸焼扇田窯跡の発掘調査が弘前市教育委員会

により実施された。これを受けて、関根は、考古資料（半沢資料・扇田窯跡出土資料）や、伝世資料（成田コレクション・松木コレクション）を整理し、窯ごとの稼働期間や製作器種といった悪戸焼の生産体系を明らかにした（関根編2005）。

その後、津軽地方で近世遺跡の発掘調査が進むにつれ、次第に悪戸焼資料が増加し、近年では津軽地方以外の遺跡においても、悪戸焼の出土が確認されるようになった（八戸市教委2007・関根2009）。

本稿は、悪戸焼窯跡の出土・採集資料や伝世資料をもとにした従来の調査研究を踏まえ、弘前藩領内外における近世遺跡出土・採集の悪戸焼資料を集成した上で、各遺跡の性格や、経済的・地理的要因からの検討を加え、悪戸焼の流通実態を把握しようと試みるものである。

1．悪戸焼諸窯の成立と展開

悪戸焼の窯場は、弘前藩の政庁である弘前城から南西へ約4km、岩木川沿いの下湯口村に設けられた。現在知られる窯跡は、扇田・野際・青柳の3箇所である（図1）。多くの書物では悪戸焼のはじまりを、昭和3年刊行の『青森県総覧』の記述を引用し、1806（文化3）年頃、石岡林兵衛が羽後十二所（現在の秋田県大館市十二所）より源七という陶工を呼んだが思うような成果があがらず、続いて十二所きっての名工という清兵衛、永之松の2名を呼んで製陶にあたらせた、としているが、原典は不明で、十二所においても窯場があって陶工がいたという情報は確認されていない。そうした中、佐藤長吉は、1809（文化6）年に秋田藩領で製瓦技術を学んだ鋳物師冨川圓次郎に対して瀬戸瓦製造が命ぜられ（『御用格寛政本』巻18、弘前市立図書館所蔵）、翌年、宇和野（下湯口村より東へ約2kmの地区）で瀬戸瓦の焼成が始められたという記述から、悪戸・下湯口地区における陶器生産は文化年間初期に始まる可能性が高いことを示した（佐藤1984）。

悪戸焼は、生産器種（表1・図2～6）のあり方からみて、Ⅰ期（瓦と陶器中心の時代）、Ⅱ期（陶器と磁器中心の時代）、Ⅲ期（日常雑器と茶道具・雅物の時代）の3時期に区分されている（関根編2005）。以下、先学に従い時期ごとの概要を記す。なお、紙幅の都合上、瓦及び窯道具・窯詰技法等については本文・図表ともに詳述を割愛する。

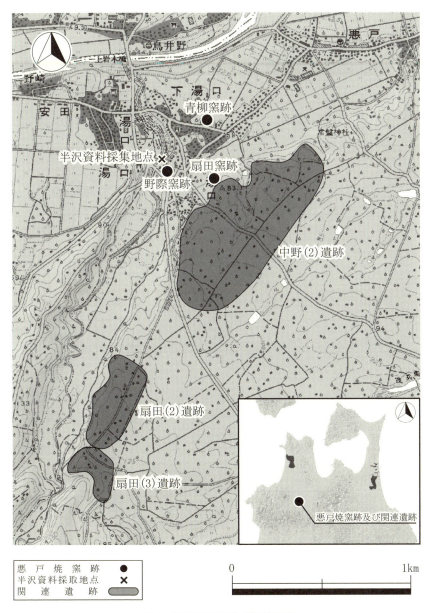

図1 悪戸焼窯跡及び関連遺跡

津軽悪戸焼の生産と流通

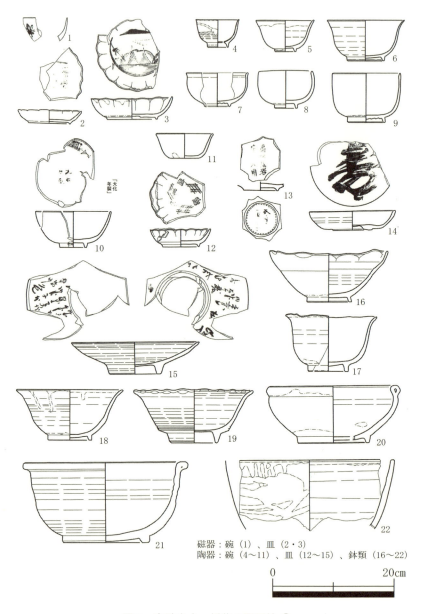

磁器：碗（1）、皿（2・3）
陶器：碗（4〜11）、皿（12〜15）、鉢類（16〜22）

図2　窯跡出土・採集の悪戸焼 ①

佐藤雄生

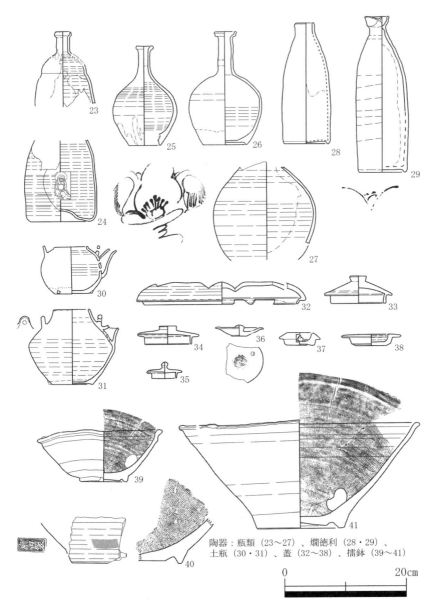

図3 窯跡出土・採集の悪戸焼 ②

津軽悪戸焼の生産と流通

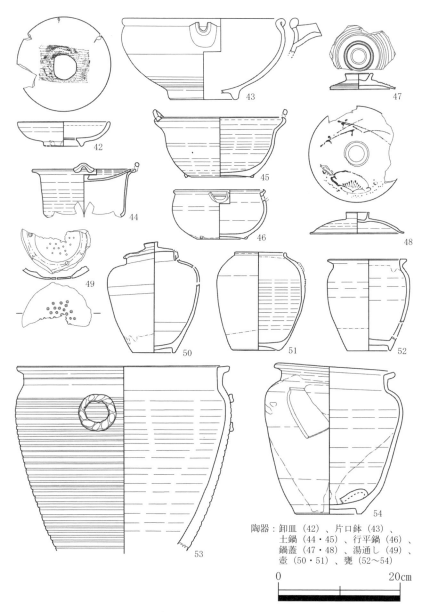

陶器：卸皿（42）、片口鉢（43）、
土鍋（44・45）、行平鍋（46）、
鍋蓋（47・48）、湯通し（49）、
壺（50・51）、甕（52～54）

図4　窯跡出土・採集の悪戸焼 ③

佐藤雄生

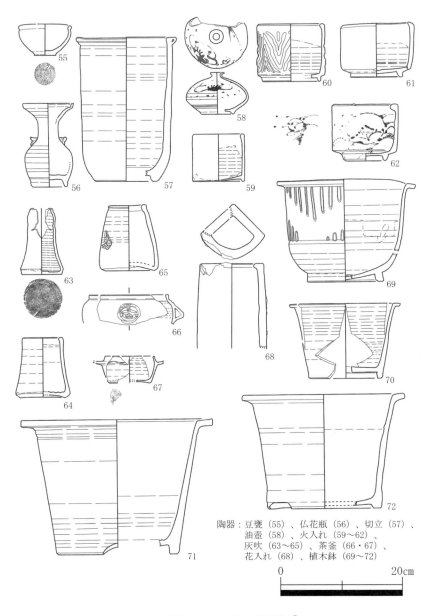

陶器：豆甕（55）、仏花瓶（56）、切立（57）、
油壺（58）、火入れ（59〜62）、
灰吹（63〜65）、茶釜（66・67）、
花入れ（68）、植木鉢（69〜72）

図5　窯跡出土・採集の悪戸焼 ④

津軽悪戸焼の生産と流通

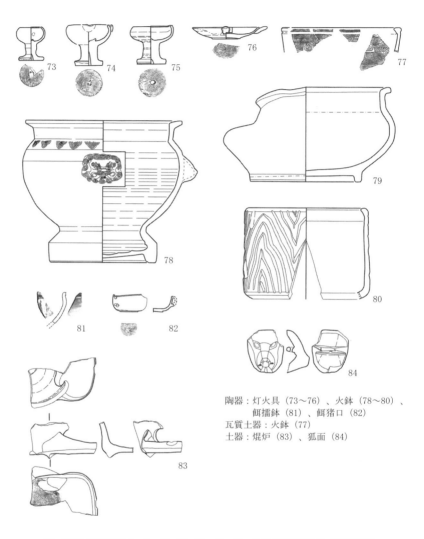

陶器：灯火具（73〜76）、火鉢（78〜80）、
　　　餌擂鉢（81）、餌猪口（82）
瓦質土器：火鉢（77）
土器：焜炉（83）、狐面（84）

※　30は扇田窯跡出土、2・13・36・37・43・56・58は野際窯跡採集（半沢資料）、
　　それ以外は詳細な採集地点不明（成田コレクション）

図6　窯跡出土・採集の悪戸焼 ⑤

表1 悪戸焼窯跡関連遺跡及び主要コレクション 器種一覧表
（○＝存在が確認されるもの、◎＝特に多いもの、黒地に白抜きは筒描き製品）

旧在地藩	所在地	遺跡・採集地点の名称	遺跡・地点の概要	悪戸焼磁器（貯蔵具）	悪戸焼陶器・土器（貯蔵具・調理具・貯蔵具・仏具・化粧具・茶/花道具・調度具・その他）	備考	報告書等
弘前藩	弘前市	扇田窯跡	1800～1830年代の稼働				弘前市教委 2004『津軽種里城跡（長勝寺）』［弘前市内遺跡発掘調査報告書8］
		野際窯跡	1840～1870年代の稼働			半沢紀氏采集・弘前大学所蔵	関根達人 2005『津軽悪戸焼の研究』
		中野（2）遺跡	窯跡付近の遺物散布地			素焼き播鉢・ハマ・播鉢台出土、扇田窯跡に隣接	弘前市教委 2000（中野（2）・中野（1）・扇田窯跡に隣接 発掘調査報告）
		扇田（2）遺跡	窯跡付近の遺物散布地			結晶台・匣・トチン・夏出土、造成に伴う客土に混入か	青森県教委 2010 青森県埋蔵文化財調査報告第492集『扇田（2）遺跡・扇田（3）遺跡』
		扇田（3）遺跡	窯跡付近の遺物散布地			結晶台のみ出土、造成に伴う客土に混入か	青森県教委 2010 青森県埋蔵文化財調査報告第492集『扇田（3）遺跡』
		成田コレクション（出土品）	窯跡採集資料			弘前市立博物館所蔵、資料の多くは採集地点不明	関根達人編 2005『津軽悪戸焼の研究』
		成田コレクション（伝世品）				弘前市立博物館所蔵	関根達人編 2005『津軽悪戸焼の研究』
		松木コレクション（伝世品）				弘前市立博物館所蔵	関根達人編 2005『津軽悪戸焼の研究』

まずⅠ期は19世紀初頭（文化年間初期）を上限とし、悪戸焼が磁器生産に成功する1840（天保11）年以前、すなわち1800〜1830年代に相当し、稼働していたのは下湯口集落からやや離れた位置にある扇田窯である。扇田窯は、弘前市教委の発掘調査により、瀬戸瓦に加え、擂鉢、鉢、土鍋などの調理具を中心に生産が行われていたことが判明している（弘前市教委2004）。また、土瓶、小型の甕類、灰吹、香炉、植木鉢、火鉢といった器種もみられるが、食膳具である碗・皿類の生産量は低く、水甕などの大型器種はみられない。装飾技法は釉の掛け分けや掛け流しが見られるものの、筒描きを持つ製品はほとんど確認されていない。

『文政七年八月御国産品書上』（国立公文書館所蔵）には、下湯口村で作られた「瀬戸物」が弘前藩の国産品にあげられていることから、文政期には陶器生産が軌道に乗ったものとみられる。また、『封内事実秘苑』巻三十（弘前市立図書館所蔵）の1830（天保元）年二月十一日条で、白焼（磁器）を除いた雑焼（陶器類）の領内移入を禁じる旨の記述がみられ、弘前藩が悪戸焼の保護育成政策を採っていることがわかる。さらに、同書によれば、弘前藩の10代藩主・津軽信順が自ら、1826（文政9）・1828（文政11）・1829（文政12）と窯場の視察に訪れており、藩の期待のほどが窺える。

悪戸焼の主力製品である擂鉢は、全体の器形が、当時の弘前藩領内で流通していた肥前産陶器の擂鉢に似ており、それを意識して作られるとともに、高台付近にみられる「扇田」・「扇田製」・「扇山」といった刻印は、肥前産と区別するためのものであった可能性が指摘されている（関根編2005）。なお、1832（天保3）年には、磁器焼成のため筑前上須恵出身の陶工・五郎七が迎えられた（『国日記』）が、扇田窯跡より出土したトチン（窯道具）に磁器の高台が付着したものがあるものの、本格的に磁器焼成を行った形跡は認めがたく、五郎七の磁器焼成は失敗に終わったとみられる（関根2009）。

Ⅱ期は磁器生産に成功した1840（天保11）年から明治初期まで、すなわち1840〜1870年代に相当する。当該期は、生産の主体が栩内川沿いの野際窯に移っており、1858（安政5）年に下湯口集落内で青柳窯が開窯してからは、2箇所の窯場が併存する形となる。1840（天保11）年には、肥前出身の瀬戸師・宇吉が招かれて磁器の焼成が行われた（『封内事実秘苑』）が、現在のところ消

費地遺跡において悪戸焼の磁器は確認できない（表2）。

　陶器は碗皿類や徳利類など食膳具の生産が中心で、扇田窯と比較して、筒描きや鉄絵を施した製品が増えることが注目される。弘前藩では、1839（天保10）年に緊縮財政により国産品の奨励などを担っていた国産方が廃止となったことから、野際窯は民間資本で運営されていた可能性が指摘されている（関根2009）。野際窯が廃窯となった年代は不明であるが、野際窯跡採集資料の中に、「扇田陶器座中入用」・「癸酉一月吉日」の銘をもつ皿（図2 - 13）があることから、少なくとも癸酉の年すなわち1873（明治6）年まで扇田陶器座の名で存続していたことがわかる。

　Ⅲ期は1880年代から青柳窯が廃窯となった1919（大正8）年までである。Ⅱ期に引き続き、Ⅲ期の始め頃までは筒描き製品を多く生産していたものとみられ、扇田窯・野際窯にはみられない茶道具などがある。1905（明治38）年、奥羽線全線開通に伴い、質もある程度良く安価な他産地の陶磁器が数多く入り込むようになった影響から、悪戸焼は1919（大正8）年に廃窯となった。

2. 弘前藩領内出土・採集の悪戸焼

　弘前藩領内では、14遺跡31地点で悪戸焼の出土・採集が報告されている（表2・図7～9）。弘前城三の丸は、元は武家屋敷であったが、1688～1711（元禄～宝永）年間にかけて武家屋敷の郭外移転が行われ、以後、当地には藩の諸役所や藩主が住まう御殿などが造営された。同じく弘前城北の郭は、1705（宝永2）年から廃藩まで、籾蔵や宝蔵等が置かれた場所である。当該地点では、碗皿類を中心とした食膳具、調理具である擂鉢、喫煙具である火入れが多い。西茂森寺院街及び新寺町寺院街は、領内の寺院が集められて形成された寺町で、寺院で用いられたとみられる碗皿類・瓶類といった食膳具、擂鉢・行平鍋・湯通しといった調理具等に加え、宗教施設という性格から、仏具である仏瓶花がみられる。蔵主町遺跡は町屋・武家屋敷があった場所で、報告されているものは土瓶のみである。

　弘前城以前の津軽氏の居城であった堀越城跡は、弘前城移転後に神社境内・農地として利用されているが、碗・鉢類・瓶類・土瓶といった食膳具、擂鉢・片口鉢・湯通しといった調理具、壺甕といった貯蔵具など、豊富な日常雑器が

161

津軽悪戸焼の生産と流通

表2　消費地遺跡出土の悪戸焼及び19世紀前葉～中葉の陶磁器一覧表

（△＝1～4点、○＝5～9点、◎＝10点以上、黒地に白抜きは筒描き製品）

旧領	所在地	遺跡・採集地点の名称	遺跡・地点の概要	磁器 小坏	磁器 碗	磁器 皿	磁器 急須	陶 小坏	陶 碗	陶 皿	鉢類	瓶類	燗徳利	銚子	土瓶	急須	盃洗	蓋物	擂鉢	卸皿	片口鉢	土鍋	行平鍋	湯通し	湯さまし	調味料入れ	壺	甕	豆甕	切立	仏花瓶	香炉	油壺	嗽引	火入れ	灰吹	茶釜	水指	水建	花入れ	植木鉢	水盤
弘前藩	弘前市	はす池（弘前城跡）	弘前藩主津軽氏の居城跡																△																							
		三の丸庭園							△	△	○								○									△							△						△
		与力番所前									△																								△						
		北の郭									△				△														△						△						
		西濠									△																														
		本丸								△	△								△																						
		長勝寺	弘前城下西茂森寺院街							△	○																														
		壽昌院								△	△																								△						
		長徳寺								△	○								△		△		△																		
		陽光院			○					△																									△						
		月峰院						△											△																						
		福寿院																	△																						
		海蔵寺																	△																						
		川龍院																																							
		宗徳寺																																							
		鳳松院																																							
		本行寺	弘前城下新寺町寺院街								△																														
		本丸（堀越城跡）	弘前城以前の津軽氏の居城跡								△								△																						
		二之丸							○	○	◎	△						○		△		△				△	△														
		三之丸	弘前城転居後は神社境内及び農地																																						
		北の曲輪						△											△																						
		蔵主町遺跡	弘前城下の町屋跡・武家屋敷跡																																							
		野脇遺跡	集落跡																																							
		長谷野遺跡	遺物散布地							△																							△									
	平川市	新館城遺跡	集落跡						△	△	△								△																						
	旧常盤村	水木館遺跡	集落跡							△																															
	旧稲垣村	久米川遺跡	集落跡							△																															
	旧木造町	石上神社遺	神社境内																△																						
	五所川原市	撰無(8)遺跡	集落跡			△	○	○											◎		○															△						◎
	旧浦村	十三湊遺跡	集落跡、港湾											△					△		△																					
	青森市	宮田館遺跡	水田・農地跡																																							
八戸藩	八戸市	八戸城跡	八戸藩主南部氏の居城跡																																					△	
		八幡遺跡	寺院跡及び屋敷跡																△																						
秋田藩	大館市	大館城跡	秋田藩領大館城跡																△													△									
		茂木屋敷跡	武家屋敷跡																○																						
松前藩	松前町	福山城跡	松前藩松前氏の居城跡																△																						
		福山城下前浜	海揚がり遺物散布地																																						
		東山遺跡	松前藩の下級藩士及び町人の屋敷跡																		△														○						
蝦夷地	余市町	大川遺跡	上ヨイチ場所（漁場）の拠点																																△						

調度品		その他						肥前・肥前系					擂鉢				上野・高取系中甕	織後楽配徳利	瀬戸・美濃磁器		備考	報告書等
								磁器				陶器										
灯火具	灯明受皿	火鉢	饂撰鉢	饂猪口	鳥の水呑	狐面	不明	碗類	皿類	甕類	その他	甕類	肥前系	備前・美濃	上野・高取系	不明			碗類	皿類	備考	報告書等
						▲	△														陶磁器246点出土だが詳細不明	弘前市ほか 1982『史跡弘前城跡はす池発掘調査報告書』
									△			△	△				△					弘前市教委 1984『史跡弘前城跡保存修理事業三の丸庭園発掘調査報告書(Ⅳ)出土遺物集-陶磁器・金属器等-』
								△														弘前市教委 1998『史跡津軽氏城跡(弘前城跡)発掘調査報告書』
				△				○	△	△		△					○				土瓶は身と蓋が1点ずつ	弘前市教委 2009『史跡津軽氏城跡(弘前城跡)弘前城北の郭発掘調査報告書』
																						弘前市教委 2009『史跡津軽氏城跡(弘前城跡)弘前城西濠発掘調査報告書』
								△				△				△					肥前・肥前系磁器の仏花瓶・香炉あり、土瓶・灯火具はガラス共伴	弘前市教委 2005『史跡津軽氏城跡越越城跡発掘調査報告Ⅵ』、同 2008『史跡津軽氏城跡越越城跡発掘調査報告Ⅸ』
								△				△									肥前・肥前系磁器の仏花瓶・香炉あり	弘前市教委 2003『史跡津軽氏城跡(弘前城跡)長勝寺構 長勝寺発掘調査報告書』、同 2008『弘前市内遺跡発掘調査報告8』
								△				△						△			肥前・肥前系磁器の香炉あり	弘前市教委 2004『史跡津軽氏城跡(弘前城跡)長勝寺構 壽昌院発掘調査報告書』
								△				△						△			肥前・肥前系磁器の香炉あり	弘前市教委 2005『史跡津軽氏城跡(弘前城跡)長勝寺構 長徳寺発掘調査報告書』
								△				△									肥前・肥前系磁器の仏花瓶あり	弘前市教委 2008『史跡津軽氏城跡(弘前城跡)長勝寺構 陽光院発掘調査報告書』
																						弘前市教委 2003『弘前市内遺跡発掘調査報告書7』、佐藤雄生 2007『弘前城下寺院外採集の近世陶磁器』『弘前大学國史研究』第一二三号 弘前大学國史研究会
																						弘前市教委 2005『史跡津軽氏城跡堀越城跡発掘調査報告Ⅵ』、同 2013『史跡津軽氏城跡堀越城跡発掘調査報告Ⅸ』
																					青柳窯製品を含む可能性あり	弘前市教委 2001『史跡津軽氏城跡堀越城跡発掘調査報告書Ⅱ』、同 2013『史跡津軽氏城跡堀越城跡 発掘調査報告14』
																						弘前市教委 2008『史跡津軽氏城跡堀越城跡発掘調査報告Ⅸ』
																						弘前市教委 2013『史跡津軽氏城跡堀越城跡 国道7号4車線整備工事に伴う発掘調査報告書』
								△				△									肥前・肥前系磁器の仏花瓶あり	青森県教育庁文化財保護課 2014『蔵主町遺跡』
								○	○			△									産地不明陶器の土瓶多数	青森県教委 1993『野脇遺跡』
								△	△	△												弘前市教委 2002『弘前市内遺跡発掘調査報告書6』、同 2003『高杉館遺跡・長谷野遺跡発掘調査報告書』
								○	○			○								△	悪戸焼35点出土だが内訳不明	平賀町教委 2004『新館城遺跡発掘調査報告書』
								○	○		△	△										青森県教委 1995『水木館遺跡』
								○	○			△										青森県教委 1994『稲垣村久米川遺跡発掘調査報告書』
								○				△										青森県教委 1977『石上神社遺跡発掘調査報告書』
							△	○	○	△		△	△	△	△		△	△		○	産地不明土器の焜炉・植木鉢あり	青森県教委 2002『隈無(8)遺跡』
		△						○	○	△		△					△	△			肥前・肥前系磁器の仏花瓶あり	中央大学文学部日本史研究室編 2007『津軽十三湊遺跡-中世前期港湾施設の調査 第157次調査報告書ほか-』
							△	○	○	△		△	△							△	19世紀代を主体とする	青森県教委 2003『宮田館遺跡Ⅱ・三本木遺跡』
	△																					八戸市教委 2010『八戸城跡Ⅴ』
								○	○			△								△	大堀相馬焼の土瓶、瀬戸・美濃の灯火具、小久慈焼の鉢あり	八戸市教委 2007『八幡遺跡発掘調査報告書Ⅳ』
								○	○	○			△							△	東北系地方窯の土瓶、仏花瓶あり	本報告書刊行前、『大館城跡試掘調査報告』による
								○	○	○		△	△								白岩焼の小甕あり	本報告書刊行前、秋田県埋文編 2011『秋田県埋蔵文化財発掘調査報告会資料』
								○	○	○		○	○	△		○	○		○			松前町教委 1990『史跡福山城跡Ⅵ』
								○	○	○	△	○	○	○		○	○	○		○	磨滅したものが多い	佐藤雄生 2014『松前の海揚がり陶磁器』『弘前大学國史研究』第一三六号 弘前大学國史研究会
								○	○	○		△	△									松前町教委 2005『東山遺跡』
								○	○	○			○	○		○	○			○		余市町教委 2000・2001『大川遺跡における考古学的調査Ⅰ~Ⅳ』

津軽悪戸焼の生産と流通

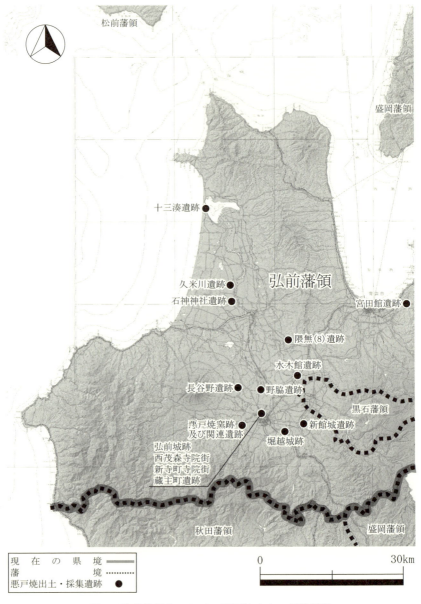

図7　弘前藩領内における悪戸焼出土・採集遺跡

佐藤雄生

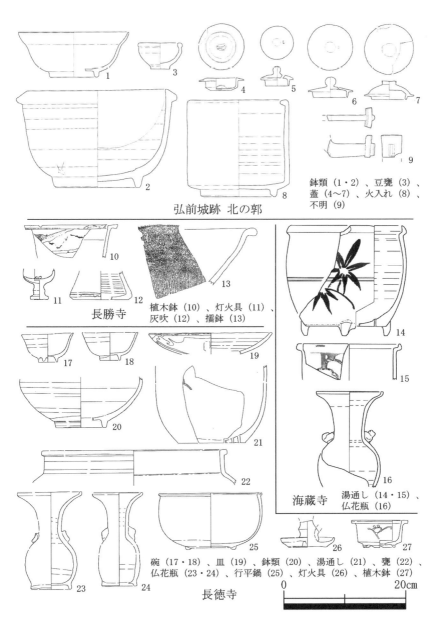

図8 弘前藩領内出土・採集の悪戸焼 ①

津軽悪戸焼の生産と流通

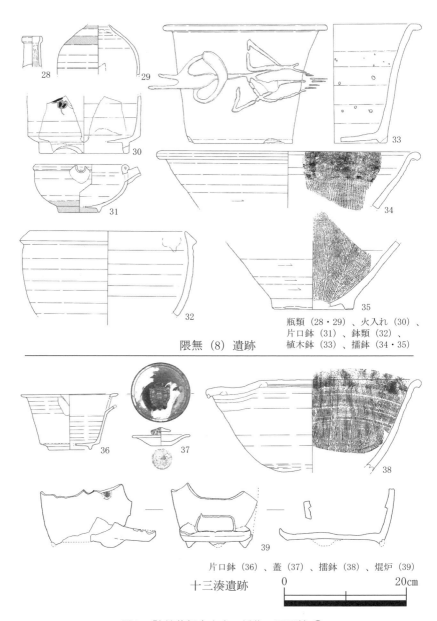

figure 9 弘前藩領内出土・採集の悪戸焼 ②

みられる。新館城跡・水木館遺跡・久米川遺跡・隈無（8）遺跡・十三湊遺跡といった集落遺跡では、食膳具・調理具を中心とした器種がみられる。長谷地遺跡は遺物散布地であり遺跡の性格が判然としないが、徳利に加え、奢侈品である油壺が出土している点で注目される。弘前藩領の東端に位置する宮田館遺跡では、徳利が出土している。

3. 弘前藩領外出土・採集の悪戸焼

筆者が実見した結果、弘前藩領外の8遺跡9地点において悪戸焼の出土・採集を確認した（表2・図10）。

(1) 八戸藩領

八戸藩領では、八戸城跡及び八幡遺跡の2遺跡において、悪戸焼の出土を確認した（図11・12）。八戸は、もと盛岡藩の直轄地であったが、1664（寛文4）年に八戸藩が成立すると、八戸城が南部家の居城と定められた（藤田2005）。八戸城跡出土の陶磁器の中に、食膳具である卸皿、喫煙具である火入れ、小動物に与える餌を擂るための餌擂鉢の3器種が含まれる。また、寺院及び屋敷跡である八幡遺跡出土では、口径20cmの小型擂鉢が出土している（図11・12）。

(2) 秋田藩領

秋田藩領では、大館城跡及び茂木屋敷跡の2遺跡において、悪戸焼の出土を確認した（図13・14）。秋田藩領の北東端に位置する大館城は、もと秋田氏の家臣である浅利氏の居城であった。しかし、1602（慶長7）に国替えによって佐竹氏が秋田藩主となったことで、大館城へは佐竹氏の家臣である小場氏が入城した。大館城は、弘前藩・盛岡藩と藩境を接する要衝に位置し、1615（元和元）年の一国一城令でも破却されず、佐竹氏の居城・久保田城の支城と定められ、代々、城代が置かれた（大館市史編さん委員会1992）。この大館城跡で出土した陶磁器の中に、擂鉢・油壺が含まれる。また、大館城と同じく元は浅利氏の支配下にあった十二所は、後に佐竹氏家臣の茂木氏が十二所所預として居を構えた場所で、その居館であった茂木屋敷跡では、擂鉢が出土している。

津軽悪戸焼の生産と流通

図10　弘前藩領外における悪戸焼出土・採集遺跡

佐藤雄生

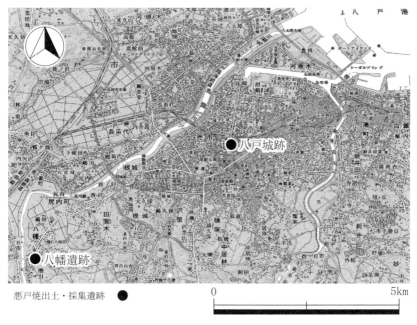

図11　八戸藩領内における悪戸焼出土・採集遺跡

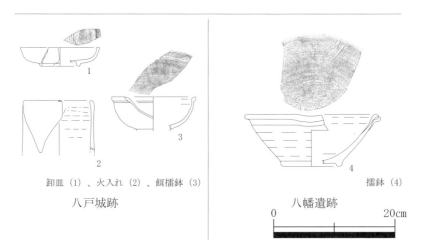

卸皿(1)、火入れ(2)、餌擂鉢(3)　　　　　擂鉢(4)

八戸城跡　　　　　　　　　　　　八幡遺跡

図12　八戸藩領内出土・採集の悪戸焼

津軽悪戸焼の生産と流通

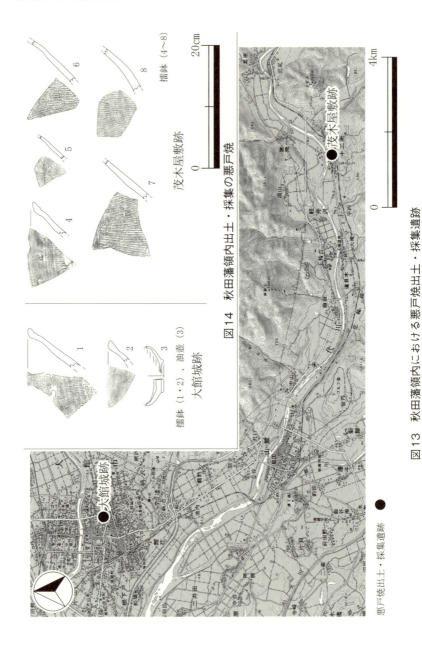

図14 秋田藩領内出土・採集の悪戸焼

図13 秋田藩領内における悪戸焼出土・採集遺跡

佐藤雄生

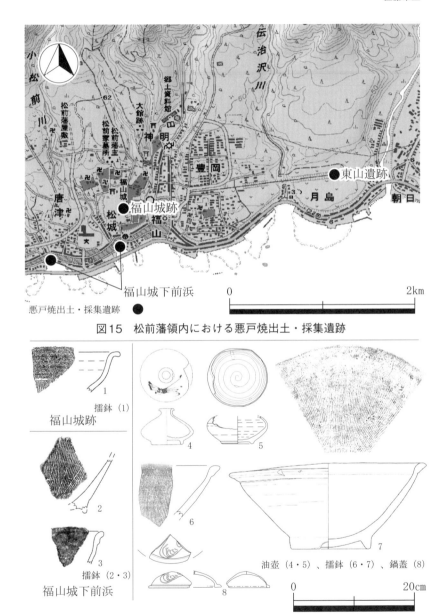

図15 松前藩領内における悪戸焼出土・採集遺跡

図16 松前藩領内出土・採集の悪戸焼

(3) 松前藩領

松前藩領の福山城下周辺では、3遺跡4地点で悪戸焼が出土・採集されている（図15・16）。松前氏の居城であった福山城は、前身となる福山館を改修・補強し、1854（安政元）年に完成した、我が国最後の日本式城郭であり、外国船打払いのため、海に面した三ノ丸に7座の台場を持つという特色がある（松前町教委2011）。福山城跡では、本丸地区より出土した陶磁器の中に、擂鉢が含まれる。また、福山城下の前浜に散布する海揚がり陶磁器の中に、擂鉢が含まれているが、これは町屋での生活廃棄物が川に投棄され、海に流れ出たものが打ち上げられたと考えられる（佐藤2014）。

福山城跡から東へ約2km、伝治沢と及部川に挟まれた台地（通称・ノゴシ）に位置する東山遺跡は、1821（文政4）年に松前藩が奥州梁川から復領した直後、北方警備のために大量の家臣を召し抱えたことで形成された足軽屋敷・町人屋敷と考えられる。この遺跡から出土した陶磁器の中に、擂鉢・行平鍋のものとみられる鍋蓋・油壺の3器種を確認した。

(4) 蝦夷地

松前藩は、現在の渡島半島を和人地、それ以外の地域を東西蝦夷地として、先住民族であるアイヌとの住み分けを行った。18世紀以降、豊富な海産資源を求める商人や、生活に困窮した百姓など、多くの人々が本州から蝦夷地へ渡り、各地に設定された「場所」と呼ばれる漁場で働くこととなる。大川遺跡は西蝦夷地に設定された上ヨイチ場所の拠点で、余市川を挟んで西には下ヨイチ場所が置かれた。大川遺跡では、18世紀後半以降の陶磁器が数多く出土しており、未掲載資料の中に悪戸焼の油壺を確認した（図17・18）。

4．考　察

悪戸焼の窯場は岩木川沿いに位置し（図1）、悪戸焼が出土・採集された弘前城跡周辺の遺跡や、野脇遺跡・久米川遺跡・石上神社遺跡も同じく岩木川沿いに位置している（図7）。また、堀越城跡や、新館城跡は岩木川支流の平川沿いに位置し、十三湊遺跡は岩木川流末である十三湖の河口に位置する。こうした立地を踏まえると、これらの地域には主として岩木川水運により悪戸焼製品が

佐藤雄生

図17 蝦夷地における悪戸焼出土・採集遺跡

図18 蝦夷地出土・採集の悪戸焼

搬入された可能性が高い。

　一方、隈無（8）遺跡や水木館遺跡は、中世以来の交通の要衝である「下之切道」沿いに位置しており、岩木川水運とともに主要街道を経由しての製品搬入が想定できる。宮田館遺跡は、弘前藩の主要な湊のひとつである青森湊に近く、十三湊・鯵ヶ沢湊といった日本海側の湊から青森湊への海運による搬入を経て悪戸焼が流通したものと考えられる。

　なお、1842（天保13）年、弘前藩が他国からの移入を禁止した物品の中に「摺鉢」がみられ（『津軽歴代記類』弘前市立図書館所蔵）、1850（嘉永3）年にも「摺鉢」が差留品のひとつにあげられている（『湊方出入物御役帳』弘前市立図書館所蔵）。食材を食べやすく調理加工するための擂鉢は当時の生活必需品のひとつであり、消費地遺跡の出土状況（表2）からみても明らかなように、悪戸焼の主力製品であったといえる。上記のような移入統制は、1839（天保10）年に廃止となった国産方とは別の形での領内産品の保護政策と捉えることができるが、実際に弘前藩領内の遺跡から出土する19世紀前葉～中葉の擂鉢は、肥前、備前系、上野・高取系など、多様な産地のものがみられる（表2）。このことは、移入統制が行われていたはずの湊口において、隠し荷揚げが横行していた可能性を示唆している。

　続いて弘前藩領外における悪戸焼の流通について検討してみたい。

　八戸は太平洋側の湊であることから、悪戸焼は岩木川を下って日本海側の湊へ運ばれ、海運によって下北半島を回って八戸へ搬入されたものと考えられる（図10）。また、内陸部に位置する八幡遺跡は、八戸湊から馬淵川水運あるいは陸路による搬入が想定されよう（図11）。八戸藩領内で出土する幕末の陶磁器は、瀬戸・美濃産陶磁器の碗皿類・擂鉢、大堀相馬焼の土瓶などを主とし、領内で焼成された小久慈焼、蟹沢焼の鉢などが少量含まれる（表2）。八戸藩領内で確認した悪戸焼は、卸皿・火入れ・餌擂鉢そして小型擂鉢（図12）というように、食膳具以外の小型製品に限られるが、悪戸焼が他産地の製品との競合を避け、住み分けを行ったのかは、今後の検討課題といえる。

　秋田藩領最北端の内陸に位置する大館・十二所へは、日本海に面する能代湊から米代川水運を利用して様々な物資の往来があり、大館城下近郷の根下戸や、十二所には「舟場」と呼ばれる荷揚げ場が設置されていた（図10・13）。大館

城跡・茂木屋敷跡から出土した幕末の陶磁器は、肥前・肥前系陶磁器、瀬戸・美濃産磁器、備前系や上野・高取系陶器、越後産焼酎徳利が主で、これは津軽地方及び北海道の日本海沿岸遺跡から出土する陶磁器と、ほぼ同じ産地・器種構成であることから、米代川水運を介して日本海側の流通圏に接していた可能性がある。このことを踏まえると、悪戸焼の場合、弘前藩の碇ヶ関・秋田藩の白沢の両関所を経由して搬入される陸運ルートとともに、弘前藩領の湊から能代湊を経由し、米代川を遡って大館・十二所の「舟場」で荷揚げされる水運ルートが想定できよう。

　津軽海峡を隔てた松前藩領・蝦夷地については、悪戸焼の移出に関する記録が残っている。まず、1841（天保12）年5月、瀬戸師林兵衛が松前藩と契約し、前金60両を受け取って瓦を焼き、鰺ヶ沢湊から松前へ移出している（『国日記』）。また、1849（嘉永2）年には下湯口村の林兵衛が、雑焼・瀬戸類の余剰生産分について、大片口20点より小の摺鉢26点まで16品を18個に梱包して鰺ヶ沢湊より松前へ積み出したい旨、願い出ている（『国日記』）。「松前」という呼称は、当時は松前藩領と、蝦夷地を合わせた広範囲を指すことが多く、実際に松前藩領・蝦夷地の遺跡において悪戸焼の摺鉢・鍋蓋・油壺を確認した（図15～18）ことから、移出記録が裏付けられた。

　ところで、弘前藩領外で出土した悪戸焼の器種をみると、生活必需品である摺鉢と、奢侈品である油壺に偏りがみられた。悪戸焼窯元が弘前藩の直接的な保護を失った1840年代以降、商品の性格として対極の位置にある摺鉢と油壺という2つの器種を軸に、領外移出を行った可能性は十分に考えられよう。

おわりに

　本稿では、弘前藩領内で焼成された悪戸焼の生産体系をふまえ、領内外において出土・採集された悪戸焼の分析に基づき、その流通実態を地域ごとに論じた。

　1800年代に成立した悪戸焼は、主に岩木川水運と海運を利用して領内に販路を拡大した。一時は国産品として弘前藩の保護を受け、移入統制も図られたが、各遺跡で出土した摺鉢を検討した結果、統制政策は万全ではなく、湊口において他国産摺鉢の隠し荷揚げが行われていた可能性を指摘した。

太平洋側に位置する八戸藩領へは、弘前藩領の湊から、下北半島を経由して搬入され、内陸部へは馬淵川水運によってもたらされたと考えられる。藩境を接する秋田藩領に対しても同様に、弘前藩領の湊から秋田藩領の能代湊を経て、米代川水運によって内陸部へ搬入され、「舟場」で荷揚げが行われた可能性と、碇ヶ関・白沢の両関所を経由し、陸路で搬入された可能性が考えられる。

津軽海峡を隔てた松前藩領及び蝦夷地に対しては、1840年代に鰺ヶ沢湊から悪戸焼が移出された記録があるが、実際に製品を確認したことで、移出記録を裏付けるに至った。また、弘前藩領外出土の悪戸焼は、生活必需品である擂鉢と、奢侈品である油壺に偏りが見られるため、この2つの器種が領外移出の主力製品であることが想定された。

今後、青森県内外の近世遺跡出土の未掲載資料から悪戸焼を抽出し、悪戸焼資料の増加を待って、流通実態をさらに精査していきたい。

参考・引用文献

青森県教育委員会 2010『扇田（2）遺跡　扇田（3）遺跡』青森県埋蔵文化財調査報告第492集

青森県史編さん近世部会 2006『青森県史 資料編』近世3　青森県

青森県史編さん考古部会 2003『青森県史　資料編』考古4中世・近世　青森県

青森県史編さん文化財部会 2010『青森県史 文化財編』美術工芸　青森県

秋田県埋蔵文化財センター 2011『平成22年度秋田県埋蔵文化財調査報告会資料』

石岡国雄 1989『下湯口集落史』上巻　弘前市下湯口町会

大館市史編さん委員会 1978『大館市史』第2巻　大館市

杉森文雄 1928『青森縣総覧』東奥日報社

佐藤長吉 1984「津軽藩における製陶を移入磁器」『史跡弘前城跡保存修理事業三の丸庭園発掘調査報告書』Ⅳ出土遺物集―陶磁器・金属器等―、13-36頁

佐藤雄生 2014「松前の海揚がり陶磁器」『弘前大学國史研究』136、47-66頁

「新編　弘前市史」編纂委員会 2003『新編 弘前市史』弘前市

関根達人・佐藤雄生 2009「出土近世陶磁器からみた蝦夷地の内国化」『日本考古学』28、69-87頁

関根達人編 2005『津軽悪戸焼の研究』弘前大学人文学部文化財論ゼミナール

成田紀夫 1968「悪戸焼に関する一考察」『みちのく民芸』14　青森県民芸協会、2-5頁

農山漁村文化協会 1992『人づくり風土記』(2) ふるさとの人と知恵 青森　組本社

半沢紀 1994「津軽地方の近世窯業と陶磁器について—悪戸焼を中心にして—」『津軽平野』4

半沢紀 1995「悪戸焼について」『郷土史 北奥文化』16、93-106 頁

弘前市教育委員会 2000『中野 (2)・中野 (1)・寺沢遺跡　発掘調査報告書』

弘前市史編纂委員会 1963『弘前市史』藩政編　弘前市

弘前市立博物館 1985『津軽の民芸』こぎん・悪戸焼・下川原土人形・津軽凧絵・津軽のこけし

藤田俊雄 2005「八戸藩南部家二万石の居城」『三戸・八戸の歴史』98-99 頁

松前町教育委員会 2011『松前の文化財』

図版出典

図 1　弘前市教委 2000・関根編 2005・青森県教委 2010 をもとに作成

図 2 ～ 6　弘前市教委 2004・関根編 2005 より転載

図 7　表 1・2 記載の各報告書等をもとに筆者作成

図 8・9　表 2 記載の各報告書等より転載

図 10　表 1・2 記載の各報告書等をもとに筆者作成

図 11　筆者作成

図 12　筆者実測

図 13　筆者作成

図 14　筆者実測

図 15　筆者作成

図 16　1 ～ 3・5・6・8 は筆者実測、4・7 は表 2 記載の各報告書等より転載

図 17　筆者作成

図 18　筆者実測

北前船で運ばれた備前・備後産徳利の
生活文化史的考察

鈴木重治

はじめに

　近世の物流を生活文化史の視点で検討するとき、17世紀後半以降に登場する北前船の積荷は重視してよい。近世の二大幹線航路であった西廻り航路と東廻り航路による物流は、歴史的な社会的要請を反映した人的交流によって、文化的にも継続的な地域間交流を推進することで、各地の物質文化と精神文化を豊かにしつつ多様な暮らしを革新した。

　日本海側の各地で確認される物質文化資料や無形文化資料の中には、近世以降の時期に限って見ると瀬戸内産石材を加工した信仰関係の鳥居や狛犬などの石造物をはじめ、船具である鉄製大型の四つ目錨、暮らしに欠かせない西日本産の甕・瓶・徳利・鉢・碗・皿など、貯蔵・調理・供膳など多岐にわたる日常的な陶磁器に加えて、祭礼に伴う無形文化財の習俗や歌謡に至るまで多様な暮らしに反映した地域間交流が確認できる。

　記録に残る食料品や農産物などで、現物が残らない物資の往来となると枚挙に暇がない。受け継がれて確認できる資料のうち、千石船など大型化した北前船などの廻船積荷のうち、行き帰りの航路での安定運航に必要なバラストに適する重量物の石材・石製品・鉄製品・米などに加え、酒・酢など液体商品を詰める容器としてのコンテナー役の陶磁器の積荷は、商品としての価値とともに、安全運航の積荷としてそれなりの意味があったことであろう。このことは、ギリシャ・ローマ時代のワイン容器であるアンホーラが、地中海沿岸の各地から船の積荷として引き揚げられた例や、東アジア・東南アジア各地の海底から発見された陶磁器群など、水中考古学の成果を挙げるまでもない。

　日本海沿岸各地の遺跡で出土する近世陶磁器のうち、国内産陶磁器に限れば圧倒的に多く確認されるのが肥前産の陶磁器であり、伊万里焼や波佐見焼の磁器と唐津焼の陶器である。京焼、萩焼、九谷焼など各地の製品も確認されるが

量的には少ない。これら陶磁器の搬入ルートについては、産地と消費地間の伝統的な交易ルートの展開を前提としつつ、商都大坂と東北日本海沿岸地域・蝦夷地とを結んだ西廻り航路が、主要な幹線としての海運航路を確立していたことは、当該地域の遺跡出土資料から見た陶磁考古学の成果からも確認される。

　筆者はこれらの近世陶磁器のうち、北前船で運ばれた備前・備後産の徳利、とりわけ備後・鞆の浦の名産「保命酒」の容器に使用された布袋徳利と、当時のブランドとも云うべき尾道産米酢の容器である鞆・皿山窯産などの酢徳利に注目して、これまで各地の研究者の協力を得ながら検討を重ねてきた（鈴木2009・2015）。これらの陶器は、北前船の積荷として日本海を北上し、各地の暮らしの中に多様な文化とともに受け入れられ、北陸・東北・北海道など広く分布しており、地域差を含めた解明が進められている。

　ここでは、産業考古学を視野にした生産と流通に関わる陶磁史上の様相の一端を、近世から近代にかけての備前・備後産の徳利を通して、その生産地と陶磁器生産に関わった窯元や陶工などの生活文化の記録を含めて検討する。あわせて消費地については、当該資料を多量に保有していて千石船とゆかりの深い土地のうち、筆者が現地で確認した佐渡と青森県下での出土例と伝世資料を主な対象として検討する。

　検討にあたっては、発掘調査などの考古学的方法に加え、民俗資料として収集された一群の陶器の検討、さらに文献・古記録に見る窯元の動向や陶工らの暮らし向きの確認など、陶磁考古学が目指す暮らしに根差した生活文化史の究明に向け、文化史学的研究法を用いる。生産地の同定に当たっては、考古学的観察に加えて、自然科学的な胎土分析をも尊重する。

　なお、対象とする資料のうち生産遺跡関係の資料については、備前市教育委員会によって解明が進められた備前市内の国指定史跡・伊部古窯址群南大窯西1号窯を始めとする周辺窯と、筆者らが調査した広島県福山市内の鞆・皿山窯などの資料が中心となる。

　佐渡・青森・北海道へ運ばれた資料については、佐渡市の佐渡國小木民俗博物館（千石船展示館）及び海運資料館の保管資料、青森県下については県立郷土館をはじめ各地の教育委員会などが保管する資料が対象となる。古記録などの文献史料関係では、福山市鞆の浦歴史民俗資料館が保管する福山市指定文化

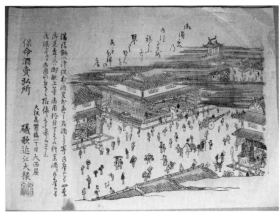

図1　左：福山市指定文化財「中村家文書」の元治二年五月発起の鞆皿山窯関係文書
　　　右：明治時代初期の大阪高麗橋西の保命酒賣弘所大西屋の引札

財の『中村家文書』が（図1の左は、その一部）主要な検討史料となる（福山市鞆の浦歴史民俗資料館 2006 ～ 2013）。

1．生産窯址の確認とその消長

　京（同志社大学歴史資料館 2011）・大坂（財団法人大阪市文化財協会 2003・2004）・江戸（東京都建設局・新宿区内藤遺跡調査会 1992、東京都埋文 2000 など）などの都市遺跡や松山城（愛媛県埋文 2011）・岡山城（岡山市教委 2008）・福山城などの城下町で、出土例が次々に報じられている保命酒の容器である布袋徳利と角徳利について、それらの生産地同定に寄与する窯跡出土の資料を確認し、その上で考古学的に重視される資料について述べる。

（1）備前産の布袋徳利と角徳利

　備前市教育委員会による 1999 年度から 2001 年度にかけての、伊部南大窯跡周辺窯址群確認調査は、発掘調査によって保命酒容器である布袋徳利や角徳利を初めて窯址で検出した点で、陶磁考古学上の学史的な意義を持つ。従来、布袋徳利や角徳利の破片などは、伊部南大窯・北大窯・西大窯周辺などで採集されていたが、発掘調査によって窯の床面や、物原での層位的な確認ができた点で編年的検討などを可能にした最初の発掘例として重視される。報告書は

2003 年（備前市育委員会 2003）と 08 年（備前市教委 2008）に刊行された。

　注視される窯址の一つである西 1 号窯跡では、東トレンチおよび東トレンチ北出土の布袋徳利と、南物原出土の角徳利がある。布袋徳利と角徳利は共に保命酒の容器として特定され、醸造元からの注文商品である。まさに近世備前焼の商品としての保命酒用徳利に限定される特徴的な製品といえる。

　ここで備前焼の徳利を使用した保命酒について、その時代性とその特徴などに触れつつ、北前船との関わりを確認しておこう。保命酒は 1659（万治 2）年大坂の漢方医であった中村家の子息、中村吉兵衛が備後・福山藩の外港と云うべき鞆の浦で、漢方の知識をもとに生薬 16 種を漬け込んだ薬酒を造ったのがはじまりとされる。その後江戸時代を通して福山藩の特産品として幕府をはじめ高貴に対する献上品となり、幕末の黒船来航時には、ペリーやハリスを下田でもてなす宴席での食前酒として供されている（下田市教委 1992）。7 代中村吉兵衛政憲は、蔵元としての家督を弟に託したのち、1848（嘉永元）年 6 月 19 日鞆港を出帆した千三百石積の北前船・亀徳丸（船主は摂州御影浦の加納次郎衛門、沖船頭は草戸屋新蔵伜安五郎）に乗り込み蝦夷地へ渡り、俳諧を楽しみ合う函館の蛭子屋長兵衛宅を拠点に保命酒を売り広めるべく各地に支配人を置き、角徳利を含めた陶入りの保命酒を北海道各地に送っている（福山市鞆の浦歴史民俗資料館 2007）。これら保命酒の主な容器が、備前産陶器の布袋徳利や角徳利であった。以上のことは、陶器の生産と流通や窯元自身の具体的な暮らしの一端を窺わせることで、生活文化史の視点からも陶磁史究明に寄与することになる。

　備前・伊部南大窯西 1 号窯跡で確認された保命酒用布袋徳利や角徳利は、その後の発掘調査で資料が増加した。備前で確認されたのは、『備前市埋蔵文化財調査報告書 8　国指定史跡伊部南大窯跡発掘調査報告書』（備前市教委 2008）によると次の通りである。

　伊部南大窯東側窯跡のトレンチ 4 から出土した布袋徳利の破片は、新たに確認された窯の焚口床面から出土した類例の少ない寿老人の貼り付け型や、徳利胴部に恵比寿を張り付けた人形徳利を伴って検出されている。この徳利は、胴部に張り付けられた布袋像の大きさが 7 cm を超す大型で型崩れの無い資料である。江戸後期から幕末・明治にかけて小型化する布袋人形の原型を窺わせて

いる。つまり、層位および形態変化を重視する編年的観察に寄与することになる。なお、東側窯の操業年代は17世紀前半から19世紀中ごろまでが考えられているが、50mを超す大型の窯跡をわずか4本のトレンチのみで検討した結果だけに、報告者自身が指摘しているように、暫定的な年代想定である。検出された焼成室部分の床面で4枚の層、煙出し部分で床面が5層確認されているが、最下層の一部の資料のみ提示されているだけで、分層した床面ごとの出土遺物は提示されていない。窯の中間部分で確認された新しい焚口などから操業年代に幅を持たせたことになる。つまり複数回の改修が確認されたことで、年代想定を困難にした。そこで報告者は、岡山藩の藩政記録『御留帳評定書』延宝八年（1680）に記載された、窯の小型化と年間焼成回数の増加を藩に願い出た記録を引き合いに出して、トレンチ3より上部で検出した新しい窯の年代を17世紀後半から18世紀にかけての窯と想定した。この年代観は、共伴資料の擂鉢などの形式学的観察による年代観から見て妥当といえよう。ここで注視されるのが備後・鞆ノ浦へ大坂から移住した初代中村吉兵衛吉長が、漢方のノウハウを駆使して生み出した薬用酒の容器として、備前焼の徳利を使用しはじめて商品化した時期に相当する点である。1685（貞享2）年大坂屋吉兵衛とも名乗った初代吉兵衛は、保命酒などの福山藩御用聞となって「十六味地黄保命酒」と命名した薬酒を藩に献上し、翌年には「地黄保命酒作用覚」を書き残し蔵元としての商業活動を展開させている。

　また、東側窯5トレンチ出土の煙出し床面からは、東側窯最後の焼成時期を示す資料が検出されている。小型の燈明皿と布袋徳利の口縁部および底部である。底部には備前焼特有の小型の方形刻印が認められる。この付近からは、備前市指定史跡の天保窯でも焼成した小型角徳利が出土していて、改修の最終段階の窯が明治時代まで受け継がれていたと語り継がれている。1954年に間壁忠彦氏が古老から聞取った年代観を裏付けることになり、北前船が盛んに運航した時期の窯の一つであったことを示している。

　東側窯跡と中央窯跡の中間に存在した巨大物原は、トレンチ設定以前の磁気探査とレーダー探査の結果、窯体や作業場の存在が予想されたが、発掘の結果は窯体・作業場は検出されず、大量の陶片のみが出土した。ここでは東側窯から投棄された廃棄陶器片などが大量に出土し、布袋徳利の基準資料というべき

資料群が注目される。図2（上左）に示した一群である。

南大窯の西側には、西側窯跡・西2号窯跡・西1号窯跡の3基の窯跡が並列して確認され、それぞれから徳利が出土している。

西側窯跡では、トレンチ13から大型の布袋人形を胴部に張り付けた陶片が確認されている。西側窯の年代観は、焚口付近の擂鉢・油壺などの一括遺物群から17世紀末から18世紀初頭ごろと考えられる。つまり、布袋徳利の出現期の様相として注目される。

西2号窯跡で出土した徳利は、底部の大きい船徳利などが多く、伴出した建水・水屋甕・擂鉢・大甕などから17世紀前半を中心とする一群と考えられるが、徳利の口縁部の形態が肥厚して布袋徳利の形態に近い例が含まれる。トレンチ15出土の資料ナンバー29などがそれであり、布袋徳利の先行形態を確認できる点で重視される。

西1号窯跡出土の布袋徳利については、すでに述べた通りである。とりわけ注目されるのは、備前焼をめぐる従来の考古学的研究の中でも、検討が遅れている近世の器種構成の徳利に関する基準資料の手掛かりを示した点で、評価されることである。層位による機種構成や形態変化などの詳細な検討に期待される。ここで問題となるのが一連の陶器生産をめぐる生活文化史的な考察であり、備前窯跡群の窯構造の変遷を反映した製品組成の総体的な変遷の確認であろう。

ちなみに、備前窯址群の変遷を大枠で捉えると、12世紀の後半段階までに全長10m前後の須恵器の窯構造と大差ない窯で生産を開始した備前焼は、14世紀後半ごろまでに窯の天井を支える土柱構造が登場して大型化が進み、量産化へと展開する。つまり丘陵先端部や山裾に見られた全長20mほどの窯から50mを超す大窯へと発展する中で、急激な器種の増加を促した。更に社会的な要請から特定される器種だけを生産する小型の窯が需要にこたえて登場した。その状況は、不老山東口窯の段階を経て大窯へと展開し、商品化が進む特定器種の需要に応えて小型化した窯をベースに、天保窯へと変遷する過程として理解されよう。

以上のような備前焼の変遷の中で、伊部南大窯周辺窯で確認した保命酒用と特定される布袋徳利と角徳利を生産した窯は、すでに述べた窯以外に次のような遺跡が知られている。

鈴木重治

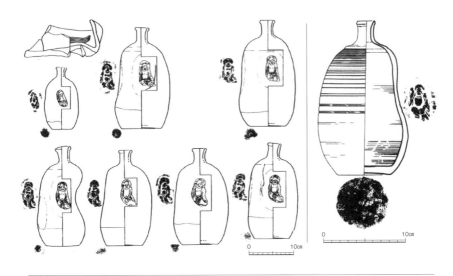

図2
上左：備前・伊部南大窯東側窯と中央窯の中間にある大物原トレンチ6-4区出土布袋徳利
上右：同志社大学構内・薩摩藩邸跡出土の備前産布袋徳利
下右：備後・鞆皿山窯物原採集資料中の布袋徳利と酢徳利
中に「とも」銘刻印資料がある。上段の布袋人形は拡大図を示した。

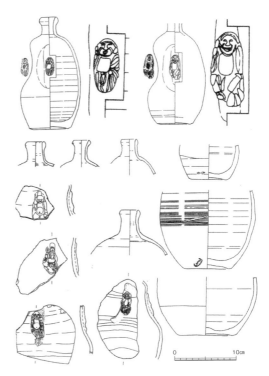

備前市・伊部西大窯。ここで表面採集されている資料の中には、岡山城三の丸出土の布袋徳利のうち、張り付けられた布袋人形の小型化する以前の様相を示す型崩れの無い資料に酷似する例が含まれている。この資料の類例は、京都市内の同志社大学構内の薩摩藩邸跡からも出土している。図2（上右）に示した資料であり、底部に四つ目の刻印が認められる。京都市内からは京都御苑内迎賓館地点の公家屋敷からも類例が出土している（京都市埋蔵文化財研究所 2005）。これら消費遺跡である都市遺跡や岡山城跡から検出された布袋徳利は、先に述べた南大窯周辺窯跡から検出された一群とは様相が異なる資料である。貼花文として使われた布袋人形の型の違いや、体部上半の整形技法、布袋の貼り付け以前の体部整形時に施された2本の凹線など、細部にわたる製作上の違いから生産窯の違いが指摘される一群である。西大窯で採集された資料中に同類の存在が確認されたことは、窯単位の製品の違いや製作に当たった陶工集団の差を窺わせ、制作年代の違いをも予測させるものであった。

この他、瀬戸内市（旧邑久町）の虫明け窯で生産された布袋徳利で体部に「むし明け」と箆で刻まれた布袋徳利が知られていて、鞆の浦で開かれた「備前・備後産の布袋徳利展」で公開されたことがある（鞆の浦・保命酒酒造組合主催　第2回「保命酒祭」の「備前・備後産の布袋徳利展」〈2011〉に個人蔵の完形品が出品された）。虫明焼と呼ばれる備前産の陶器は、備前藩池田家の家老であった伊木家との関わりの強い窯で、備前伊部窯跡群の陶工を抜きにして考えられない窯である。1818（文政元）年に開窯し、1830（文政13）年に伊部の窯元から似せ物として訴えられたことで廃窯したとされるが、前段階の1736～1740年（元文年間）ごろからの変遷がたどれる窯という（桂 1966）が、現地で採集された布袋徳利の人形部の陶片を見ると、人形の型の小型化が進んだ資料を散見することから、窯の継続年代を含めた検討が待たれる。今後の発掘調査による考古学的な裏付けが必要となろう。ちなみに角徳利の検出は知られていない。

以上のように、備前産の布袋徳利については解明の進んだ国指定史跡・伊部古窯群中の南大窯周辺の窯址に加えて、西大窯・北大窯・虫明窯などの資料が伝世したり、採集されたりして知られているが、生産地の発掘調査で確認した資料となると南大窯周辺窯址群以外にない。

保命酒の容器として特定生産された製品だけに、さらに究明が進むことに

よって広域に取引された近世の商業活動や、窯業生産に関わった陶工集団の社会的規制などへの対応、近世から近代に及ぶ北前船を使った廻船業など、生活文化史上の具体的な様相を示す有力な史的情報が提供されることになる。いわば産業考古学の成果を通して、地域の歴史像を豊かにする作業に寄与することになる。ちなみに、備前では広域に販路を広げた酢徳利の生産は、いまだに確認されていない。

（2）備後・鞆皿山窯産の布袋徳利と酢徳利

　重要文化財・太田家住宅を守る会が事業主体となって、備後・鞆皿山窯址を対象に保存を前提とした調査が行われた。2008年度から09年度にわたる調査である。鞆皿山窯址については、すでに1996年6月に土地所有者の故太田節夫氏らによる窯跡の状況確認が行われていて、その際に窯体内部や物原で採集された陶片・窯道具などが太田家住宅に保管されている。

　窯址は広島県福山市鞆町後地に在って、海岸に接した丘陵の傾斜面の裾に立地している。近接する谷から水を集めた貯水池、背後の丘陵に広がる灰白色の粘土層と土取り場、焚口からほど近い海岸に残る石積み造成の船着き場の痕跡、荒れ果てた陶工の住居跡や工房跡などが確認できる。残存している窯体は、廃窯後放置されたままの状態で自然崩壊が進み、一部の天井部を含めて保存状態のよい部分があるとはいえ、雑木や付近の竹藪から進出した孟宗竹などの繁茂と、イノシシの出没に因る獣害などで破壊が進行している。現状は仮設の覆屋などの保存策によって破壊の進行を止める対策が行われ、重要文化財・太田家住宅に付帯する施設として周辺の土地とともに保全されている。姫谷窯をはじめ破壊が進んだ備後の陶磁器の窯のうち、広島県下に残る唯一の江戸時代末期の有段式連房窯である。

　この鞆皿山窯址の操業開始からの変遷は、江戸時代末期の創業から明治・大正期の盛業期間を含めて、数度の修復を経て昭和の廃窯に至るまでの大枠での経過は、ほぼ確定することができる。創業に関する記録は福山市文化財指定の『中村家文書』（図1の左）がよく示しているが、その創業を元治二年（1865）五月と表記された紀年には、問題が残る。いわばこの年の4月にはすでに改元されており、5月は慶応に入っている。つまり慶応元年の創業と決定してよ

い。窯の最終の修復年については、12室からなる焼成室のうち焚口から数えて、第5室と第6室を区画する窯体隔壁の第5室側奥壁中央部に構築された、部材の同張りブロック（トンバリ）に彫りこまれた篦書紀年銘から1937（昭和12）年であったことが認められる。その直後の第2次世界大戦による操業が困難となる中、容易に立ち上がれないまま敗戦後間もなく廃窯に追い込まれたという。その間、引野村（現福山市）出身の陶工の棟梁新右衛門・槙助親子をはじめ砥部の陶職人喜助、石州陶職人定一、加州生まれの陶職人治郎吉などから太田嘉市・卜部定太郎など地元柄の陶工へと受け継がれ、最後の陶工が故太田正典氏であった。引退してからは、丹波に窯を築いて作陶を楽しみつつ隠遁生活を送ったという。2010年に他界し、残された文書類が子息によって保管されている。

この鞆皿山窯址から出土した資料と、物原採集資料から見た製品の器種構成は、保命酒用布袋徳利を始め、オノミチ銘入り酢徳利や篦書の備後鞆港銘入りの酢徳利を主体に小型の徳利・花瓶・擂鉢・植木鉢・大漁刻印の漁網錘など多様な陶器であるが、圧倒的に多いのが大型の酢徳利と布袋徳利である。このうち量的に多いのがヲノミチ銘の徳利である。これらは、肩から胴の上半部にかけて右に「ヲノ」左に「ミチ」と振り分けて書かれた文字の下に、商標である幅広いΛヤマ記号の中に「ヲ」の字を書きこんだ酢徳利の陶片である。「ヲ」の字の第3画が第1画の右端を突き抜けている点に特徴が認められる。つまり尾道産の米酢の容器である酢徳利の陶片群であり、明治20年代から30年代を中心に、尾道の米酢を扱う商人から鞆皿山窯へ発注された酢徳利の破損品である。ちなみに、太田家文書の中に、尾道の稲田伊兵衛、野間直兵衛らの発注書が残されている。窯跡の物原から筆者自身が採集した資料のうち、布袋徳利と酢徳利の一部を図2（下右）に示した。

なお、備前で見られた角徳利は、ここでは1点も確認されていない。このことは創業以来鞆皿山窯においては、轆轤を中心に作陶していて特徴的な整形技法である「板造り貼り付け技法」を使わなかったことを示している。つまり保命酒用の角徳利については、蔵元の期待に応えられず、従来通りに備前や丹波に依存せざるを得なかったことになる。この製作技術上の問題は、後述する創業時の陶工たちの出自による技術的背景に因るものと考えられる。

以上見て来たように、鞆皿山窯の製品のうち特徴的なものは徳利であり、中でも保命酒用の徳利の生産は、創業時の主な目的であっただけに注目される。いわば徳利生産に期待をかけた保命酒の蔵元の願いが込められた特異な窯である。端的に指摘すれば窯元への転進は、17世紀の末以来、蔵元が代々受け継いで来た特定の商品販売が主な目的であり、付随した容器の必要から副次的に徳利の生産を狙った窯が鞆皿山窯なのである。あわせて、時代的な背景を勘案することで、幕藩体制の下での福山藩による財政上の期待を反映した操業期の社会的状況も読み取れる。現に『中村家文書』には、町奉行の創業へ向けた支援が明瞭に記録されている。つまり醸造元から窯元を兼ねた拡大転進へ向けた経営戦略と、福山藩の財政上の目論見が合致したことが、蔵元の多角的な商業活動への展開を決意させたことになる。

中村家によるこの決意の背景の一つには、逼迫した備前産徳利の不足があり、備前側の陶器生産の減少と蔵元の保命酒容器の恒常的な供給要望が合致して、鞆皿山窯の創業に拍車がかけられた。このよう社会的・経済的要請から蔵元の窯元経営になる布袋徳利に特化した鞆皿山窯が誕生したことになる。しかし、その直後の幕藩体制の崩壊という歴史的な状況に直撃された蔵元は、窯元とともに逼塞するという憂き目に遭う。明治時代に入ってからの保命酒の蔵元は、藩の認可を要しなくなったことから複数の蔵元が参入することになるが、数社が淘汰されて中村家と太田家による合弁会社が登場することになる。このような中で窯元も太田家に受け継がれ、鞆皿山窯の陶器生産も江戸時代以来の尾道産・地元鞆産の酢の容器である酢徳利を中心として、保命酒徳利・仏花瓶・擂鉢・植木鉢・漁網錘などを加えた多種類の雑器を製品組成とする窯として明治・大正・昭和と操業することになる。この間、保命酒用の徳利は丹波窯を中心に備前窯や砥部窯などへ発注された陶器の狸型徳利や、各地名勝地の地名を入れた小型の色絵瓢箪形の徳利などへ変化しながら、他の液体容器と同様にガラス瓶にとって替わられ、皿山鞆窯の衰退につながる。保命酒徳利に限定すると、一部の贈答品用や土産用のみに伝統的な備前産角徳利や丹波産徳利が細々と受け継がれている。ここに生活文化史上の布袋徳利や酢徳利の時代性を見ることができる。

この間の『中村家文書』に見る歴史的な推移の中には、蔵元の経済活動にみ

る経営戦略とともに、中村家の伝統的な教養ある趣味人としての文化活動や、陶工の暮らしぶりを含めた生活文化史上の記録が含まれている。あわせて当時の陶工のネットワークというべき人的交流が窺える史料でもある。

　ここで蔵元から窯元となった中村家の人々の動向と、鞆皿山窯で陶器生産に関わった陶工の動向を、生活文化史の視点から窺うことにする。まず、中村家の人々のうち蔵元である当主たちの商業活動に付随した文化活動について、蔵元から窯元へと展開する前段階の動向を含めて確認しておこう。商業活動を常に念頭にした当主たちの社会的な対人関係を通した文化活動を検討するとき、当初は中村家住宅であった国指定重要文化財・太田家住宅を構成する現在の本宅・朝宗亭（国指定重要文化財）の玄関に入ると、最初に目に飛び込んでくるのが表面に掲げられた古い額である。この額は頼山陽の書になるもので、厚い欅板に保命酒などの銘酒名が書き連ねられた商品目録の看板である。頼山陽が鞆の浦に滞在したことはよく知られていて、頼山陽との交友関係が窺える。

　当主たちの交友関係の主要な人物を、広島大学名誉教授・青野春水氏の研究成果（青野春水 2007）に加えて管見による史料で確認すると、次の通りである。

　紫野太室、大徳寺黄梅院大綱、久田宗員、久田耕甫、千宗左、楽吉左衛門、永楽善五郎、広瀬淡窓、七代市川団十郎、三条実美、三条西季知、東久世道禧、蛭子屋長兵衛などである。高僧・茶人・陶工・学者・公家・歌舞伎役者・歌人・俳人・商人等、多彩な分野に亘っている。このうち筆者が注目しているのは高僧・茶人・俳人など京・大坂の文化人との交友であり、とりわけ陶工として名を馳せた楽吉左衛門、永楽善五郎らを注目する。蔵元の扱う商品としての保命酒の容器に、ブランドとしての京焼を導入することで付加価値を付けるべく模索中のことでもあり、永楽善五郎らに製品を注文したことを注目する。このことは初代中村吉兵衛以来代々受け継がれて来た、縁起ものとされる布袋像を徳利の胴部に貼りトレイドマークとし、元和偃武以来の平和を謳歌する時代性と元禄文化を反映した健康志向に応えて来た薬用保命酒に、更に付加価値つけるべく検討する姿勢の中に、文化力とも云える蔵元の経営戦略を垣間見るからである。結果として京焼を導入できなかったものの、岩谷焼の晴れやかな色絵や高取焼、三田青磁など多様な保命酒徳利を登場させ、更に備前焼の陶器不足に対応して独自の窯を創業し、窯元となる経営戦略の中に受け継がれたと見

るからである。

　この蔵元の経営戦略を支えた文化力は、歴代の当主たちの度重なる上方旅行によって得た京・大坂での人脈と、当時としてはレベルの高いこの地に蓄積された社会的情報に支えられたところが大きい。

　瀬戸内海舟運の要衝であった鞆の浦には、上方との便船が常時有ったとはいえ、蔵元の上方への旅は多くの場合船を仕立てて使用人を連れて出かけることが多かったという。1回の旅で30日以上、40日から50日間ほどの旅となると、蔵元の経営が順調に進み5割以上も保命酒の生産が増加し、さらに蔵の増築など拡大しつつあった19世紀中葉ごろまでの旅であり、次の様である。この時期が備前窯における窯構造の小型化が定着した天保窯期に相当することは、保命酒容器の布袋徳利や角徳利の需給関係をみる上でも注目してよい。つまり窯を小型化した上で、年間の焼成回数を増やすことで特定される商品の増産を図るという陶器生産体制の変革が備前で展開していた時期に当たることは重視してよい。

　具体的に蔵元の旅を『中村家文書』によって確認しておこう。6代孟政、7代政憲、8代政顕らの上方への旅日記の記録によると、6代が文化3年（1806）2月23日から4月4日まで、文化6年8月15日からから9月22日まで、文化10年11月13日からから閏11月21日まで、文化14年1月8日から3月5日までの3、4年に1度ずつ計4回上京し、7代が文政8年（1825）9月26日から11月22日まで1回、8代は天保2年（1831）10月12日から11月29日まで、天保3年9月15日から10月25日まで、天保6年9月23日から11月29日までと安政2年（1855）11月18日から12月27日までの長期間の旅をしている。その間の行動は訪問先や会った相手、その目的などを含めてよく記録されている。

　6代孟政は京都大徳寺の住職・紫野太室と懇意であり、太室から雅号照齊・應雅の命名を受け、還暦に当たっては太室自身が寿像画賛の筆を執っている。また孟政は、半床庵久田耕甫から茶の湯の指導を受け、山崎の妙喜庵で入門してから10年ほどで久田流茶の湯の免許皆伝を受けた茶人でもあった。「利休茶道具図絵巻上下」（朝宗亭写）や「茶事聞書」などの書籍を多数所蔵していて、多くの茶会記録を残している。

7代政憲は、大坂で薬酒用の漢方薬を発注し、京・大坂で茶会や句会に参加しながら、保命酒を宮中および関白家・西本願寺門主などへ献上し、多くの知人・友人と会って五合入りの保命酒や卵五十個などを、土産として届けている。その間、伏見稲荷・祇園社・東福寺通天橋・京都御所などを訪れたり、友人宅の茶道具を拝見して廻ったりしている。文政8年10月晦日に「手鉢調へ夫より楽吉左衛門江行」と記録している。また彼は他界する前年の嘉永2年（1842）に当時の蝦夷地・函館へ渡り「奥州紀行」を書き留め、販路拡大にも取り組んだ。函館の蛭子屋長兵衛宅を支店として保命酒賣弘所を設けて、各地に支配人を置き販売組織を整えた。

8代政顕は、天保6年（1835）の「北上紺珠」の記録によると、9月23日に鞆を出帆してから下津井、室津を経て大坂淀屋橋に25日に着き船中に泊まり、翌日すぐに米屋善右衛門に会い仕事をこなすとともに、心斎橋を南へ行き三味線を誂え、天満橋で薩州島津公の川舟下向を見て驚き、天満十町目の火事現場を見にも行っている。27日には谷松屋宗長宅で床の間の短冊・茶道具を拝見した後、三井へ買い物に出かけている。10月に入って2日には祇園社を参詣し、同日升屋定兵衛宅から同幸治宅へ回り茶の湯に招かれている。8日には志野茶碗200枚余の売却に出会っている。つまり友人との会合、茶の湯、寺社参詣、見物、茶道具購入と毎日のように出かけている（福山市鞆の浦歴史民俗資料館 2007）。まさに好奇心満々の陶磁器に関心を持つ趣味人であった。

以上、蔵元の歴代当主たちの行動から見た生活文化の一端は、蔵元の扱う主要な商品の容器である陶磁器への関心を含めて、陶磁史上の具体的な生活文化の様相を垣間見せている。あわせて三者それぞれの文化的関心事と社会的背景、時代性などを反映した豪商の行動に見る経営感覚と趣味人の持つ文化力などを、後述する陶工たちの生活文化と対比することで、近世社会の構造的な階層性を理解する手掛かりを示すことになろう。

次いで鞆皿山窯創業時の窯元による築窯準備に伴う対策、陶工たちをめぐる職人のネットワーク、陶工たちの日常的な暮らしに見る生活文化などを中村家文書などの史料によって検討する。陶磁史研究をめぐる生産活動の社会的背景を理解する上で欠かせない課題でもある。

（3）蔵元による築窯準備と陶工の生活文化

　創業へ向けた蔵元から窯元への転進準備は、多様で多岐にわたった。福山藩の鞆奉行をはじめ役人との折衝、窯が立地する土地と採土場の確保、築窯や作陶に直接かかわる陶工たちの雇い入れ、操業に伴い予想される周辺農地の補償対策などである。

　これらのうち、鞆皿山窯の性格や特徴を示す様相について述べることにする。すでに触れた藩の支援による藩窯的な扱いを受けるまでに至った状況は、次のようである。端的に指摘しよう。御奉行・本間六左衛門、地御目付・柏原忠三、郡御奉行・鈴木乗之助、郡御代官岡村三郎兵衛などが関与したことで、藩内の木の庄窯や引野窯など他の窯場に見られない藩の対応が見られた点にある。このことは、明らかに「御上より御取り立被遊候皿山」であって、まさに「御用銘酒納入容器陶の生産皿山」であればこその待遇であった。

　皿山窯を管理する藩の役所が近くの平村扇浦に置かれ、管理体制の支配組織が決定した。福山藩御勘定御組頭を筆頭に、取扱掛り元方・中村吉兵衛政長、平村庄屋取扱掛り・藤田三百助、扇浦役所詰肝煎勘定方・八郎、吉兵衛手代皿山用向掛り・平助など8名で構成されており、蔵元が窯元として公認されたことになろう。

　窯の土地と周辺の土地取得は、「料右衛門土地者銀弐貫目売払可申、又三郎持地其外ニ田畑無之ゆえ麦三石井ニ夏作料三百ニ而借受ヶ呉度、嘉助持地麦三石夏作料者又三郎並為いたし可……」とあり、売却地と借用地があったことになる。史料による限り、元治元年の5月29日に政長と、料右衛門・又三郎・嘉助との間で契約が結ばれている。

　蔵元が窯元として経営するに当たって、土地取得に並行して取り組んだのが、陶工の雇い入れである。ここで問題となるのが引野窯との間で悶着を起こした陶工の引き抜きである。すでに藩内の窯場として甕・鉢・徳利などを生産していた引野窯には、窯元にとって必要な徳利の製作技術を持つ陶工がいて、創業時に必要な人材であったに違いない。そこで、支払う賃金を引き上げる策をとり実施した。引野窯からの抗議は当然であったが、勘定組頭・岡本膳兵衛の取り計らいに因り決着する。引野村庄屋・土屋宗一郎宛の藩からの文書指示を受けて、引野側では鞆皿山役所が必要とするに人夫や道具土の提供に応ぜざるを

得ない状況が生み出されたことになる。その結果が陶工の引き抜きであった。

　ここで注目されるのが創業時からの陶工の構成であり、彼らの出身地などから見た陶工集団の動きであり、窯業地の間に形成されていたネットワークというべき動向である。築窯時の職人を含めて、陶工の出自を見ておこう。元治二年五月と表記された皿山筆記に登場する陶工関連の人名一覧（福山市鞆の浦歴史民俗資料館 2009）で確認される人々は、合計37名である。このうち築窯時の棟梁・新五郎、職人・重次郎、同槙助をはじめ、引野窯と関係深い人たちが相当数含まれている。賃金や故郷との関わりもあって、引野窯の陶工もその前職は瀬戸内海沿岸や九州の窯場の経験を持つ者が多く、伊予今治皿山で働いていた久助、木之庄窯のある吉津村出身で芸州三原芋掘皿山の経験を持つ鉄五郎、木ノ庄皿山窯職人であった直助、芸州出身の伊予今治皿山窯にいた平助、備中松山の皿山窯での経験のある加州出身の治郎吉などが名を連ねている。この他、砥部の職人・喜助、石州陶職人・定一、石州江津生まれの陶職人、廣島の陶職人・源三郎、同・又二郎などに加えて、引野村の陶職人・高次郎、先に挙げた槙助の親で引野皿山の棟梁・新右衛門も記録されている。新右衛門は府中洞仙焼の陶工の経験もあり槙助を育て、槙助もまた猶吉・久松・竹松・梅吉・勝之助の弟子を持った。つまり鞆皿山の陶工は、築窯時には引野皿山窯から引き抜かれた陶工たちが作陶に関わり、その後自身での陶工育成を行うことで生産を維持したことになる。

　ここで注目されるのが、陶工の出入りから指摘される窯場間の人脈であり、陶工の移動に因るネットワークの形成である。陶工の移動が生みだした人脈こそが作陶技術の交流を促し、経年的に形成されたネットワークを通して人的交流が進むからである。そのことが製品の形態や製作技法にみる製品間の共通性を生み、さらに地域的に異なる社会的環境や自然環境の影響のもとで、個性的な製品が生産されることになる。人的な交流や物質文化の交流が、技術の交流に支えられて生産活動や各地の生活に影響を与えていることは無視できない。

　鞆皿山窯も陶工のネットワークを背景として、地域的特徴を維持しながら操業することになるが、窯元としての創業へ向けた地域への関わり方のうち、予想された窯の操業に伴う煙害対策についていち早く対応した窯元の行動に触れながら、陶工たちの行動から生活文化の実態を検討しておく。まず、煙害対策

については、中村家が積み重ねて来た社会的経験からの文化力とでもいえる対応能力を見ておきたい。築窯の準備を始めた直後の1865（慶応元）年5月19日には、早くも地元との交渉が始められた。つまり政長は、懇意の平村庄屋三百助と5月10日に話し合い、三百助が皿山築窯の土地などすべてについて小作人の配慮を前提にしながら斡旋することを約束したことを受けて、19日の協議では畑作などに被害が出た場合、過分の補償はできないものの「不知顔」はできないとして相応の補償をすることを承認している。地元に配慮した三百助の好意的な文書が郡役所に届けられたことで築窯の承認が早まることになった。政長の先見性と決断の速さは、まさに豊富な経験の蓄積と経営感覚を支えた彼の文化力であった。その後政長は、慶応2年の暮に勘定方を通して相当額を渡した上、地元の平村の村役場に問い合わせて困窮者の八家族19人への援助を同時に行っている。被害者以外の困窮者の援助まで行った政長の行為は、蔵元でもあった窯元だからこそできたことなのであろうか。現今の企業経営者と対比してみるとき、陶磁史上の先人の行為として改めて検討する必要があろう。

　ここで陶工たちの待遇を含めて、生活文化の一端を示す行動などを見ておく。慶応元年10月13日付と同2年4月付賃金定によると陶工とその他の作業に従事する者とに分けられ、陶工は日役（日当）と挽賃（容器の種類と個数による）の合計が賃金で、その他（荒子・日雇）は日役であり、それぞれ月末に支給された。さらに棟梁には「御会釈」（おもいやり）が、また弟子引受指南を命じられた久助、槙助には元方の政長から聊之会釈が給されたという。政長が窯元取扱掛り元方となった後は、引野皿山窯よりも挽賃が1割引き上げられることとなった。ちなみに覚によると、「引野挽賃　一、備前型一升陶　元壱分五厘　改壱分六厘五毛　一、同　五合陶　元九厘　改九厘九毛　一、同　三合陶　元七厘　改七厘七毛　一、同　二合陶　元五厘五毛　改六厘　一、同一合半陶　元四厘五毛　改五厘　一、燈臺大二付　元一厘五毛　改弐厘　一、火用燭大　元一厘三毛　改弐厘三毛　右之通並陶挽賃御改とあり、撫角陶挽賃　一、一升陶　元二分五厘　改二分七厘五毛　一、五合陶改二分九毛　一、三合陶　改一分八厘七毛　一、二合陶　改　一分七厘〇毛五　一、壱合陶　改　一分五厘四毛　〆」とある。また、慶応2年4月14日に改定された賃銀は夫々2割賃上

げして計算して毛の単位で四捨五入している。

　また陶工の暮らしと行動について、当時の生活文化を表す社会問題になった行為のうち、二、三を取り上げてみる。まず慶応２年正月に起きた新吾義不出来一件とされた陶工の出奔事件である。酒を飲んだ陶工同志の口論から展開した事件であり、喧嘩の当事者である棟梁補佐役の陶工槙助を扇浦役所詰肝煎勘定方八郎が政長宅へ連れて行く途中、槙助が出奔したことから事件が拡大することになる。その後引野村から槙助父親の新右衛門が呼び出されて、出奔した槙助が伊予今治の皿山で職人として作陶に従事していたことが知られる。連れ戻されて一見落着に見えた事件も、窯焚き不出来の原因となった新吾の行為から棟梁の免職に繋がり、更に御勘定御組頭岡本膳兵衛の閉門謹慎にまで発展するという大事件となった。このことは槙助の出奔が他領であった為、１人で終わったとは言え集団の出奔となれば逃散となり、一揆になり得る芽を持っていたからこそ、藩の首脳部である勘定組頭を閉門謹慎させざるを得なかったようである。

　同じく慶応２年９月、棟梁見習い職人の久助以下７人が、元方隣家煙草屋常助方で連夜賭博をしていたとして、政長を責任者として肝煎勘定方八郎、政長手代皿山用掛り平助、同政兵衛らによる調査が行われ、その過程で思わざる数々の不正が明るみに出て、皿山をめぐる事件にまで発展した。その中で八郎謹慎、文四郎伜職人元平当皿山立ち退き、荒仕子文四郎厳重注意という処分者を出すこととなった。この件については、文四郎らが陶数をごまかし挽賃を多く取るような疑いがあっても、八郎がこの２人について大目にみて数を確かめなかったことが明るみに出たことが起因していて、これを見逃せば皿山が潰れる原因となると見た窯元政長の判断での決着であった。賭博については皿山の風紀、治安を乱すものとして厳重注意を行い、平助らは内済で決着させている。

　以上のような陶工の行為と行動は、元の職場の引野皿山窯から新しく創業される軔皿山窯の魅力的な賃金引き上げに応じて引き抜かれ、元の職場を崩壊につなげたり、酒を飲んだ上での喧嘩や賭博などで日ごろの鬱憤晴らしをしたことで、直接の上司に迷惑をかけたりするなど、まさに庶民的な生活文化の一端を如実に示している。この中から幕末に生きた陶工たちの移動や、陶工集団の地域間交流を示す陶工間ネットワークなどを読み取り、あわせて窯元の持つ生

活文化と比較することで、具体的な陶磁器生産の社会的背景を通して生活文化
史上の階層性を覗うことができる。これは鞆皿山窯の歴史的個性でもあり、徳
利生産に特化した陶器窯として近隣に名を馳せ、近代に入っても受け継がれて
近接する尾道産の酢の容器を大量に生産する窯へと展開することになる。

2．北前船で佐渡・青森へ運ばれた備前・備後産徳利

　すでに述べたように、窯元になった前代までの蔵元歴代の当主たちは、当初
から主要な製品である保命酒の容器を、備前へ発注し北前船で運ぶ商品として
販路を拡大してきた。とりわけ7代吉兵衛政憲は、自ら北前船に乗り函館まで
行き、北海道各地に支配人を置いた。その後、備前焼徳利を補うために生産を
開始した鞆皿山窯では、社会的変動を受けながら近接の尾道豪商らの要請に応
えつつ布袋徳利の他、大量の酢徳利も生産した。鞆に近い尾道は、北前船の出
入りする良港として知られ、瀬戸内産の石・備後表・塩などの生産地に近い積
み出し港であり、米酢を原料とする「ヲノミチの酢」の生産地でもあった。
　鞆皿山窯などで生産した酢徳利に尾道産の米酢を詰めたものや、鞆で生産し
た保命酒を布袋徳利に詰めたものなどは、北前船などの廻船で尾道や鞆の港を
出港してどこに運ばれたのであろうか。各地の伝世品や出土品を見る中で、文
献史料などに照らして検討してみよう。

（1）佐渡で確認した資料
　佐渡で確認された布袋徳利は、佐渡市小木の海洋資料館と佐渡国小木民俗博
物館の2館で計17本、角徳利1本を加えた保命酒徳利の合計は、18本である。
すべて佐渡の島内で収集された資料という。そのうち海洋資料館には、布袋徳
利で底部に刻印を持つ備前産の布袋徳利1本が確認されている。この布袋徳利
の題箋には油徳利とあって、転用されたものである。暮らしの中での布袋徳利
の転用例は、茶室や祠、神棚などで花瓶として使用したほか台所用に常備され
る油徳利に転用された例である。
　佐渡国小木民俗博物館で保管されている布袋徳利は、千石船展示館と旧校舎
で収蔵展示された2ヵ所に分かれていて、千石船展示館には布袋徳利1本が
あり備前産であることを確認した。旧校舎に収蔵展示されている布袋徳利は

北前船で運ばれた備前・備後産徳利の生活文化史的考察

図3　佐渡市・佐渡国小木民俗博物館内旧校舎展示室にある備前・備後産の布袋徳利

15点で、計16点が確認できた。備前産の角徳利を合わせて保命酒徳利の総計は17点である。旧校舎の資料は、固定されたケース内から出すことができず、ガラス越しの観察に終始して底部の観察はできなかった。しかし写真撮影が可能であったことから、底部以外の比較検討は可能であった。図3に示した写真で確認できるように、布袋徳利のすべてが表面を向いた状態で収蔵展示されていたことから、胴部に貼り付けられた布袋像の形状や、徳利の素地・色調および形態上の特徴などを観察することができた。

　その結果、古い様相を持つ大型の布袋像で型崩れの無い布袋像は1点も含まれておらず、中型と小型の布袋像のみであった。また、備前産の徳利で肩から胴部にかけて見られる細かい凹凸を残す轆轤目や、備前焼の伝統的な火襷を明瞭に残す徳利は見当たらなかった。徳利本体の色調にもばらつきがあって、光沢のある赤褐色から光沢の無い淡い灰褐色、灰橙色まで様々であり、伊部南大窯西1号窯と鞆皿山窯産の徳利の形態に近い撫肩の形態に酷似する例が含まれていて、幕末から近代にかけての製品であることを窺わせた。これらのことから底部の刻印に特徴のある備前産資料の確認はできなかったが、備前産の可能性の高い資料が相当数認められ、収納展示された資料の中には、釉調や肌理の細かさ、水濾しや練りの良い素地とその淡い色調を示す例などから、備後・鞆皿山産の布袋徳利の可能性が強い例も含まれていた。しかし底部の観察ができない状況から最終的な判断を下すことはできない。鞆・皿山製品に共通している整形上の特徴は、製作技法を示す体部下端と底部が接する縁の部分に、丁寧な面取り技法を施している点である。この特徴の確認と、可能な限りの胎土分析が将来の課題として残された。

以上のことから、佐渡には布袋徳利が相当数伝世していて、備前産・備後産と考えられる資料があるが、中に産地の判断を保留せざるを得ない例が存在することを認めた。

　ちなみに佐渡に伝世した角徳利は、備前産の19世紀後半の製品である。

　酢徳利ついては、次のようである。海洋資料館には、2点が保管されている。1点は、大型の徳利の肩から胴部の上半に、若干黒味を帯びた青味の強い呉須で片仮名のヲノミチの文字を、右から2字ずつ左右に振り分けて縦に書き、その下に商標である山形の裾を横に開いたΛ記号の中に、片仮名のヲの字の第3画を上から突き抜ける状態の特徴のある書体で記入した酢徳利である。以下、この種の徳利を「山ヲ」に特徴がある「ヲノミチ銘酢徳利」とよぶ。褐色に近い赤味の胎土に黄褐色の釉を肩から流し掛け、ホオズキ提灯に近い形の体部下端に接する底部の縁を、丁寧に面取りして整形した器高37.3cm、底径11.5cmの徳利である。なおこの商標は、備後尾道の豪商・屋号「戎帯屋」の稲田伊兵衛商店の商標であることはすでに知られていて、図4に示したように尾道千光寺の麓に鎮座する艮神社の鳥居を、天保11年に奉納したことを示す「山ヲ」の商標入りで戎おびや伊兵衛の名が刻まれている石柱や、明治時代に入ってからの「尾道商工名鑑」に見る広告でも、その豪商ぶりが知られる。

　他の1点は大型の徳利で、肩にある右からの文字が備後鞆津とはっきり読み取れる資料である。文字の下にある商標の□と、その内部の右上から左下を結ぶ斜線を含めて青味がかった釉が、型紙摺りのため滲んでいる点も特徴的である。底部の縁に認められる面取り整形が行われ、底部に残された釉のぬぐいと共に丁寧である。露体部で観察される胎土は、淡く赤味のある鞆皿山窯産の製品と同一である。この徳利に見られた備後鞆津銘と枡を表現した商標は、今なお備後鞆の浦に存在する桑田家の屋号を示していて、現在も枡屋の屋号を受け継ぐ鞆町の旧家である。かつて造酢に携わった桑田家製の酢の徳利は、鞆の浦歴史民俗資料館に保管されている資料がある。

　佐渡国小木民俗博物館の千石船展示館にも、山ヲの「ヲノミチ銘酢徳利」と備後鞆津の銘を認める酢徳利が保管されている。これらの資料もつぶさに観察し、計測することもできた。ちなみに前者は、器高38.3cm、口径内側4.6cm、口径外側5.8cm、底径12.2cm、後者は器高38.7cm、口径内側3.5cm、外側口径

図4
左：戎帯屋事・稲田伊兵衛の商標看板を記した明治20年の広告
右：尾道・艮神社鳥居前の天保十一年銘・戎おびや伊兵衛寄進石柱

5.4cm、底径12.2cmであった。ここの「ヲノミチ銘酢徳利」は、太い文字や太い商標で書かれている点で個性的である。光沢のある赤味のある黄褐色の体部に見る釉調と、黒味を若干覗わせる青味の強い地呉須は、底部の縁に見られる丁寧な面取り整形技法と共に、鞆皿山窯の製品を偲ばせる点で、海洋資料館の資料と共通する。

　佐渡国小木民俗博物館の旧校舎転用の棚に展示してある酢徳利は、8点あってすべてが「オノミチ銘酢徳利」である。これらはすべて計測して底部を含めて観察することができた。これらの測定値は、器高・口径の内外・底径の四捨五入した平均値で示しておく。それぞれが37.12cm、3.5cm・5.4cm、12.2cmである。8点のうち5点は、灰色帯びた淡黄色の釉調や文字に若干の違いが指摘できても、商標を含めて形態上の特徴や製作技法などに共通性が指摘できるが、3点については他の資料に見られない特徴が覗えた。つまり、釉調に見る光沢のある橙黄色と、均整のとれた商標の様態に個性を認める例と、頸部の立ち上がりが高い例と、底部が削り出し整形の1点である。とりわけ底部を輪高台状に削り出して凹底に整えた例は、胴部中央に商標のレッテルを貼り扱った商店名が確認できる点である。またこの徳利は、明らかに鞆皿山窯の製品ではなく、他の窯で生産された製品であることを示している。その素地が濁った灰白色の

胎土に細砂を含んでいる点を容易に指摘できるからである。つまりどこで生産されたかを検討する必要のある資料である。しかもこの資料は、図5の写真が示すように「ヲノミチ銘酢徳利」の同類の中で、更に細分して区別する必要があることを示している。

　ここで注目されるのが「ヲノミチ銘酢徳利」の中に、戎帯屋事・「山ヲ」を商標とする稲田伊兵衛以外に、何軒かの酢製造所が尾道にあって、それぞれが当然ながら個別の商標を使って営業をしており、鞆皿山窯以外の生産地に酢徳利を発注していたことである。このことはすでに地元の尾道では明治時代の記録などで知られていたとはいえ（尾道商工会議所記念館 2009）、生産地を含めて考古学的には未解明のことでもあり、その実態究明が今後の課題として残されている。基礎的な確認調査に期待される所以でもある。

　このような中で具体的な新資料を、佐渡国小木民俗博物館保管資料の酢徳利の観察成果の一つとして提示することができた。しかもその個性的な1点が、胴部に貼られたラベルによって「ヲノミチ銘酢徳利」の商標「山ヲ」の身内である稲田邦次郎と明記されていることにも注目された。しかも佐渡に伝世

図5
上左：「オノミチ銘酢徳利」の収蔵展示　佐渡国小
　　　木民俗博物館
上右：稲田邦次郎名入り北海道向徳利詰酢の広告
下右：稲田邦次郎名のレッテルが残る酢徳利　佐
　　　渡国小木民俗博物館

した酢徳利と同じ商標が、そのまま明治時代の新聞広告に使用されていたことは、北前船の操業年代を確認できる点で重視される。つまり明治32年5月7日発行の尾道新報（第271号）掲載の造酢所の広告である（尾道商工会議所記念館 2008）。これによると「やまヲ」酢は遠方には徳利で、近場には樽で販売していたとされ、北海道へは北前船で送られたと解説している。この広告には商標が□の中に黒丸を入れたもの、その下に清酢と書いた醸造元・橋本太吉名の広告と、□の中に「の」の字を入れた商標の脇に、黒地白抜きの文字で「かくの印酢」と斜めに入れた広告も同時掲載されている。このうち「かくの印」の商標を入れた製品は、後述する青森県下に伝製品があり、福山市引野・長崎窯跡で確認した「かくの印」陶片については、すでに筆者が発表したことがあり（鈴木重治 2015）、窯跡で採集された陶片は、胎土分析を行った白石純氏らにより発表されている（白石純・鈴木重治・伊藤晃 2009）。

　また福山市・引野長崎窯については、すでに前節で述べたように鞆皿山窯の創業にかかわった陶工たちが、引き抜かれて鞆皿山窯で働く以前の職場であったことも含めて、具体的な陶器の需要と供給の関係の実態を示す点で意義がある。つまり同一技法で、同一形態の酢徳利を造ることに慣れていた陶工を使って、複数の業者の発注に応えていた窯元の経営姿勢を、具体的な物質資料によって知ることができるからである。

　以上のように、佐渡へ北前船で運ばれた徳利が示す多様な地域間交流の実態は、陶器を通して見た生活文化史の一様相として、地域史を豊かにするものであった。

（2）津軽・下北などで確認した資料

　青森県下で「ヲノミチ銘酢徳利」を保管・展示している施設のうち、最初に観察することができたのは、青森県郷土館（青森県立博物館）であった。ここで観察した資料は計9点で、その中には文字や釉調などにばらつきのある「ヲノミチ銘酢徳利」が5点、玉廼井酢が1点、玉の井酢が3点であった。「ヲノミチ銘酢徳利」の内訳は「山ヲ」が3点、「□の」が1点である。この他、日本海沿岸の漁師が海中から引き揚げた酢徳利が1点、常設展示の北前船関連コーナーにある。この資料は、海中生物の痕跡などの付着物が多いため、大き

さや器形は認められても、陶器の観察には適さない資料であった。しかしこの資料が提供する歴史的個性というべき情報は、重要である。つまり同時に引き揚げられた他の物質文化資料とあわせて、水中考古学関連の考古資料であるからである。日本海沿岸で沈んだ船の積荷であったに違いない。将来の究明課題の一つであろう。

　この他、青森県下の博物館・資料館・埋蔵文化財センター・郷土資料館・ふるさと館など、下北、三八上北、津軽の各地で観察し計測ができた資料は計49点である。これらの伝世資料のうち、各施設が収蔵・保管するまでに至った来歴、つまり採集地・寄贈者の住所などの位置情報は、使用者の歴史的背景を検討する上で意味を持つことから可能な限り調査し、現地の歴史地理的情報を観察することとした。各地の文化的景観と自然地形の概要を観察する中で、生活文化の背景を理解する手掛かりを得たことは、各地に受け入れられた酢徳利の歴史的背景を知る点で有意義であった。

　各地の施設で保管している酢徳利については、その概要を述べるにとどめるが、歴史的な受け入れ方に関する生活文化史上の情報については、地域の個性に関する限り触れることにする。つまり日本海沿岸を北上して北海道へと延びる北前船のルート上の主な寄港地と、受容地側の歴史地理的な地域差などを検討したいが為である。

　下北・三八上北・津軽の順で踏査する中で、青森県埋蔵文化財センター・上北郡東北町歴史民俗博物館・むつグランドホテル内郷土資料館・下北郡東通村歴史民俗資料館・むつ市文化財収蔵庫・八戸市博物館・外ヶ浜町大山ふるさと館・中泊町博物館・金木歴史民俗資料館・青森市中世の館などで確認した49点の中には、かつて青森市郷土館で観察した記憶に残る資料も含まれていた。再度観察した資料を含めて現地の歴史的景観に接した上で検討すると、それぞれの個性的な背景を知り得る点で、現地の持つ情報量の多さを重ねて実感することができた。重視される生活文化史上の様相を述べる前に、確認した酢徳利の各地に分布する数量に触れると次のようである。先に示した施設の順で、まず青森県埋蔵文化財調査センターから数値を示すと、2点・2点・8点・6点・14点・2点・10点・2点・2点・2点となる。最後に観察した青森市中世の館では2点のうち1点のみを計測した。

北前船で運ばれた備前・備後産徳利の生活文化史的考察

　これらのうち、考古学的に評価できるのは青森県埋蔵文化財調査センターで保管している２点の酢徳利である。２点とも、田名部代官所跡からの出土資料である。青森県下の遺跡から出土した酢徳利の唯一例であり、すでに報告されている（青森県埋蔵文化財調査センター 1997、青森県史編さん考古部会編 2003）。遺跡の性格が示す社会性や時代性など含めて、共伴の出土資料とともに生活文化の検討に有意な情報を提供した。つまり田名部代官所の性格は、盛岡藩にとって北の玄関口ともいえる港を控えた出先であり、北前船の寄港地でもあった。廻船や藩船なども出入りしていたことであろう。出土資料に関する限り、肥前産陶磁器のうちの碗・皿などは伊万里焼・波佐見焼などの染付磁器で占められ、18 世紀末から 19 世紀のものと見られる。注目されるのは、貿易陶磁器として知られるコンプラ瓶の破片で、これもまた青森県下の出土資料としては初見である。遺跡の性格を示す立地も無視できない。松前徳利と呼ばれた越後産の焼酎徳利が、下北でも津軽地方の港町でも確認されていて地域性を示している。津軽海峡に近い陸奥湾内の東北の隅に位置する港だけに、蝦夷地との交易を背景とする西廻り航路の重要な寄港地として有意な位置を占めたに違いない。ここで注目されるのが、田名部代官所の西方で湾内の海底から引き揚げられた一群の徳利である。つまり下北郡脇野沢村松ヶ崎の沖合約 250ｍ、水深 11ｍほどの海底から漁師が引き揚げたという陶磁器である。中に波佐見焼の笹徳利や、越後産の焼酎徳利も含まれている。漁師によって引き揚げ後、海中に放棄された碗・皿類も多数あったと報告されている（前掲青森県史編さん考古部会編 2003 の「脇野沢沖海上り陶磁器」の項）。つまり陸奥湾に入った船の積荷の中には、搬入された陶磁器がかなりの数に上るであろうことを示している。ちなみに下北半島内の近世遺跡で肥前産陶磁器をはじめ、各地の陶磁器を出土している遺跡は、鞍腰遺跡・大安寺経塚・岩屋近世貝塚・大平貝塚・浜通遺跡・前坂下遺跡、板子塚遺跡などである。ここで注目されるのが、圧倒的に多い出土資料が西廻り航路の積荷であったことである。田名部代官所跡出土の酢徳利も西廻り航路の北前船の積荷であったことは、十分に想定されるところである。

　田名部代官所跡出土の徳利の特徴について述べておく。まず指摘されることは、１点が「尾道酢」と肩から胴部下半部まで、黒味の強い呉須で大きく楷書体で丁寧に縦書きされた酢徳利である。この資料は、田名部館の中区外堀攪乱

層出土という。他の1点は、口縁部から肩までが欠損している資料である。体部中央に「道造酢」と書かれていて上の一字が無いものの、「尾」であることは間違いなかろう。外堀上の盛土攪乱層からの出土である。書かれている文字のうち「道」「酢」ともに、書体も釉調も同一である。残された器面の荒れ具合が違うとはいえ、当初の器面は共通した光沢のある黄褐色であったと観察できた。形態、製作技法も同一である。ちなみに底部の縁を面取り整形した点と、底に見られる素地の観察から生産地を備後・鞆皿山窯と見ることに躊躇はなかった。

　ここで先に挙げた青森県下各地で観察した計50点の資料のうち、産地が想定された資料と、それらの計測値について述べておく。まず産地については、判定の基準を形態上の特徴・釉調・整形技法などに置いて観察した結果は、次の通りであった。備後・鞆皿山窯産と想定した例は、計28個体と最も多く、備後・引野長崎窯産は2点、他は石見焼と考えた例を含めて、産地の判定を後日に残さざるを得なかった。これらは石見焼を含めて生産地における窯跡自体の発掘調査が行われていないためであり、窯単位の判定を近い将来の調査成果に期待してのことであった。計測値については、それぞれ平均値で示す。器高が計測できた46点の平均値は37.79cm、計測した口径46点の平均値は内径3.55cm、外形5.28cm、計測した底径44点の平均値は、12.42cmであった。口径の内外の差は、口縁部の厚みを示していて1.73cmを示す。この厚さは栓をした上でしっかり皮などで覆い紐で強く結んで口縁を保護するための造形上の工夫を表している。現に保存されていた資料の中には、東北町民俗資料館の2例のように、口縁部を保護する為に木製の栓の上を鹿皮で覆い、更に細い鹿皮の紐を何回も頸部に巻き付けた状態が確認されている。運搬時の安全対策であり内容物の品質保持が考えられた。

　全体の酢徳利を通して見ると、形態上の違いや商標の違い、更に釉調の違いなどにばらつきがあることが分かる。商標や文字の内訳についてみると、「山ヲ」の「ヲノミチ銘酢徳利」が26点、「尾道造酢」が3点、「尾道酢」が1点、□の中に黒丸を入れた角星を商標とし、その商標の上に右から尾道と書き、商標の下に酢と書く例が1点、横長の菱の井型の中に「玉」の字を入れた商標では「玉廼井酢」が6点、「玉の井酢」が1点、「玉の井す」が4点である。ま

図6
上左：むつ市文化財収蔵庫保管の酢徳利
上右・下右：青森県埋蔵文化財調査センター保管の田名部代官所跡出土資料

た特徴的な製作技法として砂目が肩に廻る例や、底部の縁に沿って廻る例があるが、商標との関連で見ると、「玉廼井酢」と「玉の井酢」のすべてに砂目が認められる。1点の角星例も砂目であった。なお「山ヲ」の商標を持つ「ヲノミチ銘酢徳利」で砂目を認めた例は、むつ市文化財収蔵庫の1例のみである。この資料は底径が16cmと大きく、他の資料とは明らかに違う形態を持つ。頸部が短く、体部の下半が緩やかな曲線を描かず、直線的に大きな底部へ続く点など、生産地の違うことを示している。

　このように青森県下の酢徳利を通観すると、商標「山ヲ」の「ヲノミチ銘酢徳利」が大半を占める点で共通するが、佐渡や北海道に伝世する「備後鞆津・桑田之造」と書かれた例や、篦ガキ例が確認されていないこと、更に佐渡で確認されていない「玉廼井酢」の比率の多さなど共通する点、共通しない点のあることが認められる。このことは生産地の違いと合わせて供給時の時期差を示すものか、受容した年代幅の差なのか、それとも採集された地域差なのかなど、分析する必要のある。

　通観して考古学的に考えると、まず指摘できるのは生産地の窯跡の確認が遅れていることであり、消費地の遺跡からの出土例が限られている点である。つまり伝世資料は民俗資料として扱われることが多く、考古学的な遺跡を通した

検討が進んでいないことから、研究法を含めた研究者間の情報の共有化が必要に思える。

　以上のように青森県下で確認した酢徳利は、尾道産の酢の容器として酢と共に北前船で運ばれた積荷であり、津軽や下北の地域には広く分布するが、八戸などの三八上北地域となると急に減少する。つまり太平洋側の八戸まで少量の分布が確認されるが、極端に量が減ることを分布状況が示していた。このことは北前船が蝦夷地に渡る前の本州側の寄港地が、北海道に面した太平洋側の下北半島北東部の大畑までであったことに関係するものと思われた。

　つまり地形的に下北半島東北部に角状に突き出た尻屋崎より南の太平洋側には北前船は航行せず、尻屋崎の西に位置する大畑から、目の前の松前などの蝦夷地に渡るのが通常であったことを反映しているに違いない。

　ちなみに下北のむつ市の中心部にある田名部館跡からは、近世以前の15～16世紀を主体とする陶磁器の出土が知られていて、中国産の青磁や越前産の擂鉢が出土している。さらに広く攪乱された状態の調査区からは珠洲焼の大甕や永楽通宝などの出土が報じられている。一方、下北産のヒバ材と陸奥湾の海産物が田名部湊から搬出された古記録もあり、地域を理解する上で重視されよう。更に陸奥湾を挟む津軽地方の中世を代表する遺跡に十三湊遺跡がることは無視できない。戦国期までに成立したとされる『廻船式目』の中で、「三津七湊」の一つとされた本州最北端の「奥州津軽十三湊」であり、大量の中国産貿易陶磁器を出土したことは指摘するまでもない。まさに交易の拠点であった。

むすび

　日本列島における中・近世陶磁器の研究を考古学の視点で振りかえると、戦後各地で行われた窯跡群の発掘成果は、消費地の発掘成果と共に地域差を示しながら生活文化の実態を明らかにした点で重視される。具体的にみると中世では瀬戸・渥美・常滑・備前・信楽・珠洲・東播などが、それぞれの地域に根差した個性的な製品を生産・供給した様相を示しつつその消長の多様性を窺わせた。近世では、磁器生産の開始による生活文化の変容に加え、肥前産の陶磁器や瀬戸・美濃産の製品の都市・農漁村への販路拡大に伴う生産技術の交流が小規模な地方窯の出現を生み出し、都市・農漁村での陶器と磁器の生活文化に見

る使い分けの進行など、多様な生活文化の実態を明らかにして来た。

　一方、中・近世の世界史的な技術革新と大陸間交流が、各地から列島内に大量の貿易陶磁器をもたらし、日本の陶磁文化に与えた影響は大きい。その実態を究明する目的で80年代以降に展開した貿易陶磁研究は、生活文化の究明に寄与しただけでなく、中・近世陶磁器の研究を大きく進展させた点で評価される。

　このような陶磁史研究の歩みの中で、生活文化史の多様性を地域間交流の視点で検討すると、いまだに残された課題は多い。近世から近代にかけての列島内地域間交流となると、全国的な規模での基礎的な研究がようやく開始されたばかりと云える。中世から近世を通して大量の陶器を全国各地へ供給してきた備前焼についても未解明の分野が多い。近世の編年研究をはじめとして備前焼の影響を受けた地方窯とその製品をめぐる研究となると、大きな後れが指摘される。このことは、日本考古学界の動向を反映していて、中・近世を含めて研究対象とする地域にばらつきがあったことを示している。1970年代以降に大きく展開した近世窯址群の発掘調査の地域性がこれを裏付けている。さらに陶器生産に関わった関係者や、陶工集団の生活文化史の視点からの研究成果となると、皆無に近い状況にあった。

　以上のような中で、北前船の積荷に注目して備前・備後産の陶器のうちの徳利に絞った陶磁史上の検討を行い、地域間交流と地域の特徴的な生活文化の一端を明らかにしたのが今回の作業である。つまり生産窯址と製品の分布の様相を確認するとともに、窯元や陶工の暮らし向きの一端を窺いつつ、陶磁史研究に考古学を基礎とした文化史学的研究法を取り入れた成果を示したことになる。しかし生活文化史の視点で見ると、地域に根差した多くの産業遺跡との比較検討が残されている。日本海沿岸を生活の場とする西日本と北日本間の地域産業の技術交流と、物流などを介在した生活文化の交流となると、課題は更に広がる。生活文化史の流れの中にみる陶磁文化の変遷と革新の歩みも、人・もの・技術・思想などを柱とする地域間の文化交流にあったとすることに異論は無かろうが、具体的な地域間交流の詳細については、当面する課題も多い。

　近世から近代にかけての備前・備後産陶器の生産をめぐる問題も、考古資料を含めた製品の詳細な観察を通した地域間技術交流の検討などは当面の課題であろう。近世備前焼の編年研究を含めた生産窯址の確認調査をはじめ、消費遺

跡出土資料の情報の共有化、伝世資料の詳細な確認作業なども必要となる。陶工をはじめ陶器の生産と流通にかかわった人々の生活文化の究明も課題となろう。中世から受け継がれた伝統的な備前焼でも、いまだに伊部北大窯・西大窯など近世窯跡を対象とする学術目的の発掘調査が行われていない。備前焼に限らず備前の影響を受けた各地の近世窯跡の発掘調査を含めた生産遺跡での窯単位の研究や、関連する近世・近代の消費遺跡の調査にも地域的課題が残されている。

　日本の近世末から近代にかけての産業遺跡を、生活文化史の視点に立った考古学的調査に期待する所以である。とりわけ日本海沿岸各地の当該時期の陶器窯の調査と、生活文化をめぐる研究に期待される。

　筆を擱くに当たって、資料の観察と計測などを通して多くの方々の協力を得た。とりわけ、金沢大学名誉教授・佐々木達夫氏を始め、新潟大学教授・橋本博文氏、弘前大学教授・関根達人氏らの情報提供と、現地の教育委員会・関係者への連絡・依頼などの手厚い支援があった。心から感謝申し上げる。

参考・引用文献

青野春水 2007「鞆の津中村家文書目録Ⅱの刊行に当たって」『鞆の津中村家文書目録Ⅱ』福山市鞆の津歴史民俗資料館

青森県史編さん考古部会編 2003『青森県史　資料編　考古4　中世・近世』

青森県埋蔵文化財調査センター 1997『田名部館跡』青森県埋蔵文化財調査報告書第 214 集

愛媛県埋蔵文化財調査センター 2011『松山城内　三の丸の発掘調査』

財団法人大坂市文化財協会 2003・2004『大阪市北区　広島藩大坂蔵屋敷　Ⅰ』『同Ⅱ』

岡山市教育委員会 2008『岡山城三の曲輪跡―旧岡山藩校跡―』

尾道商工会議所記念館 2008『第 8 回企画展示　尾道の酢』

尾道商工会議所記念館 2009「尾道　あ・ら・か・る・と～北前船と商人の町～」『第 12 回企画展示解説』

桂又三郎 1966『備前虫明焼』木耳社

京都市埋蔵文化財研究所 2005『平安京北辺左京四町四坊』

下田市教育委員会 1992「「問屋会所日記」安政三年七月二十五日の応接初日の記

録」『下田市史』

白石純・鈴木重治・伊藤晃 2009「福山市近世窯の胎土分析―鞆皿山窯を中心とし
　て―」『岡山理科大学自然科学研究所報告』第36号

鈴木重治 2009「出土の布袋徳利に見る歴史像―遺跡学から見た消費と生産にかか
　わる人間集団と地域性―」『文化史学』第65号

鈴木重治 2015「北前船で運ばれた備前・備後産陶器の基礎研究―生産窯址の確認
　と製品分布を中心に―」『日本考古学協会第81回総会研究発表要旨』

東京都建設局・新宿区内藤遺跡調査会 1992『東京都新宿区　内藤遺跡　放射5号
　線整備事業に伴う緊急発掘調査報告書』

東京都埋蔵文化財センター 2000『汐留遺跡Ⅱ―旧汐留貨物駅跡地内の調査―』

同志社大学校地学術調査委員会 1951『同志社中学彰栄館増築地点発掘調査概要』

同志社大学歴史資料館 2011『相国寺旧境内の発掘調査』

備前市教育委員会 2003『伊部南大窯跡確認調査報告書』

備前市教育委員会 2008『備前市埋蔵文化財調査報告8　国指定史跡伊部南大窯跡
　発掘調査報告書』

福山市鞆の浦歴史民俗資料館 2006 ～ 2013『鞆の津　中村家文書目録Ⅰ～Ⅶ』

福山市鞆の浦歴史民俗資料館 2009「特別展　江戸末期からの鞆皿山焼」図録

図版出典

図1　左：福山市歴史民俗資料館保管／右：備前市教育委員会保管　ともに筆者撮影

図2　上左：備前市教委 2008 第54図を改変／上右：同志社大学校地学術調査委
　員会 1951 より転載／下右：鈴木 2009 より転載

図3　佐渡国小木民俗博物館所蔵　筆者撮影

図4　左：尾道商工会議所記念館 2008 より転載／右：筆者撮影

図5　上左：佐渡国小木民俗博物館所蔵　筆者撮影／上右：「尾道商工名鑑」明治32
　年より転載／下右：佐渡国小木民俗博物館所蔵　筆者撮影

図6　上左：むつ市文化財収蔵庫保管　筆者撮影／上右・下右：青森県埋蔵文化財
　調査センター保管　筆者撮影

南宋都城址杭州に流通した天目茶碗
—— 米内山庸夫資料を中心に ——

関口広次

はじめに

(1) 米内山庸夫とは

米内山庸夫は 1888（明治 21）年 5 月 21 日に現在の青森県上北郡七戸町で生まれ、1928（昭和 3）年から 1932（昭和 7）年に日本の杭州領事であった。この頃南宋官窯址の探索に尽力され、杭州鳳凰山一帯で陶磁器片を採集されている。この資料が戦後日本に将来され、現在 5 箇所に分散保管されているという。特に東京国立博物館・京都大学人文科学研究所・繭山龍泉堂の 3 箇所には『米内山庸夫蒐集陶片採集記録』と書かれたノートとともに寄贈されている。この間の詳細な報告は佐藤サアラ等の『米内山陶片』（佐藤ほか 2009）に詳しい。また杭州領事となる前後にも、当時の満蒙の地や南京などで古瓦等の採集を行い、それらの一部が東京大学に寄贈されており、近年その研究報告が出されている（中村 2010）。

米内山が他の研究者と大きく異なる点は、現物資料とともに添付メモやノートを残し、今日的に言うところの研究のトレサビリティー（追跡可能性）が確保された点である。これこそ実証的研究の基本となすべき点であり、証拠を隠滅してしまっては論の正否を判断することさえ出来ないのである。米内山の書いた多くの論文以上に意義ある業績として再評価すべき点であろう。同様に米内山の集めた図書・地図類及び自筆原稿・ノート類・新聞切抜き帳等の 892 点が、一括して青森県立図書館に米内山文庫として収蔵されていて、一般公開されていることも特筆されよう（青森県立図書館 1972）。

上記佐藤サアラ等の『米内山陶片』出版後、繭山龍泉堂から追加の米内山陶片資料が見つかり、その中に南宋郊壇下窯址の窯道具類が大量に含まれていたので、その整理作業と報告書作成を筆者が担当した。それらの成果は、2011年 11 月に『米内山陶片 II』（今井・佐藤・関口 2011）として刊行された報告書

に掲載されている。その際の遺物は一点一点丁寧にラベリングされ、大切なものはノートも取られており、米内山の陶片・窯道具類に対するただならぬ愛情を感じた。

(2) 米内山陶片の採集地点

筆者らは、既に報告した郊壇下窯址の遺物以外で、米内山が南宋官窯址探索の途次、採集した窯道具・陶片資料の整理報告を行った（佐藤サアラ・関口広次 未刊）。それらは特に修内司窯址の探求途中で採集された遺物が主体となっている。そこで、遺物を採集した地点、すなわち米内山が修内司窯址と推定した遺跡付近ということにもなるが、そこの現況について外観しておこう（関口2012a）。

米内山は1953年に彼が修内司窯址とする5箇所の場所を、かなり詳細に記述した（米内山 1953）。また1954年になって別論文（米内山 1954）で「私の発見した修内司窯址は五ヵ所ある。しかし、すべて混乱壊滅していて原有の状態においてこれを見ることは出来ない。しかし、確実な窯址遺品の存在によって、それらが窯址であることは確かである。」として5地点を図示した。それでも具体的な地点が不明瞭で『支那風土記』（米内山 1939）や他の諸論文の修内司窯の記載地点を参考に、1 内窯 2 外窯 3 西渓窯址 4 地蔵殿窯址 5 青平山窯址の5地点を昭和10年代作成と思われる杭州の地図に落としたものが図

表1 探索地現況

米内山氏探索地等	現在の建造物・施設	現住所
地蔵殿	杭州市烟草専売局稽査支隊（杭州烟草専売局連絡室・杭州市工商行政管理局　駐杭州烟草専売局連絡室）	杭州市万松嶺路67
同上	杭州市雄獅運輸有限公司	杭州市万松嶺路65
西渓	上記南側谷地　老虎洞窯址へ登って行く道	
四明公所	杭州市美術職業学校	鳳凰山脚路166
張墳	杭州市天和微生物試剤有限公司？	鳳凰山脚路7-1
報恩寺	杭州市天和微生物試剤有限公司？	鳳凰山脚路7-1
饅頭山	鳳凰山脚路～饅頭山路で囲まれた一帯　広くは「饅頭山社区」と称す	
青平山	杭州巻烟廠（「利群」という銘柄のタバコ会社）宋代三省六部の遺跡	中山南路と万松嶺路の角
旧日本領事館	杭州市の対外服務処として利用　1号棟が旧日本領事館のままの建造物で杭州市文物保護点に指定	杭州市石函路1

関口広次

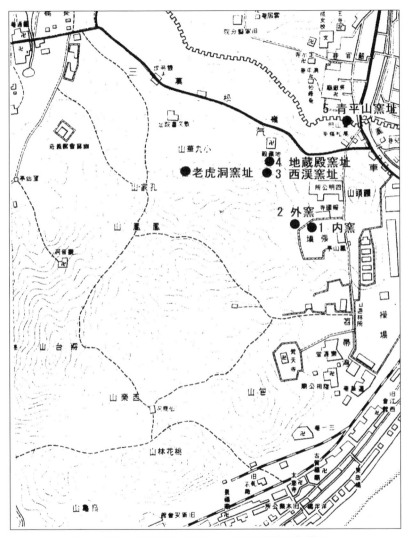

図1　米内山推定修内司窯址と老虎洞窯址の位置図

図2　地蔵殿址裏

図3　西渓

図4　旧地蔵殿現況

図5　皇城北墻

1である。そこに記されたポイントとなる地点を2011年8月及び2012年1月に現地確認をしてみた。現地でのヒアリングなどを通じて知り得た地点は表1の通りである。さらに現在修内司窯址と目される老虎洞窯址（唐 2010）の位置をも図1中に落としてみた。そうした調査の結果、極めて興味深いことが判明した。

現在老虎洞窯址に入る道は二通りあり、一つは万松嶺路を万松嶺南31号付近から分岐して約700m渓谷沿いを孔家山方向に登り、老虎洞窯址に達する道である。他の一つは万松書院（敷文書院）を越えて一気に南下して5、600m歩いて老虎洞窯址に達する道である。道は共に整備されているが、前者が一般的に利用される道である。実はこの渓谷路が米内山の名付けた「西渓」にあたり、地蔵殿は万松嶺路から老虎洞窯址へと入る分岐点近くであり、裏手が西渓となる（図2）。地蔵殿の裏手坂道より谷地の西渓付近で採集したものを「地蔵殿」採集品また雨が降ると小川となる谷地で、米内山が西渓と名付けた渓谷（図3）から対岸の傾斜地、後述する南宋皇城址の北墻下あたりで採集した陶片類を「西渓」採集品と区別している。地蔵殿は現存せず、表1のようにタバコ（銘柄「利群」）専用の配送会社の駐車場とタバコの検査施設とになっている。特にタバコの検査施設の作られた

場所に地蔵殿の廟が残されていたらしい（図4）。これらの事実は、米内山が西渓や地蔵殿裏手で採集したという窯道具類などは、老虎洞窯址からの流れ込みであった可能性が極めて高い。老虎洞窯址の発見の発端自体が崖崩れに伴って流れ出した青磁片や窯道具類の発見による（唐 2010）。こうした点からすると、米内山の修内司窯址の発見もあながち的外れとは言い難く、今一歩のところまで来ていたと言える。ただ米内山の採集した西渓・地蔵殿の製品には様々な産地、タイプのものがあり、老虎洞窯址の製品には限られないようで、近傍に南宋時代の遺跡が存在していた可能性も高い。事実、現状の推定地蔵殿址の西渓を挟んだ対岸に南宋皇城址の北墻が発見され、保存されている。距離にすれば数十ｍしかない。戦前の米内山等の調査時には未だ知られていなかったようである（図5）。

1. 採集した天目茶碗片について

（1）採集品の全体像

米内山が採集した窯道具・陶片類の総数は597点である。その中には窯壁なども含まれている。採集地別に器物の大枠を見て行くと、表2がその内訳となる。米内山が修内司窯址と推定した5地点で、採集品全体の58.2％を占め、中でも西渓は161点で全体の27.0％となり、地蔵殿と合わせると、43.4％とかなりの比率となる。老虎洞窯址からの流出遺物が含まれ、また周辺の南宋時代の遺跡から谷地への投棄によるものとも推定される。万松嶺・鳳凰山・杭州といった地点の遺物は、米内山が上記5地点の「修内司窯址」を探索する途中で表採したものと考えられる。

表2 米内山庸夫採集地別器物種類

	A.窯道具	B.生焼け製品	C.無釉	D.青磁	D.白磁	E.鉄釉・褐釉	F.鉄絵	G.灰釉	H.他・不明	計
1. 地蔵殿	2	11	4	40	30	6	2	3	0	98
2. 西渓	30	5	4	62	23	36	0	0	1	161
3. 外窯	4	0	1	16	14	8	0	0	0	43
4. 内窯	0	0	0	7	4	0	0	0	0	11
5. 青平山	0	0	0	16	18	1	1	0	0	36
6. 万松嶺	0	0	0	30	26	6	0	0	0	62
7. 鳳凰山	3	0	0	24	9	6	0	1	2	45
8. 杭州	0	0	0	38	46	11	2	2	0	99
9. 他・不明	0	0	0	18	16	8	0	0	0	42
計	39	16	9	251	186	82	5	6	3	597

地蔵殿からは窯道具2点、生焼け製品11点が採集されており、西溪からは窯道具30点、生焼け製品5点が採集されており、米内山が窯址と判断した根拠でもある。また外窯でも窯道具が4点採集されており、また鳳凰山でも3点窯道具が採集されているが、距離的、地形的に見ると上記2地点からの流れ込みとは考えづらい。また内窯、青平山では今回の資料中には窯道具類・生焼け製品等は含まれていなかった。しかし青平山と称されるタバコ会社前付近で近年、青磁類が一括発見されている報道があり、米内山の推定も再考の余地がありそうである。外窯、内窯、青平山といった地点は製品の集積地あるいは修内司に関連する管理機関の置かれた地の可能性もあると筆者は推測する。

こうした地点からの採集品中に天目茶碗が何点か含まれており、以下ではこれらについてより細かく考察してみたい。

(2) 採集天目茶碗の考察

図6-1　青平山採集の天目形の鉄釉碗で、口径約11.0cm、底径約3.2cm、高さ約5.3cmである。胎土は灰黒色、小石粒の混入した粗い磁器質である。内外面に光沢の乏しい半透明な茶黒色の釉が、外面では胴部中位下まで、内面では全体に施されている。外側面及び高台部は左回転轆轤による削りが行われている。特に外側面は口縁下のくびれ部まで大きく直線的に削られているのが特徴的である。類似した天目碗が、杭州市内の南宋恭聖仁烈皇后宅遺址（杭州市文物考古所 2008）（図7）、南宋臨安府治遺址（杭州市文物考古所 2013b）（図8）などから、かなりの量出土しており、そこでは福建省武夷山市遇林亭窯址の製品としている。福建省遇林亭窯址　12～13世紀

図6-2　万松嶺採集の天目形の鉄釉碗で、口径約11.0cm、底径約3.5cm、高さ約5.2cmである。胎土は灰黒色、小石粒の混入した粗い磁器質である。内外面に光沢のある半透明な黒色の釉が、外面では胴部中位下まで、内面では全体に施されている。口縁部付近では茶色の発色を呈す。外側面及び高台部は左回転轆轤による削りが行われている。これも外側面は口縁下のくびれ部まで大きく直線的に削られている。福建省遇林亭窯址　12～13世紀

図6-3　地蔵殿採集の天目形の鉄釉碗で、口径約11.0cm、底径約3.7cm、高さ約5.0cmである。胎土は灰褐色、小石粒の混入した粗い半磁器質である。

関口広次

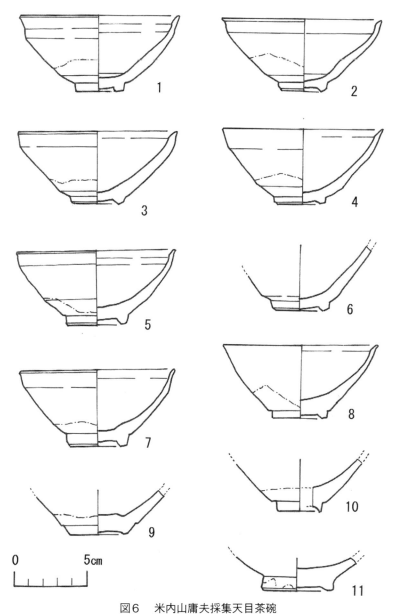

図6 米内山庸夫採集天目茶碗
1 青平山 2 万松嶺 3 地蔵殿 4・7 杭州 5 不明 6・11 鳳凰山 8〜10 西渓

内外面に半透明な黒色の釉が、外面では胴部中位下まで、内面では全体に施されている。外側面及び高台部は左回転轆轤による削りが行われている。

厚手の造りになっている。これも外側面は口縁下のくびれ部まで大きく直線的に削られている。福建省遇林亭窯址　12 〜 13 世紀

図6-4　杭州採集の天目形の鉄釉碗で、口径約 11.0 cm、底径約 3.3 cm、高さ約 5.0 cm である。胎土は灰茶色、粗い磁器質である。内外面に光沢のある半透明な黒色の釉が、外面では胴部中位下まで、内面では全体に施されている。外側面及び高台部は左回転轆轤による削りが行われている。これも外側面は口縁下のくびれ部まで大きく直線的に削られている。福建省遇林亭窯址　12 〜 13 世

図6-5　採集地不明の天目形の鉄釉碗で、口径約 11.0 cm、底径約 4.0 cm、高さ約 5.1 cm である。胎土は灰褐色の陶器質である。内外面に半透明な茶黒色の釉が、外面では胴部中位下まで、内面では全体に施されている。細かく貫入が入っている。口縁部付近では茶色の発色を呈す。外側面及び高台部は左回転轆轤による削りが行われている。福建省遇林亭窯址　12 〜 13 世紀

図6-6　鳳凰山採集の天目形の鉄釉碗で、底径約 3.9 cm ある。胎土は灰色の粗い磁器質である。内面に光沢のある黒色の釉が、外面では茶色の釉が胴部中位まで施されている。外側面及び高台部は左回転轆轤による削りが行われている。底面に判読不明の墨書文字が見られる。福建省遇林亭窯址　12 〜 13 世紀

図6-7　杭州採集の天目形の鉄釉碗で、口径約 11.0 cm、底径約 4.1 cm、高さ約 5.3 cm である。胎土は灰色、粗い半磁器質である。内外面に光沢のない半透明な茶黒色の釉が、外面では胴部下半部まで、内面では全体に施されている。高台部から外側部に立ち上がるコーナーに小さく段を削り出し、また見込み（内底面）は凹状にへこませ、いわゆる茶溜まりを造っている。外側面及び高台部は左回転轆轤による削りが行われている。後述の図 6 - 8 に類似している。福建　12 〜 13 世紀

図6-8　杭州採集の天目形の鉄釉碗で、口径約 11.0 cm、底径約 3.9 cm、高さ約 5.0 cm である。胎土は灰黒色、やや粗い半磁器質である。内外面に茶黒色の釉が掛かり、内面では茶色の斑点状になる。高台部から外側部に立ち上がるコーナーに小さく段を削り出している。外側面及び高台部は左回転轆轤による

削りが行われている。やや厚手だが、前述の図版6-7に類似している。福建
12～13世紀

　図版図6-9　西渓採集の鉄釉（天目）碗で、底径約4.0cmである。胎土は灰
白色、パウダー状の磁器質である。外面は茶黒色の釉が胴下半部まで掛かり、
黄白色の斑点文も見られる。また内面では黒釉上に黄褐色の禾目が入り、内側
面に花文らしき文様も見られる。高台部から外側部に立ち上がるコーナーにご
く小さく段を削り出している。高台部は浅いえぐりがなされている。吉州窯
12～13世紀

　図6-10　西渓採集の鉄釉（天目）碗で、底径約3.0cmである。胎土は灰褐
色、半磁器質である。内外面に黒色の釉が、外面では胴下半部まで掛かり、内
面では全体に掛かる。高台部から外側部に立ち上がるコーナーにごく小さく段
を削り出している。高台部は浅いえぐりが左回転轆轤でなされている。福建
12～13世

　図6-11　鳳凰山採集の鉄釉（天目）碗で、底径約5.2cmである。胎土は灰
白色、やや粗いが混入物のない半磁器質である。外面は茶黒色の釉が高台側部
まで掛かり、内面では茶黒釉上に茶白色の斑点文が入る。高台部から外側部に
立ち上がるコーナーは湾曲気味に削られている。高台部は浅いえぐりが左回転
轆轤でなされている。吉州窯　12～13世紀

2.　天目茶碗の産地とその流通

（1）遇林亭窯の天目茶碗について

　かつて米内山は自身が採集した天目茶碗について修内司天目・瓶窯天目との
名称を提起されていた（米内山 1955・1956）。図6-1～8に掲載した天目茶碗
類が彼の言う修内司天目あるいは瓶窯天目に分類されるものと思う。瓶窯天目
は修内司天目より小振りで、瓶窯窯址からも採集されたとのことで、スケッチ
を掲載（米内山 1955）されているが、その真偽は確認出来ない。古くは中尾萬
三も禅僧たちの天目山への途次に通過する瓶窯で、そこで焼成していた天目茶
碗を、日本に将来したとも推定した（中尾 1936）。瓶窯窯址については、筆者
も調査しており、南宋時代のいわゆる韓瓶（長胴瓶）を焼成した窯址の製品に
ついての報告をした（関口 2012b）が、その窯址の物原では天目茶碗は見られ

なかった。最近、西天目山麓の臨安付近で鉄釉の茶碗類を焼成した窯址が、かなりの数発見されたことが報じられている（聞 2010）。しかし写真で見る限り、重ね焼きをした雑な茶碗であり、また実見した人の評価も日本での天目茶碗とは異なる雑な製品との評価であった（渡辺 1999）。ここで掲載したような天目茶碗ではない。また、後述するように福建省水吉鎮建窯の天目茶碗では胎土が黒色で重量感があり、釉薬も高台近くまで施され、少しここのものより高さが高く大き目のものが多い。

　一方ここで掲載した図6－1～6の諸例では胎土は灰褐色か灰黒色で、建窯のものより色は薄く、釉薬も胴部中位よりやや下までで終えている。さらに胴部の削りが直線的に大きく一気になされているのが特色である。要するにかなり量産化に向けた雑な造りに変化している天目茶碗である。筆者の知る限り、福建省武夷山市遇林亭窯址の出土品に類似している。杭州市内の南宋恭聖仁烈皇后宅遺址（杭州市文物考古所 2008）、南宋臨安府治遺址（杭州市文物考古所 2013b）などからも、同種の天目茶碗がかなりの量出土しており、そこでは福建省武夷山市遇林亭窯址の製品としている（図版7・8）。

(2) 遇林亭窯址について

　遇林亭窯址は 1958 年に武夷山市星村東北約 5 km の山間部で発見され、面積は 60000 ㎡に及び、1998 ～ 1999 年に約 3318 ㎡の面積が発掘調査された。そこから工房跡、窯址などの遺構が発掘されている。ここでは、上記に示したように鉄釉（天目）碗を主として、青瓷―ヘラ彫り・櫛描き文黄褐色青瓷碗等―、青白瓷をも生産している（曾 2001）。発掘調査された窯址は保存され一般公開され、後に発掘調査報告書も出された（福建省博物館 2002）。

　2基の龍窯が発掘調査され、1号窯址は長さ約 71.35m、幅 1.15 ～ 2.20m、平均傾斜 18 度で塼を主として構築された半地下式窯である（図9）。特徴的なのは、窯体が大きく右に湾曲し、さらに何回か向きを規格性なく左右に振る点である。窯体を振ることに対する主要因として以下のような点が思慮される。築窯時、自然傾斜がきつくなると窯は地下式とせねばならず、逆に傾斜が緩慢となれば地上式とせねばならず、地表から半地下式で一定の深さ・傾斜角度を維持し続けることは、距離が長くなるに連れて難しくなり、また岩盤など障害物

関口広次

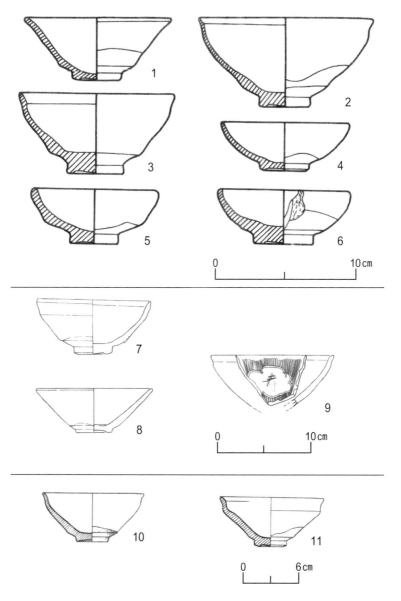

図7 武夷山遇林亭窯の天目茶碗（1）
1～6 遇林亭窯址出土　7～9 遇林亭窯址出土　10.11 杭州市南宋恭聖仁烈皇后遺址出土

南宋都城址杭州に流通した天目茶碗

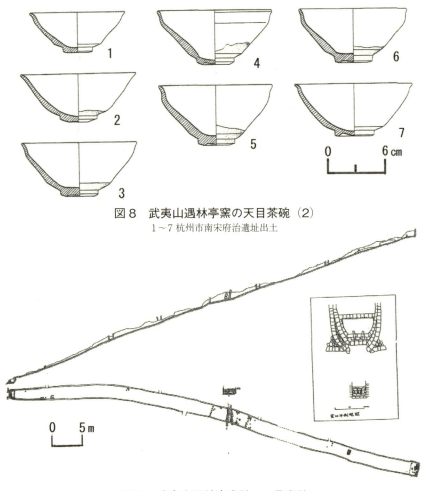

図8　武夷山遇林亭窯の天目茶碗（2）
1〜7 杭州市南宋府治遺址出土

図9　武夷山遇林亭窯址　1号窯跡

に突き当たれば回避せねばならず、一直線には掘削出来なくなる。つまり、床面傾斜角度の18度内外を保持しつつ、築窯に簡易な半地下式構造で窯の長さを出来るだけ長く確保するために、窯の方向を変化させて、自然地形からの制約を克服・回避したと推測される。こうした結果、燃焼室から立ち昇った炎が一気に焼成室を突き抜けてしまうことをも防ぎ、炎の流れをコントロールする効果をあげた場合と逆に却って炎の流れを阻害してしまう場合とが想定される。

後者の場合には、その対策として窯体あるいは窯焚きの方法等に、何らかの工夫がさらに加味されたであろう。

　燃焼室の焚口部には、近代の窯にあるロストル施設に類した「炉箄」が設けられており通風効果、灰落としの便を図った施設と想定される（図10）。焼成室への出入り口となる窯門は窯尻に向かって左側に5門、右側に1門計6門確認されている。特に、窯が長いため複数箇所の窯門の途中設置がまた必須となり、窯詰め・窯出し作業、燃料の薪置き場機能などを含んだ作業場の確保も窯門に連接して効率的に配置されていたものと推定される。なお窯門が両壁に設置されるのは、福建地域の宋元時代の窯の特色との指摘もある（徳留 2015）。

　1号窯は改築されていて、当初は前述の長い窯の規模で稼動し、黒釉瓷器95％以上で青瓷器は少量の比率で生産され、窯詰め数量は5万件と推定されている。後に窯は37.85mに縮小されて使用され、青瓷器を主として黒釉瓷器は補填的に生産されたと考察されている。匣鉢は天目茶碗が収まりの良い形状で、尚且つ底部平らな桶形の匣鉢（図14－3）より多数個重ねられる、入れ子状にした底部凸状の、いわゆる漏斗状匣鉢（図14－1・2）に一個体の製品を入れて積み重ねている場合がほとんどである。図版14－1の匣鉢の口径は20.2cm、高さ10.8cmである。図14－2では口径14.7cm、高さ9.9cmである。積んだ匣鉢の最上部に被せる蓋も出土している（図14－4・5）。時代は12～13世紀（北宋～南宋中晩期）とされている。

図10　遇林亭1号窯址

図11　遇林亭2号窯址

2号窯址の長さは、さらに長く約107.65m、幅幅1.80〜1.90mで平均傾斜19度、最大傾斜は30度、最小傾斜は15度の半地下式窯である（図12）。この窯の構築には匣鉢を多用し、塼を補充して窯壁を作り上げている（図11）。燃焼室とされる部分は半径0.50m、幅0.85mの狭い半円形を呈し、奥壁高も0.35mと低く、焼成室との境界が不分明である。また焼成室の前部4.3mは幅も大変狭く1m未満と思われ、そこに3列17行の伏せた匣鉢柱が設けられていて、それらはほとんど焼結して変形している。4.3mより後方の焼成室には正置された匣鉢が設置されているが、その下部2、3層、さらには3〜5層でも製品を入れていなかったものがあるという。窯室温度が十分高くならなかったためであろうか。後世の窯で言う「捨間」としての機能を持たせていたのかも知れない。現状では類例の少ない龍窯形状と言えよう。

窯は最初、焚口より右に軽く湾曲し、その後、大きく左に湾曲する。こちらも1号窯址と同じく、床面傾斜をなるべく一定に保ちつつ、また尚且つ長さを保持する為に、窯を曲げて造っている。2号窯址では岩盤などの障害物のため、床面の一部を急傾斜とし、窯を振らざるを得ない箇所もあったかと推測される。窯門は窯尻に向かって左側に5門、右側に7門計12門確認されている。こちらも底部凸状の漏斗状匣鉢を多用して鉄釉天目茶碗を主製品として詰め、積み重ねている。窯詰め数量は8万件と推定され、時代は12〜13世紀（北宋〜南宋中晩期）とされている。時代的に先行する北宋代の建窯窯址でも窯は長さを保持するのに左右に振っているが、南宋代の遇林亭窯址では、湾曲はより顕著である。遇林亭窯址では、碗の高さは建窯の天目茶碗に比して低く、当然匣鉢の高さも低く、その分、窯詰め数量も増加させる結果となっている。その比較の意味で北宋代を中心とする頃の天目茶碗である建窯の天目茶碗図を以下に掲載する。

(3) 建窯の天目茶碗

図15−1　建窯大路後門山窯址の天目形の鉄釉碗で、口径約12.0cm、底径約3.6cm、高さ約6.9cmである。胎土は灰黒色、叩くとにぶい音を発し、陶器〜半磁器質の感を受ける。黒色釉中に茶色釉が混濁した光沢のある釉が内外面にかかり、口縁は茶色で内外面の口縁下は兎毫斑状を呈する。外面では高台近

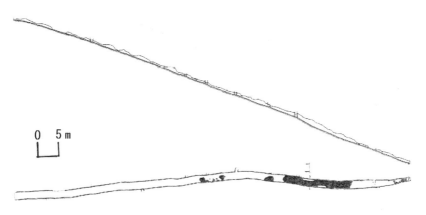

図12　武夷山遇林亭窯址　2号窯跡

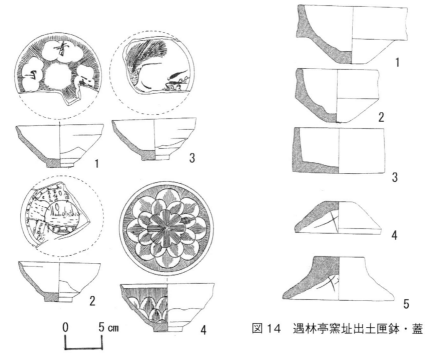

図13　遇林亭窯址出土金彩天目茶碗

図14　遇林亭窯址出土匣鉢・蓋

くまで施釉されている。底部から高台部は左回転轆轤による削りが行われていて、畳付外部は丁寧に面取りされている。

　図15-2　建窯大路後門山窯址の天目形の鉄釉碗で、口径約 12.0cm、底径約 4.0cm、高さ約 5.8cmである。胎土は１よりも黒色味が強い。見込み釉溜りは黒色、内外上部は茶色釉で、光沢はやや乏しい。釉の厚い部分では 0.4cm程である。外面では高台近くまで施釉され、一部高台まで及ぶ。底部は左回転轆轤による削りが行われている。

　図15-3　建窯大路後門山窯址の丸碗形の鉄釉碗で、口径約 11.0cm、底径約 4.2cm、高さ 5.0 〜 6.0cmである。胎土は黒色、叩くと金属音を発し、焼き締まり、半磁器質の感を受ける。外面は黒色釉、内面茶色釉で見込み（内底面）に砂粒が細かく付着している。外面にも付着粘土がある。外面では高台近くまで施釉されている。底部は左回転轆轤による削りが行われていて、底面は渦巻き状に削られている。

　図15-4　建窯大路後門山窯址の丸碗形の鉄釉碗で、口径約 9.0cm、底径約 3.4cm、高さ 4.0 〜 4.5cmである。胎土は黒褐色、叩くと陶器音を発し、砂粒を多く含む極めて粗な胎土である。焼成も不良である。内外面は茶黒色釉、光沢あるが、発色不良で、湧いた状態。外面では胴部下半まで施釉されている。底部は左回転轆轤による削りが行われている。

　図15-5　建窯大路後門山窯址の平碗形の鉄釉碗で、口径約 14.0cm、底径約 4.4cm、高さ約 5.8cmである。胎土は灰黒色で若干小石粒を含み、叩くとにぶい音を発し、陶器〜半磁器質の感を受ける。内外面はやや光沢のある黒色釉、外面では高台足部まで施釉されている。底部は左回転轆轤による削りが行われている。

　図15-6　建窯大路後門山窯址の平碗形の鉄釉碗で、口径約 12.0cm、底径約 3.8cm、高さ 4.2 〜 4.8cmである。胎土は灰黒色で、叩くとにぶい音を発し、半磁器質の感を受ける。口縁部内外面は茶色で以下は内外面光沢のある黒色釉で、外面では高台近くまで施釉されている。底部は左回転轆轤による削りが行われている。

　図15-7　建窯大路後門山窯址の平碗形の鉄釉碗で、口径約 12.0cm、底径約 3.7cm、高さ 5.0cmである。胎土は茶黒色でざらつきがあり粗く、叩くと陶

関口広次

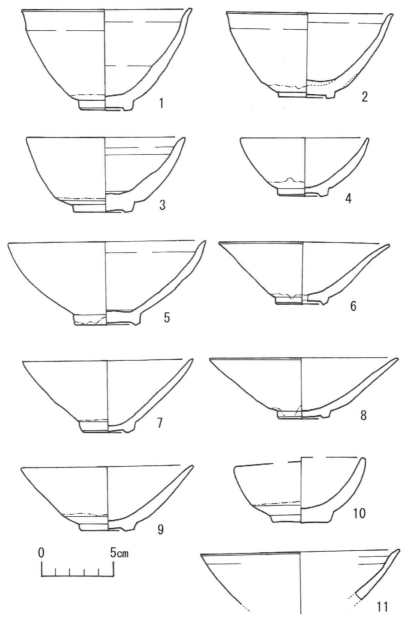

図 15　福建省水吉鎮建窯窯址採集天目茶碗

器音を発す。内外面は茶黒色で細かく切れが走り、光沢のない釉となっている。焼成不良である。外面では高台近くまで施釉されている。底部は左回転轆轤による削りが行われている。

図15-8　建窯大路後門山窯址の平碗形の鉄釉碗で、口径約13.0cm、底径約3.6cm、高さ4.1～4.5cmである。胎土と釉の状況はほぼ上記6と同じである。釉は外面では一部高台側部まで施釉されている。底部は左回転轆轤による削りが行われている。

図15-9　建窯芦花坪窯址のやや厚手の平碗形の鉄釉碗で、口径約12.0cm、底径約3.9cm、高さ約4.5cmである。胎土は灰黒色で小石粒が少し混入していて、ざらつきがある。焼き締まっている。内外面には黒色が施釉され、口縁付近は茶色を呈し、内面では光沢がある。外面では胴部下半部近くまで施釉されている。底部は左回転轆轤による削りが行われている。

図15-10　建窯芦花坪窯址の厚手の丸碗形の鉄釉碗で、口径約9.0cm、底径約4.1cm、高さ約4.3cmであるが、歪みも大きい。胎土は灰黒色で小石粒が少し混入していて、ざらつきがある。石質に焼き締まっている。内外面には黒色が施釉され、所々で茶色斑点が生じ、口縁付近は茶色を呈し、光沢も残る。外面では胴部下半部近くまで施釉されている。底部はヘラ削りされているが、ベタ底である。

図15-11　建窯芦花坪窯址の平碗形の鉄釉碗で、口径約14.0cmである。胎土は灰黒色で小石粒が少し混入していて、ざらつきがある。石質に焼き締まっている。内外面には黒色が施釉され、所々で兎毫斑状に茶色斑点が生じる。汚れのため光沢は失われている。

　以上が建窯の大路後門山窯址と芦花坪窯址の天目茶碗の事例である。器形としては天目形、丸碗形、平碗形とに分けられ、特に天目形は宋代に流行した闘茶に適した器形と考えられる（高畑1999）。南宋代の遇林亭窯址でも同様の茶碗器形が確認されるが、建窯の製品の方が概して高さ・深さがある。遇林亭窯址のものが高さを抑えたのは、一つには窯詰め量の増産を考慮してのことからであろう。あるいは後述するセット販売も考慮される武夷山岩茶の特性である強い風味を味わう飲み方や作法とも関連して、内容積の縮小化を図った器形変化とも想定される。また胎土は建窯のものは遇林亭窯址の製品よりも黒色味が

強く、極めて鉄分を多く含んだ土を使用していることが分かる。施釉も高台付近もしくは高台の側部にまで及んでいて、丁寧な造りとも言えるが、焼成時の釉ダレによる窯道具内での粘着不良の発生が予測され、遇林亭窯址の碗では胴下部で施釉を止めており、そうした不良発生に対応していたものと推定される。

ところで、杭州では遇林亭窯址以外の建窯の天目茶碗等も市内から出土しており、特に南宋時代外国使節団の宿泊に利用されたと言う都亭駅のあった東南化工廠跡地から、建窯の作品と言われている静嘉堂文庫美術館所蔵国宝曜変天目茶碗に類した曜変天目茶碗片が出土し脚光を浴びた（鄧 2012）。

(4) 金彩天目茶碗

遇林亭窯址で金彩天目茶碗が焼成されていたことは、他の窯とは違った際立った点として注目される（図13 - 1 ～ 4）。日本に現存する資料として、図16 は根津美術館蔵の金彩楼閣文字文天目茶碗で南宋代の遇林亭窯の製品である（根津美術館 2001）。丸形の天目茶碗で、内面全体に金彩文の痕跡がある。図版解説によれば「見込みを土坡で二分し一方に堂祀を、他方に人物を配している。その周りには〈御賜常庵〉、〈大観音石〉、〈鉄真人〉、〈蛟龍洞〉、〈景真元化洞〉、〈仙人一鶴〉、〈小観音〉の文字が各々に記されている。また口縁下には〈一曲谿過上釣船　慢亭峰影蘭晴川　虹橋一断无消息　万壑千岩鎖翠煙〉の文字が書かれるが、これは朱文公の武夷櫂歌十首のなかの一首といわれている。」とある。少し筆者の見方考察を追加しておこう。見込みの堂祀は1183（淳熙10）年から1190（紹興元）年まで朱文公（朱熹）(1130 ～ 1200) が住み、講学したという武夷精舎（李 2012）、もしくは朱文公が1176（淳熙3）年に祀官を拝命した沖祐観すなわち武夷宮（ゆはず 2000）かの、どちらかを表し、人物は朱文公自身と想定する。その周りの文字にも武夷九曲渓中の二曲付近に「大観音石」「小観音」などの地名が確認できる（高畑 1999）。口縁下の詩文は朱文公が1184（淳熙11）年に詠った武夷櫂歌十首のうちの一曲でほぼ間違いない。他の資料によれば「一曲渓辺上釣船

図16　金彩楼閣文字文天目茶碗

慢亭峰影蘸清川　虹橋一断無消息　万壑千巌鎖翠煙」と詠み、若干の違いはある（李 2012）。

　図版解説ではこの作品は南宋時代作とされていて、同形と思われる丸碗形の天目茶碗が図 7 - 4 ～ 7 に示したように南宋代の遇林亭窯址から出土しており（曾 2001）、また前記した通り報告書でも類似した金彩の施された天目茶碗が報告されている（図 13 - 1 ～ 4）。この櫂歌の成立年代は 1184 年ということなので、天目茶碗の年代は、それ以降の作となる。朱文公は存命中から、その名声は大変高く、武夷茶を愛した人物としても知られ、そうした人物を茶道具である天目茶碗それも地元産の遇林亭窯の製品に同時代性を以て描いていることは、現代の商業活動にも通ずる点が看取され大変興味深い。武夷茶と遇林亭の天目茶碗がセットとして当地で販売され、あるいは流通して行ったことが想起される資料となる。朱文公の足跡の中に 1175（淳熙 2）年 5 月「呂祖謙を送って信州鉛山鵝湖寺（江西省）に赴き、陸九淵兄弟と會見する。」との記事（吾妻 1985）が見られる。朱子が武夷山を越えて江西省に赴いて、彼の論敵とも言われる陸九淵すなわち陸象山（島田 1967）に鉛山で会っており、後述する武夷山を越えて鉛山方面に出て、富春江沿に下って銭塘江に出て杭州に入る流通経路の一部が、宋代に活用されていることが分かる資料ともなる。恐らく遇林亭窯址の天目茶碗は、このルートを辿り、また武夷茶も同時にこのルートで杭州に流通していったことが想定される。

(5) 武夷山を越えて

　以上のように米内山陶片の一部である天目茶碗を考察してくると、南宋時代の都杭州で消費された陶磁器類の生産地やそのルートの一角が見えてくる（図 17）。米内山の時代には意識されていなかった福建地域からの運搬が注目されよう。海のルートでは泉州方面、閩江流域から福州にかけての青磁・白磁あるいは天目、浙江省温州地域から龍泉窯などの青磁が寧波を経て杭州に運ばれて来る。南宋時代の杭州のことを記した呉自牧著『夢粱録』巻十三舗席の条には「彭家温州漆器舗……平津橋沿河、布舗、黄草舗、温州漆器・青白碗器、…」との記載（『四庫全書』史部、地理類、雑記之属　呉自牧著『夢粱録』巻十三　迪志文化出版）があり、またこの書籍に先行するとされる（梅原 2000）、耐得翁著

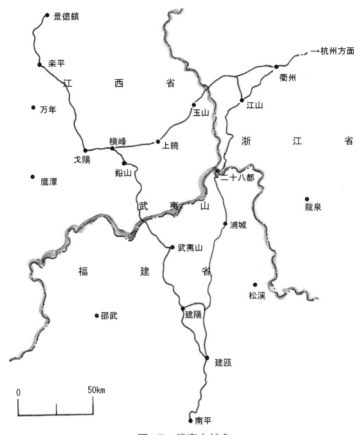

図17 武夷山越え

『都城紀勝』舗席の条にも「如平津橋沿河、布舗、扇舗、温州漆器舗、青白碗器舗之類、…」の記載(『四庫全書』史部、地理類、雑記之属　耐得翁著『都城紀勝』迪志文化出版)が見られ、温州方面から漆器とともに「青白碗器」が海運で運搬されていたことも知られている。ここで言う青白碗器がいわゆる影青をさすのではなく、青磁・白磁の両方を意味していると思われ、「青磁白磁の食器の舗」と訳す書もある(中村ほか 2010)。

　一方、福建省武夷山市の遇林亭窯の天目茶碗などは、一つには浦城から二十八都で武夷山を越え、江山に出て衢州、蘭渓等を経て富春江を下り、銭塘江に出て杭州に入るルートも想定される。生産規模の大きい松渓窯あたりの櫛

描き文青磁もこのルートを辿り得る。武夷山越えは明・清時代の琉球使節団の通ったルートで 19 世紀の冊封使録だが、李鼎元の『使琉球記』（原田 1985）は、この路を良く描写している。また清朝期であるが、茶を陸路クーリー達が背負って、武夷山星村から北行して武夷山を越えて鉛山まで運び、さらに、水運により信江を下って江西省の各地、さらに、贛江を利用して広東方面にまで運搬することが盛んであったと報告されている（松浦 2009）。前述したように既に南宋時代、朱文公もこの茶の道を歩いて、武夷山から鉛山に出たに違いない。南宋時代こうした武夷山越えをして福建の陶磁器も、時には景徳鎮の陶磁器も相互に同じ道を運ばれ各地に分散搬送されていったことが推測される。

まとめ

　南宋時代の臨安府杭州が海港としてどのように発展してきたかについて、文献研究では戦前から行われ、戦後も継続研究され、木良は「臨安府は大運河や官塘河による運河交通、東南沿岸を結ぶ海上交通、銭塘江による河川交通、これら三者の水上交通の合流点であった。何れも臨安府城周辺で、一度荷を降ろし、小型の運河船に積み換えて、臨安城内外の運河網を往来したのである。その合流点としての機能が臨安府の経済的発展の一因となり、その運河網が海港としての臨安府の発展に大きく寄与したと言える。」と述べている（木良 1995）。また宋都としての杭州の商業地域、都市の生活ゾーンなどについての考察も文献から詳細にまとめられている（斯波 1988）。ここに考古学的な考証が加味され、この杭州で発掘された遺跡に存在した遺構はどのような施設で、構造であったのか、また出土する遺物の内容は如何なるもので、どこで生産され、どのように運ばれ、誰がどのように消費し、廃棄されたのか等といった点が明らかにされれば、南宋時代の杭州の実態は、よりヴィヴィッドに復元され、描かれると思考する。特に遺存性の高い陶磁器では、その具体的物品の流通過程を追究し得る。小論では南宋都城杭州で消費された遇林亭窯址の天目茶碗を手掛かりに、そうした試みを多少行ってみた。生産と消費の関係がさらに詳しく解明されれば、南宋時代の経済発展の歴史的要因は、より一層鮮明になるものと確信する。拙論がそうした研究の一助となれば幸である。

参考・引用文献

愛知陶磁資料館ほか 2008『東アジアの海とシルクロードの拠点福建』

今井敦・佐藤サアラ・関口広次 2011『常盤山文庫中国陶磁研究会会報4　米内山陶片Ⅱ』（財）常盤山文庫

吾妻重二 1985「朱熹の事蹟に関する幾つかの資料─武夷山、福州鼓山の題名石刻によせて─」『中国古典研究』通号 30　静岡・中国古典学会

梅原郁 2000 訳注呉自牧著『夢粱録　南宋臨安繁盛記』1～3　東洋文庫　平凡社

木良八洲雄 1995「南宋海港としての臨安府」『アジアの文化と社会─関西学院大学東洋史学専修開設 30 周年記念論集─』関西学院大学東洋史学研究室　107 頁

杭州市文物考古所 2007「杭州老虎洞南宋官窯址」『文物』10 月号

杭州市文物考古所 2007『南宋太廟遺址』

杭州市文物考古所 2008『南宋恭聖仁烈皇后宅遺址』

杭州市文物考古所 2013a『南宋御街遺址』上・下

杭州市文物考古所 2013b『南宋臨安府治と府学遺址』

佐藤サアラ 2009『常盤山文庫中国陶磁研究会会報2　米内山陶片』（財）常盤山文庫

斯波義信 1988『宋代江南経済の研究』汲古書院

島田虔次 1967『朱子学と陽明学』岩波新書

関口広次 1983「小山富士夫氏採集の定窯陶片について」『定窯白磁』根津美術館

関口広次 2011「米内山氏採集南宋郊壇下窯址の窯道具類の整理報告」『米内山陶片Ⅱ』（財）常盤山文庫

関口広次 2012a「米内山庸夫の南宋官窯址探索の足跡を追って」『陶説』707 号

関口広次 2012b「中国陶磁と日本中世陶器─壺・甕類における相違点を中心に─」第 41 号　東洋陶磁学会

曾凡 2001『福建陶瓷考古概論』福建省地図出版社

高畑常信 1999「朱子学と武夷山の岩茶」（中国語翻訳）『東京学芸大学紀要　第 2 部門　人文科学』第 50 集

鄧禾穎 2012「南宋早期宮廷用瓷及相関問題探析─従原杭州東南化工廠出土瓷器談起─」『東方博物』第 42 輯

唐俊傑 2010「修内司官窯の謎─老虎洞窯址の発見と発掘」『幻の名窯─南宋修内司官窯杭州老虎洞窯址発掘成果展』大阪市立東洋陶磁美術館

德留大輔 2015「宋元時代中国東南地域における窯業技術について─福建・浙江地域の窯構造と窯詰道具を中心に─」『本田満輝先生退職記念論文集』本田満輝先生退職記念事業会

中尾萬三 1936「天目茶碗考」『陶磁』第 8 巻第 3 号　東洋陶磁研究所

中村喬ほか 2010「都城紀勝」訳注（二）『立命館東洋史學』第 33 号　立命館東洋
　史學会
根津美術館 2001『根津美術館蔵品選工芸編』
原田禹雄 1985　訳注　李鼎元著『使琉球記』言叢社
福建省博物館 2002「武夷山遇林亭窯址発掘報告」『福建文博』2 期
聞長慶 2010『不該遺忘的浙江制瓷史』文物出版社
松浦章 2009『清代内河水運史の研究』関西大学出版部
米内山庸夫 1939『支那風土記』改造社
米内山庸夫 1953「南宋官窯の研究（中間報告）十一南宋官窯の窯跡」『日本美術
　工藝』174 号
米内山庸夫 1954「南宋官窯古窯址の發見」『世界陶磁全集』第 10 巻　河出書房
米内山庸夫 1955「修内司白磁と修内司天目（上）」『日本美術工藝』198 号
米内山庸夫 1956「天目茶碗談義」『日本美術工芸』209 号
ゆはず和順 2000「武夷山―〈九曲〉をめぐる福建第一の景勝地―」『月刊しにか』
　通号 126 大修館書店
李梁 2012「叙景詩と詩跡―朱熹の武夷山を詠む詩を手掛かりにして―」『人文社
　会論叢（人文科学篇）』第 27 号　弘前大学人文学部
渡辺晃子 1999「磁州窯と天目山窯」『茶道雑誌』第 63 巻第 11 号　河原書店

図版出典
図 1　昭和 10 年代杭州地図（個人所蔵）を改変
図 2 ～ 5・10・11　筆者撮影
図 6　常盤山文庫所蔵　筆者実測
図 7　1 - 6：曾 2001、7 - 9：愛知県陶磁資料館ほか 2008、10・11：杭州市文物
　考古所 2008 より転載
図 8　杭州市文物考古所 2013b より転載
図 9・12 ～ 14　『福建文博』2000-2 より転載
図 15　個人所蔵資料　筆者実測
図 16　根津美術館 2001 より転載
図 17　筆者作成

14 ～ 16 世紀の沖縄出土
龍泉窯系青磁における生産地の模索

瀬戸哲也

はじめに

　沖縄で最も多く出土する陶磁器は、14 ～ 16 世紀の中国産青磁（以下、青磁）
で、その大半は龍泉窯系である。しかし、胎土が粗く釉調が鈍い青磁も認識さ
れ、龍泉窯以外のものがある可能性も想定されてきた。

　筆者は、これまで沖縄出土資料を中心に 14 ～ 16 世紀の青磁について分類
編年を試みており、生産地の違いについてもわずかだが言及している（瀬戸ほ
か 2007、瀬戸 2010・2013・2015　以下、筆者の見解はこれらに基づく）。本稿では、
龍泉窯以外と考えられる青磁の一部について若干の整理を行うことにより、こ
れらの生産地について模索を試みたい。

1．研究略史

　明代における龍泉窯以外の青磁については、古くは小山富士夫が江西省・福
建省・広東省でも生産窯があったことを指摘しているが、詳細は不明であった
（小山 1943）。近年、各生産窯の調査が進みつつあるが、筆者はその全容を体系
的には把握出来ていない。そこで、主に沖縄及び日本での考古学的調査・研究
の中で、青磁の生産地について考察されたものを概略しておきたい。

　沖縄出土青磁において、その生産窯に違いがあることを明確に位置づけたの
は、金武正紀である。金武は、胎土・釉の特徴より生産地が異なるものとして
A窯系とB窯系の2つに分けている（今帰仁村 1983）。

　一方、龍泉窯以外の生産地を指摘した研究も見られる。初期の研究として
は、亀井明徳が細蓮弁文碗の一部は広東省恵州窯（恵陽白馬山新庵）のものに
類似するとしている（亀井 1980）。森村健一は、日本出土の 15 世紀第 3・4 四
半期以降の青磁には、莆田県庄辺窯跡などで生産されたとする「倣龍泉窯系青
磁（土龍泉）」があり、福建省沿海部から輸出されたとした（森村 2005）。田中

235

克子は、博多出土の中国陶磁をまとめる際に、16世紀代の細連弁文碗青磁には、龍泉窯以外に福建省閩江下流域や広東省恵州窯でも生産されたことを推定している（田中 2008）。森達也は、明代に「倣・龍泉青磁」を生産した窯として、景徳鎮窯、福建北部の建陽・童遊鎮碗窯、福建中部の閩清・義窯、福建南部の平和・五寨窯、広東省の恵陽窯など江西、福建、広東一帯に広くあるとしている（森 2009）。このように、主に16世紀代を中心とする細蓮弁文碗などは龍泉窯以外で生産されたことを古くから指摘されていた。

　近年、中国側の調査成果も公開され、龍泉東区（浙江省 2005）、龍泉大窯楓洞岩窯（浙江省 2009）などでは鮮明な写真や実測が掲載された調査報告書が刊行され、また日本でも展示会が行われることにより（大阪市 2011・龍泉展示委 2012）、龍泉窯の胎土・釉調などの特徴が認識できるようにもなった。

　筆者も、後述するが沖縄出土青磁の一部について生産地を推定したこともあった（瀬戸 2006）。最新縞では、生産地に関する研究を参照し、14世紀後半とするIV類新相と、16世紀前半とするVI類新相は典型的な龍泉窯ではない可能性を指摘し、一方14世紀末〜15世紀初頭のIV′類は粗雑な印象も受けるが龍泉窯の範疇で考えられるとした（瀬戸 2015）。

　このように、14〜16世紀において龍泉窯以外で生産された青磁が、日本・沖縄に出土していることは認識されていよう。今後、青磁の分類研究では、生産地の系統を整理していくことが重要な課題であろう。

2．青磁分類における生産地の概念

　前節で見たように、龍泉窯以外の生産地を明確に意識した分類は金武のものが唯一である。まず、金武の分類概念を整理したい。

（1）金武正紀の生産地を想定した分類

　金武は、今帰仁城跡志慶真門郭の報告で、青磁は素地（胎土）、施釉、釉調から窯が異なるものがあると考え、次のように定義した（今帰仁村 1983）。

　　A窯系…総体的に素地が白色粒子で、釉が厚く、緑色・青緑色・黄緑色等を
　　　　　　呈する一群である（図1）。
　　B窯系…総体的に素地は灰色でやや粗粒子、釉は薄く、青灰色、緑灰色等を

呈する。釉は高台外面まで施釉され、畳付から外底まで露胎である。ほとんど無文である。畳付は水平に切られ、畳付外端を軽く面取りして竹の節にしてあるのと、面取りのないものが見られる（図2）。

この両タイプが見られるのは碗・皿・香炉のみで、他は全てA窯系であることも指摘している。碗では外反碗のみだが、皿では口折皿・外反口縁皿・直口口縁皿に分け、さらに形態・サイズ等により細分している。外反碗は、14世紀を中心とする時期のものとしている（金武1990）。

金武は明記していないが、A窯系は近年報告されている龍泉大窯楓洞岩窯などの胎土・釉の特徴に類似しており、典型的な龍泉窯のものと判断されよう。一方、B窯系は胎土・釉、底部の処理に違いが見られるが、全体のプロポーションや文様はA窯系と概ね共通している。このことから、この分類は、広義の龍泉窯系青磁における典型的な龍泉窯（A窯系）と、その影響を受けた窯の一つ（B窯系）の2つに分けた生産地の細分類として評価できる。

（2）筆者分類における生産地の検討

筆者の青磁分類は、14〜16世紀における広義の龍泉窯系青磁を対象としており、形態・文様による時期的な区分として、Ⅳ類（古相・新相）、Ⅳ′類、Ⅴ類（古相・新相・末相）、Ⅵ類（古相・新相）、Ⅶ類に分けている（瀬戸2015）。また、胎土・釉の特徴より、Ⅳ類新相とⅥ類新相は典型的な龍泉窯以外の可能性を示唆している。さらに、Ⅶ類はこれらとまた異なった生産地であることも指摘している（瀬戸ほか2007）。このように、広義の龍泉窯系として時期区分された各分類には、龍泉窯とそれ以外のものが混在している状況と言える。そのため、この分類において生産地の系統を明確にする必要があると考えている。

そこで、今回は大分類であるⅣ類、Ⅳ′類、Ⅴ類、Ⅵ類ごとに、生産地の違いを示した金武分類に基づき、A窯系とB窯系に分けてその様相を検討するという方法を取りたい。前提として、筆者の前回までの分類と同様に、広義の龍泉窯系における生産地の細分として考えており、A窯系とB窯系を次のように捉えている。

A窯系は、龍泉大窯楓洞岩窯（浙江省2009）や龍泉東区窯（浙江省2005）など現在知られている龍泉窯の特徴をもったものである。しかし、龍泉窯には数

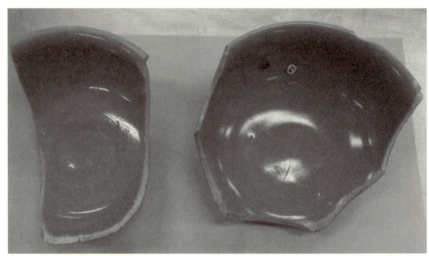

図1　青磁Ａ窯系（Ⅴ類　那覇市渡地村跡出土）（上：内面　下：外面）

多くの窯があり、その全てが明らかになっているわけではない。それでもＢ窯系に比べると、胎土が緻密で釉の発色が良好という意味では共通している。

　Ｂ窯系は、実際には複数の生産地が含まれている可能性が考えられるが、先述したⅦ類は該当しないと考えている。つまり、このＢ窯系は龍泉窯に影響を受けたいわゆる「倣龍泉窯系」に含まれる一部のタイプとして理解している。

図2 青磁B窯系（Ⅳ〜Ⅴ類 那覇市渡地村跡出土）（上：内面 下：外面）

つまり、Ⅶ類などのA・B窯系に当てはまらないものは、C窯系やD窯系などと別の系統を設定する必要があろう。将来的には、A窯系の中でも窯の傾向が把握出来たら、例えば「龍泉窯系大窯タイプ」や「龍泉窯系東区タイプ」など、さらに「楓洞岩窯」と限定できる場合もあろう。一方、B窯系を含んだ龍泉窯以外のものを大きく「倣龍泉窯系」にまとめて、生産窯が把握できれば、同様に「倣龍泉窯系福建北部タイプ」「倣龍泉窯系広東恵州タイプ」、さらに「恵州白馬山窯」などと称することも考えられよう。

3．A窯系とB窯系の様相

筆者の分類ごとに、A窯系とB窯系の様相を見ていくが、この両系統について幾つか補足しておきたい。

A窯系については、前述の特徴に合わせ、比較的光沢が強いものが多い。外底の処理も丁寧なものが多く、比較的滑らかである（図1）。B窯系については、釉が薄いためか胴部のロクロ目が顕著に見られるものや、釉に透明感がないものが多い。外底の多くは露胎で、その処理がやや雑な印象を受け、中央が突出するものも多い（図2）。

また、A窯系とB窯系の違いは、前代の大宰府分類（山本 2000）のⅠ類（劃花文）やⅡ類（鎬連弁文）においては明確ではない。Ⅰ・Ⅱ類の胎土はA窯系の白色よりもやや鈍く、釉は総じて薄い。Ⅲ類（砧系）には釉が厚くなり、胎土が白色のものも目立つようになる一方、灰色のものも若干見られるがB窯系と同一かについては判断がついていない。今後の検討が必要であるが、A・B窯系は、現時点ではⅣ類以降で確認できている。

（1）Ⅳ類

14世紀中葉から後半を主体とするⅣ類は、古相と新相に分けていたが、結論を先に述べると概ね古相がA窯系、新相がB窯系という位置づけとなる。時期差の根拠として、今帰仁城跡主郭Ⅴ～Ⅶ層（今帰仁村 1991）では古相（A窯系）が、それより上層で新相（B窯系）が出土するという傾向が挙げられる。現時点では、Ⅳ類においてA・B窯系は時期差も存在していると考えておきたい。

瀬戸哲也

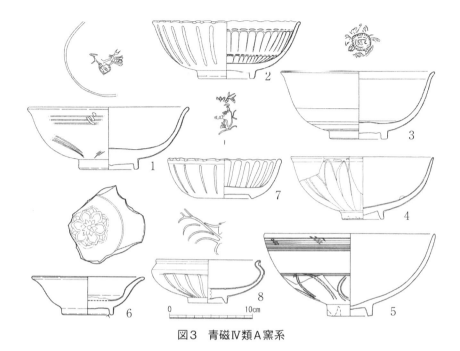

図3　青磁Ⅳ類A窯系

Ⅳ類A窯系（図3-1〜8）

　Ⅳ類古相としていた新安沈船資料を指標とする一群で、様々なタイプが包括されているが、全体的に精良という点では共通している。沖縄での出土量は圧倒的に少ない。また、Ⅳ類においてはA窯系でも釉は薄いものが多く、Ⅴ・Ⅵ類で見られる釉が厚いという特徴はあまり明確ではない。

　碗では、角形高台で見込みが平坦で広く外反口縁のもの（1〜3）と、高台が台形状で見込みが凹む直口口縁のもの（4・5）がある。文様では、弦文と称される数条の凹線に斜方向の短沈線が入り下半に蓮弁文を施すもの（1・5）が特徴的である。皿では、型押しの花文を見込みに張り付けた腰折れ皿（6）、碁笥底皿（7）などがある。その他、束口碗（8）も見られ、畳付を釉剥ぎした龍文盤や酒海壺（罐）などの大型品も少量見られる。

　碗においては外底露胎が主体と考えているが、同時期と考えられる新安沈船や福建平潭大連練島元代沈船（中国水下中心2014）などでは、碗・皿・盤で外底を蛇の目釉剥ぎするものも存在しており、更なる検討が必要である。また、

14～16世紀の沖縄出土龍泉窯系青磁における生産地の模索

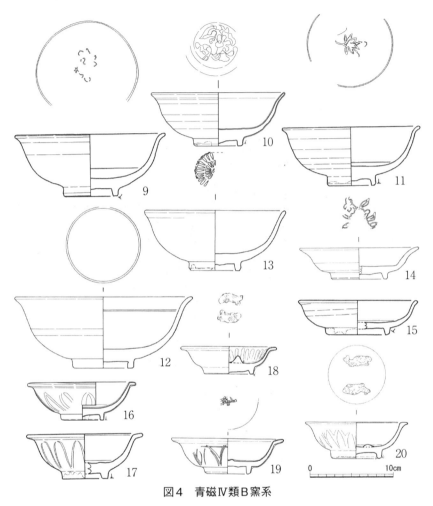

図4　青磁Ⅳ類B窯系

(4) は外底中央が突出するなど、A窯系の中ではやや粗雑な印象も受け、さらに小系統として区別できるものかもしれない。

　後述するⅣ類B窯系には口折皿が多く見られるが、同類A窯系ではあまり確認できていない。Ⅴ類A窯系とした外底を釉剥ぎした一群の中に、本タイプと同時期もしくは近いものが含まれている可能性も考えられるので、出土状況等の検討が必要である。

Ⅳ類B窯系（図4－9～20）

Ⅳ類新相としていた一群であるが、B窯系としてもほぼ共通するもので、全体的に無文のものが多い。本タイプ以降、沖縄での青磁の出土量が増大する。

　碗（9～13）は、外反口縁で、見込みに印花文が見られるものもあるが、胴部は無文である。皿は、腰折皿（14）、直口皿（15）、双魚文や蓮弁文などを施す口折皿（16～20）などがある。また、（20）は外底露胎ではなく、畳付釉剥ぎであるが、高台が角形であることから本類と考えた。

　A窯系に比べると、外底露胎であること、碗は外反で胴部無文のものしかないことなどが特徴と言える。先述したが、口折皿も多く見られる。

（2）Ⅳ'類

　碗・皿においては、外底露胎の一群で、器形がⅣ類新相よりⅤ類に近いが、釉は厚くないもので、14世紀末～15世紀初頭と考えられるものである。ただ、碗には外底釉剥ぎも見られており、器形の特徴として口縁端部が玉縁もしくはやや厚いこと、高台がⅤ類より太めの角形であることも付け加えておきたい。

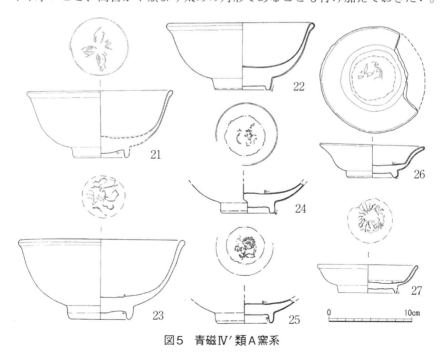

図5　青磁Ⅳ'類A窯系

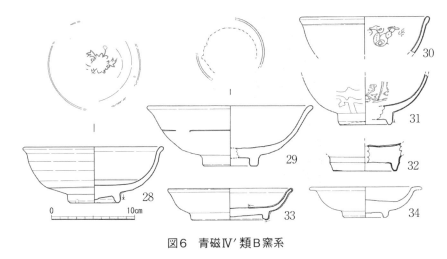

図6　青磁Ⅳ′類B窯系

見込み釉剥ぎの技法が本類から見られる。

Ⅳ′類A窯系（図5 - 21～27）

後述するⅤ類よりは釉が薄いためやや粗雑な印象は受けるが、胎土は白色や灰白色でB窯系よりは精良であり、A窯系の範疇と考えた。

碗（21～25）は、外底蛇の目釉剥ぎのもの（21）も見られるが、総じて外底露胎である。皿は、腰折皿（26）、直口皿（27）が見られるが、口折皿は不明である。見込みが円状に釉剥ぎされるものも多く見られる（23～27）。

Ⅳ′類B窯系（図6 - 28～34）

これまでⅣ′類ではB窯系の特徴を持つものを明確にしていなかったが、今回確認したところ若干ではあるが見られる。

碗（28～32）は、総じてA窯系より浅い傾向が見られる。胴部に陽刻の草花文などが見られるもの（30・31）もある。皿は、直口皿（33）、口折皿（34）があり、他は不明である。見込みの釉剥ぎは少量見られる（29・33）。

（3）Ⅴ類

碗・皿では外底釉剥ぎを行う一群で15世紀前半～中葉を主体としており、本類の末相には高台内途中で釉が掛かるものが見られる。今まで本類は基本的にA窯系のみと考えていたが、この末相にはB窯系も存在することが分かりつ

瀬戸哲也

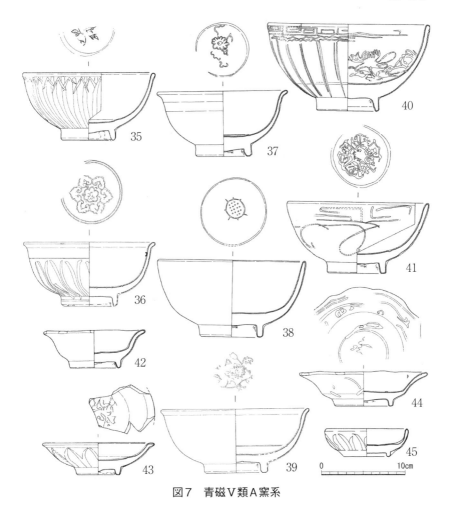

図7　青磁Ⅴ類A窯系

つある。なお、見込みの釉剝ぎする一群は確認できない。

Ⅴ類A窯系（図7－35～45）

　出土傾向より、古相（35・36・39・42・43）、新相（37・38・40・41・44・45）、末相（図8参考資料）に分けたが、今回は全体の特徴をまとめる。

　碗（35～39）は、蓮弁文（35・36）や雷文（40・41）など胴部有文のものが比較的多く見られ、口縁では直口碗（35・38～41）が増えてくる。皿（42～45）は、後代にも続く稜花皿（41・44）が登場してくる。

14～16世紀の沖縄出土龍泉窯系青磁における生産地の模索

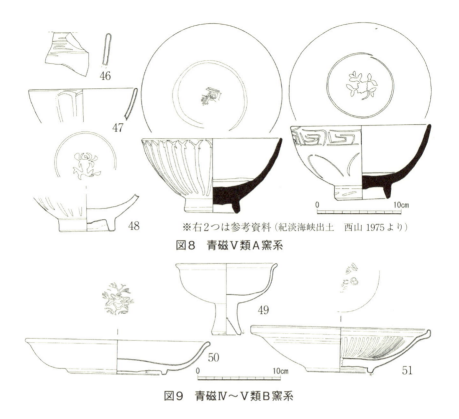

図8　青磁V類A窯系

図9　青磁Ⅳ～V類B窯系

　これらは、龍泉大窯楓洞岩窯のものと類似した資料が含まれ、沖縄出土龍泉窯青磁の中では最も釉が厚く発色も良く、胎土・文様など良質なものが多い。

V類B窯系（図8－46～48）

　今までV類のB窯系については確実な資料がなかったが、V類末相とされる雷文帯碗（46）、弁先が剣先のように尖った細蓮弁文碗（47・48）に類するものに存在することが確認できた。現在資料整理中であるが沖縄県立埋蔵文化財センターが平成26年度に調査した那覇市東村跡では、この雷文帯碗が多く出土している（沖埋文2015）。この資料は、釉は高台内途中まで掛かるものである。

　V類は現時点で、A窯系が全ての時期に、B窯系が末相のみで見られており、今後さらなる資料増加が期待される。

（4）Ⅳ～Ⅴ類のうち時期が不明確なもの（図9）

　B窯系の特徴をもった碗・皿以外の器形で、出土状況や形態からではⅣ～Ⅴ類のどれに位置づけられるか限定できない資料がある。高足杯（49）は龍泉東区窯跡など（浙江省 2005）では元代中晩期とされるものと類似するが、沖縄における出土状況からは確定できていない。直口盤（50）・鍔縁盤（51）は、時期的にはⅤ類が主体的に出土する首里城跡京の内跡SK01出土資料よりも、高台が角形でしっかりしていることなど古い傾向であるが、やはり出土状況から確定できていない。これらは外底露胎で、比較的Ⅳ類が多く見られる遺跡で出土しているが、現時点ではⅣ～Ⅴ類における時期が不明確なものとしておく。今後、類例の増加を待って型式的な検討が必要と考えられる。

（5）Ⅵ類

　底径が小型化しその厚みが増したいわゆる細蓮弁文碗に代表される一群で

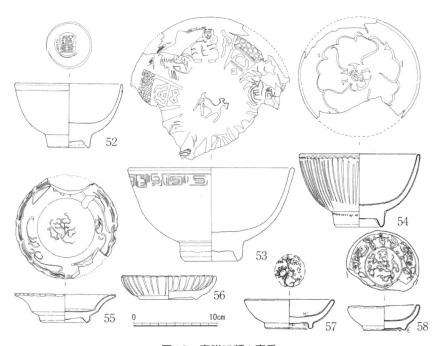

図10　青磁Ⅵ類A窯系

15世紀後半〜16世紀前半を主体として、古相と新相に細分している。古相がA窯系、新相がB窯系にほぼ相当する。両者は共伴することも多いが、Ⅵ類古相が首里城跡御内原地区SD01（沖埋文 2006）でほぼ単純に出土していることから時期差と考えた。型式学的にも新相が文様などで古相より退化していると見られるため、時期差も有していると考えたい。

Ⅵ類A窯系（図10 - 52 〜 58）

これまでⅥ類古相としていたもので、先述したように傾向的にⅥ類新相、つまり今回のⅥ類B窯系よりは古いものと思われる。

碗は、直口碗が多く、文様では無文（52）、雷文（53）、細蓮弁文（54）があり、外反碗は無文のものが若干見られる。皿は、稜花皿（55）、直口皿（56〜58）がある。碗・皿共に外底は釉剝ぎを行っているが、蛇の目の場合はⅤ類より釉が残る範囲は少ない。見込みの釉剝ぎは若干見られる（57）。

「顧氏」（52）、人形手（53）、草花文など型押し文が多く見られる傾向があり、Ⅴ類と同様に精良である。人形手碗（53）などのように、貫入が多く、やや土っぽい特徴のものもある。

Ⅵ類B窯系（図11 - 59 〜 75）

Ⅵ類新相としていたもので、青花C・D群などが見られるようになる瀬戸6〜7期（瀬戸 2015）、概ね16世紀代の遺跡で多く確認されるものである。なお、本タイプと形態や文様は類似するがB窯系以外の胎土・釉を持つものも見られたが、今回は十分な検討が出来なかったので、別の機会に論じたい。

碗（59〜68）は、形態はA窯系より見込みが広く浅めのものが多い。文様は細蓮弁文で、弁先が描かれているもの（59〜61・64・65）と、それがないもの（63・66）があるが、両者での精粗はあまり分からない。無文は、直口（67）と外反（68）がある。皿（69〜75）は、直口（69・70）もあるが、大半は稜花皿である。形態はA窯系よりは浅めの傾向がある。

釉は外底露胎のものが多いが、高台内途中まで掛かるもの（60〜62・69）、蛇の目釉剝ぎ（74）、または外面途中までしか掛からないもの（63・67）がある。見込みは釉剝ぎするものが目立つ（59・62・64〜66・69・72・74・75）。

沖縄においては、Ⅵ類は量的にB窯系が多く、A窯系は上質品といった位置づけも想定され、時期差も含め今後の検討が必要であろう。

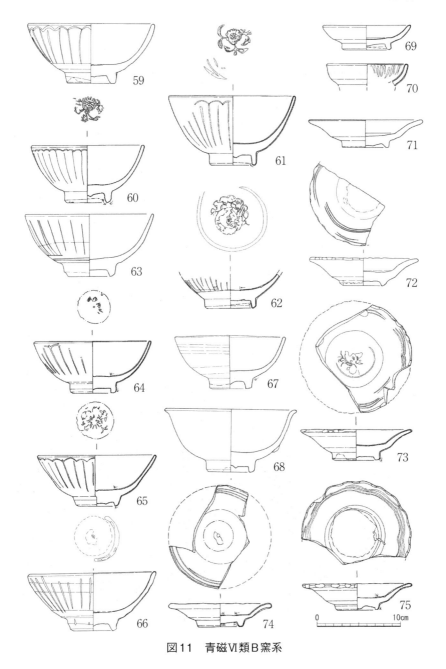

図11 青磁Ⅵ類B窯系

14〜16世紀の沖縄出土龍泉窯系青磁における生産地の模索

図12　青磁Ⅳ′類A窯系見込み（那覇市渡地村跡出土　那覇市教委調査）

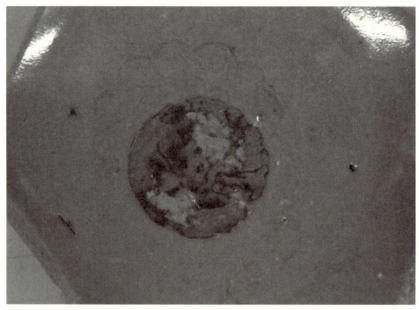

図13　青磁Ⅳ類B窯系見込み（那覇市渡地村跡出土　沖埋文委調査）

（6）見込みの釉剝ぎについて

　今回対象とした時期の青磁には、碗・皿において見込みを釉剝ぎするものが見られる。この技法は、Ⅳ′類とⅥ類のＡ・Ｂ窯系共に見られることが確認できた。後続するⅦ類では、最初から見込みに釉が掛けられない露胎のものが見られるが、釉剝ぎされるものはあまりない。Ⅴ類に見られない理由としては、

図14　青磁Ⅵ類Ａ窯系見込み（那覇市渡地村跡出土　沖埋文委調査）

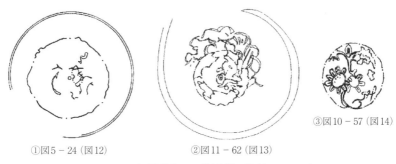

①図5-24（図12）　　　②図11-62（図13）　　　③図10-57（図14）

図15　青磁見込みの釉剝ぎの比較（縮尺1/2）

窯詰めの方法が異なることが推察されるが、それだけでは判然としない。

島弘は、渡地村出土青磁には、見込みを釉剝ぎされた露胎になった部分の中心に小孔を残す碗が相当数見られたことを報告した。特に、印花文を施したものにも小孔が見られることから、文様の捉え方や作業工程等を考える上で留意されるとした（島・長堂 2014）。この印花文は掻き消されたようなものもあり（図12・13、図15－①・②）、印花文を施し釉を掛けた後さらに剝いで文様が薄れているものと思われ、その意図は確かに不明である。

筆者は、この小孔がⅣ′類A窯系（図5－24・25）とⅥ類B窯系（図11－62・64～66・73・74）のみに見られることに着目した。つまり、Ⅳ′類にはA窯系の技術であったのが、Ⅵ類にはB窯系に見られるようになると考えると、技術の伝播もしくは転移したと見られるのではないか。ただ、その背景を推察する情報はまだ足りない。ちなみに、Ⅵ類A窯系では釉剝ぎは多くなく、現時点では小孔が見られないタイプがある（図14、図15－③）。いずれにせよ、釉剝ぎなどの技法が生産地の推定や系譜を追う手がかりとなろう。

（7）今後の課題

以上、青磁Ⅳ～Ⅵ類において、A・B窯系と分けてその様相を見てきた。問題となるのはⅣ類とⅥ類で、それぞれA窯系が古相、B窯系が新相と、これまで時期差と考えていたものが生産地の違いとも考えられることである。先述したように、現時点では時期差の可能性も留保したが、今後の課題としてより具体的な生産地の様相を検討したうえで判断していくことになろう。

4．青磁B窯系の生産地に関連する情報

これまで、青磁B窯系は典型的な龍泉窯以外で生産されたことを前提としてその様相を検討してきた。結論としては、B窯系と断定できる資料は現時点ではないが、可能性がある情報をまとめておきたい。

筆者は、かつてⅣ′類に相当する佐敷タイプ碗とも称された沖縄で多く出土する外底露胎の外反碗の生産地の一つとして福建省浦城県半路窯3号窯の資料を挙げた（瀬戸 2006）。これは、福建省北部で龍泉窯がある龍泉市から50kmほどの青磁が生産されたとする窯跡資料であり、まだ実見できていないが、報文

や実測図によりその内容をまとめたい（陳・朱1996）。

報文では、器胎は厚く粗雑で釉調は暗灰色、見込みは釉剥ぎされ露胎のものが多く、印花文がスタンプされたものもあるとする。龍泉窯の元代中晩期のものに類似することから、同時期のものとしている。図面から判断すると、碗（1〜3・5・11〜14）、皿（4・6）、盤（7）、擂鉢（8）、高足杯（9・10）の器形がある。碗では、外反で玉縁（2・5）も見られるので、Ⅳ′類の形態に近いが、浅目の傾向はⅣ類とも類する。これらの特徴からすると、B窯系のⅣ類もしくはⅣ′類に類似したものであり、今後詳細な検討を行いたい。

また、先述したがⅥ類B窯系に類似した細蓮弁文碗は、広東省恵州白馬山窯などで見られる

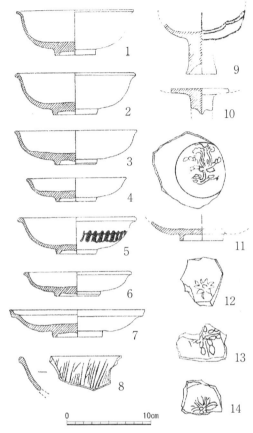

図16　浦城半路3号窯出土青磁

ことを、古くは亀井（1980）が報告し、田中（2008）や森（2009）も同様の情報を示している。文様は類似しているが、胎土や形態が同一かどうかは、詳細な検討が必要である。Ⅶ類には、福建省の閩清青窯・閩清義窯、漳州窯周辺などに類似したものが見られるようであるが、やはり詳細な検討が必要である（田中克子・森達也からの教示）。

なお、龍泉窯の龍東地区窯跡では、元代中晩期とされている第三期以降のものには、胎土が灰白色よりも灰色のものが多くなるとされている（浙江省2005）。つまり、B窯系が確認できているⅣ類以降に、龍泉窯の一部では胎土

253

が粗くなる傾向というように捉えられる。このように、龍泉窯も非常に広範囲に分布した窯群であるので、その全てが明らかになったわけではないので、幅広く情報を収集し検討していく必要があろう。

おわりに

今回、14～16世紀代の沖縄出土の龍泉窯系青磁において、筆者分類のⅣ～Ⅵ類にわたって、典型的な龍泉窯と考えられるA窯系と、それ以外の生産地であるB窯系に分けてその様相を見てきたわけである。しかしながら、龍泉窯自体も全てが明らかになったわけではなく、福建・広東地域の倣龍泉窯系青磁の実態も未だ明確に把握できていない。

ただ、見込み釉剥ぎに際して中央に小孔を残すという技法が、最初はⅣ′類A窯系に、その後Ⅵ類B窯系に見られるという技術の転移というべき現象を明らかにできた。しかし、この理由や背景を述べるまでには及ばず、生産地を模索するための着目点を一つ得たことに過ぎない。今後は、龍泉窯を始め、福建・広東省の窯跡資料を実見し詳細に検討することで、沖縄出土青磁の生産地の研究をさらに進めていきたい。

本稿は、田中克子と共に渡地村跡出土青磁を調査している際に、島弘が注目した見込み釉剥ぎ碗の小孔について、異なる時期のものにあることに気づいたことが大きなきっかけとなっている。着想をいただいた両氏及び資料調査にお世話になった中島徹也（久米島博物館）、吉田健太（那覇市教育委員会）に感謝申し上げたい。

なお、本研究は「公益財団法人高梨学術財団奨励基金平成27年度若手研究助成」の成果の一部である。

参考・引用文献
大阪市立東洋陶磁美術館 2011『碧緑の華・明代龍泉窯青磁　大窯楓洞岩窯址発掘
　　成果展』
沖縄県教育委員会 1990a『新里村遺跡』
沖縄県教育委員会 1990b『阿波根古島遺跡』
沖縄県教育委員会 1993『湧田古窯跡（Ⅰ）』

沖縄県教育委員会 1995『首里城跡―南殿・北殿跡の遺構調査報告―』

沖縄県教育委員会 1998『首里城跡―京の内跡発掘調査報告書（Ⅰ）―』

沖縄県立埋蔵文化財センター 2005『首里城跡―二階殿地区発掘調査報告書―』

沖縄県立埋蔵文化財センター 2006『首里城跡―御内原地区発掘調査報告書―』

沖縄県立埋蔵文化財センター 2007『渡地村跡』

沖縄県立埋蔵文化財センター 2013『首里城跡―淑順門西地区・奉神門埋甕地区発掘調査報告書―』

沖縄県立埋蔵文化財センター 2015『発掘調査速報展 2015』

恩納村教育員会 2013『山田グスク』

亀井明徳 1980「日本出土の明代青磁碗の変遷」『鏡山猛先生古稀記念・古代文化論攷』

金武正紀 1990「沖縄の中国陶磁器」『考古学ジャーナル』No.320

久米島町教育委員会 2008「宇江城城跡発掘調査報告書Ⅰ」

小山富士夫 1943『支那青磁史稿』文中堂

島弘・長堂綾 2014「渡地村跡の概要と青磁集中部」『琉球列島の貿易陶磁』日本貿易陶磁研究会

浙江省文物考古研究所 2005『龍泉東区窯址発掘報告』文物出版社

浙江省文物考古研究所ほか 2009『龍泉大窯楓洞岩窯址出土瓷器』文物出版社

瀬戸哲也 2006「沖縄出土青磁碗の生産地を求めて～福建漳州・泉州地域の窯跡資料の見学記～」『南島考古だより』第 77 号　沖縄考古学会

瀬戸哲也 2010「沖縄における 12 ～ 16 世紀の貿易陶磁―中国産陶磁を中心とした様相と組成―」『貿易陶磁研究』第 30 号　日本貿易陶磁研究会

瀬戸哲也 2013「沖縄における 14・15 世紀中国陶磁編年の再検討」『中近世土器の基礎研究』25　日本中近世土器研究会

瀬戸哲也 2015「14・15 世紀の沖縄出土中国産青磁について」『貿易陶磁研究』第 35 号　日本貿易陶磁研究会

瀬戸哲也・仁王浩司・玉城靖・宮城弘樹・安座間充・松原哲志 2007「沖縄における貿易陶磁研究―14 ～ 16 世紀を中心に―」『紀要沖縄埋文研究 5』沖縄県立埋蔵文化財センター

田中克子 2008「中国陶磁器」『中世都市・博多を掘る』海鳥社

陳寅竜・朱煜光 1996「略論福建松浦古窯産品的類型与特点」『福建文博』28

中国国家博物館水下考古研究中心 2014『福建平潭大練島元代沈船遺址』科学出版社

今帰仁村教育委員会 1983『今帰仁城跡発掘調査報告書Ⅰ』

今帰仁村教育委員会 1991『今帰仁城跡発掘調査報告書Ⅱ』

今帰仁村教育委員会 2009『今帰仁城跡発掘調査報告書Ⅳ』

那覇市教育委員会 2012『渡地村跡』

西山要一 1975『紀淡海峡海底採集の中国陶磁器』北村文庫会

森達也 2009「15世紀後半～17世紀の中国貿易陶瓷―沈船と窯址発見の新資料を
　中心に―」『関西近世考古学研究17』関西近世考古学研究会

森村健一 2005「14・15世紀の龍泉窯系青磁碗―編年と堺貿易システム―」『産業
　社会学会（羽衣国際大学）誌　産業・社会・人間』No.6

山本信夫 2000『大宰府条坊跡ⅩⅤ―陶磁器分類編―』大宰府市の文化財第49集

与那国町教育委員会 1986『慶田﨑遺跡』

与那原町教育委員会 1996『与那原町の遺跡―町内遺跡詳細分布調査報告書―』

龍泉窯青磁展開催実行委員会 2012『日本人の愛した中国陶磁　龍泉窯青磁展』

図版出典

図1・2・12～14の写真は筆者撮影。図1・2・12は那覇市教育員会、図13・14
は沖縄県立埋蔵文化財センターの掲載許可を戴いた。

図3～11掲載青磁出土一覧

　竹富町新里村西遺跡（1～3　沖縄県 1990a）　与那原町島ノ上原遺跡（4　与
　那原町 1996）　今帰仁村今帰仁城跡＜主郭（5・7・8　今帰仁村 1991）　志慶真
　門郭（12～14・19・29・34　同 1983）　外郭SK170（23・35　同 2009）＞
　久米島町宇江城城跡（6・9・11・15・17　久米島町 2008）　那覇市首里城跡＜
　淑順門西（10・16・28　沖埋文 2013）　二階殿（22・26・30・31・33・42・43
　　同 2005）　北殿（32　沖縄県 1995）　京の内SK01（37・38・40・41・44　同
　1998）＞　那覇市渡地村跡（18・20・21・24・25・27・36・39・49～51・57～
　62・64・65・67・70・73～75　沖埋文 2007、那覇市 2012）　恩納村山田グスク
　（45　恩納村 2013）　糸満市阿波根古島遺跡（46　沖縄県 1990b）　与那国町慶田
　崎遺跡（47・48　与那国町 1986）　那覇市湧田古窯跡（52～56・59・63・66・
　68・69・71・72　沖縄県 1993）

図16　陳・朱 1996所収図を一部改変

アラビア半島ディバの陶磁器と生活

佐々木達夫・佐々木花江

はじめに

　アラビア半島の遺跡を発掘すると、さまざまな物が出土する。一般にもっとも多く出土するのは陶磁器の破片である。多くの土器は煮炊きや貯蔵・飲食容器として、食生活に関わる生活用具である。少量であるが、香炉など生活を豊かにする道具もある。そうした遺跡出土の陶磁器を用い、アラビア半島の近世港町では、どのような生活の姿が見えるだろうか。

　同じ地域内の遺跡から出土する陶磁器の組合せには類似性が見られ、基本的な生活基盤を共有する地域、あるいは生活に用いる物資を共有する小さな地域文化圏の存在が分かる。産地が限定される種類や器種を組合せた地域があることは、同時代文化の地域的な限定性が世界各地にあるという普遍性を示し、それは一つの遺跡から地域内の歴史の一端が見えることを意味する。地域が共有する物資の類似性で地域文化圏が設定できても、家族や部族の特徴や各遺跡の偶然性を反映した差異はある。同じ地域と時代の数か所の遺跡の出土陶磁器を検討すれば、地域生活文化の平均値が示せるかもしれないが、価値の高い第一次資料は一つ限りの独特な遺跡の出土状況である。

　その前提で、アラビア半島のホルムズ海峡に近い港町遺跡ディバの発掘を例に上げ、層位的に発見した建物跡と出土した各地の陶磁器を関連付ける。遠隔地から貿易品として他の品々とともに運ばれたヨーロッパや中国の陶磁器は、現地の土器生産や、近隣地のイランやオマーンの陶器の種類や器形に、どのような影響を及ぼしたか。乾燥高温の気候風土のなかで漁業、農業、牧畜を営んだ人々の食生活を、日常生活で用いた陶磁器の産地、種類、器種、質、用途、その組合せから解釈する。江戸時代など同時代の他地域と比較すれば、ディバの特徴がより鮮明に浮かび上がる。各地産の陶磁器を組合せて用いた一つの地点の生活を論じる。

アラビア半島ディバの陶磁器と生活

1．種類と器種の地域的特色を探る

(1) 遺跡の概要

アラビア半島の港町ディバは小さな町だが、現在はアラブ首長国連邦のシャルジャ首長国、フジェイラ首長国、オマーン国に分割される。地勢や聞き取り、20世紀後半の地図から推測すると、以前はディバのワディ扇状地内にナツメヤシ農園が広がり、西側は急峻なハジャール山脈の岩山がそびえ、北は85kmで岩山のムサンダム半島先端となる。半島東海岸は今も道路がなく、基本的な交通は船に頼った。

ペルシア湾岸の港町遺跡を発掘後、オマーン湾側の港町の比較調査を始め、ムサンダム半島東側のディバで1991年と1994年に遺跡を踏査した（佐々木 1994）。2004年にディバ農園内の遺跡で14～15世紀の中国竜泉窯青磁や明代

図1　ディバの海岸と山中のワディ

図2　ディバ遺跡の発掘風景と第2層の遺構

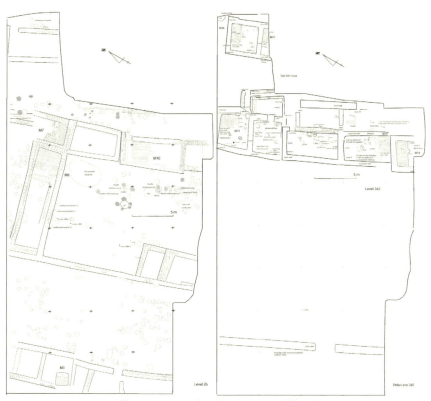

図3　第2層b（左）と第2層d2（右）の遺構配置図

図4　出土コイン
（20世紀前半、19世紀、18世紀及び以前）

出土品整理風景

染付、ミャンマー青磁を採集し、その地点を 2006 年に発掘した（佐々木 2007a、2009）。さらに海岸の遺跡を探して、泥レンガ砦と旧漁港に挟まれた地点を 2008 年に発掘し（佐々木 2009）、以後 2015 年まで発掘を継続している（Sasaki 2012, 2015）。旧波打ち際に位置する居住遺跡で、家跡を重層的に発見し、表土、第 1 層、第 2 層 a, b, c1, c2, d1, d2 の 8 層に分類でき、現在は第 3 層の発掘に入った。遺構の状況を第 2 層 b と第 2 層 d2 の遺構配置図のみ、図 3 に示した。発掘中の遺構年代は出土陶磁器（佐々木 2007b）やコインから見ると、17 世紀から 20 世紀である。

　発掘した家内からナツメヤシ実を熟成保管する施設マドバッサ（Madbasa, M）（佐々木 2012）、多量の魚鱗を伴う魚処理痕跡が発見され、人々の生業は漁業、農業、牧畜、商業・貿易と推定できる。

(2) 陶磁器の種類

　出土陶磁器を産地ごとに見ると、現地産土器の多さが目立ち、近隣各地からも土器と施釉陶磁器が運ばれている。代表的なものを見る。地元産土器は素地や器形の特徴から細分類でき、地域内に複数の産地があったと推定できる。砂混じり赤色素地が基本であるが、黄色、灰色、黒色などの発色が混じった素地が多い。これが産地の違いか、焼成雰囲気の違いかは不明瞭であるが、その両方と推測される。この他に黒色素地、黄色素地の土器等は明らかな素地の違いであり、同じ素地の土器が一定量発見されるから、素地の違いは産地の違いである。

　発掘地に近い現在国は、イラン、オマーン、サウジアラビアである。発掘した地域の海岸部に車が通る道路が出来たのは 20 世紀後半で、山岳地帯際やワディを歩く道もあったが、海岸部の町はいずれも海を通した船交通で結びついていた。こうした地勢的環境を見れば、近隣地域で作られた陶磁器の流通は通時的に共通性があるのも当然である。

　イラン施釉陶器は、青釉黒彩陶器、黄釉陶器、白濁釉陶器、緑釉陶器、青釉陶器などの種類がある。もっとも多い青釉黒彩陶器の釉色は、青色の濃いものから薄いもの、白濁色に近いものまで様々で、短時間の時代的変遷が推定できる。やや特殊で少量であるが、黄釉黒彩陶器、白濁釉黒彩陶器、緑釉黒彩陶器、

佐々木達夫・佐々木花江

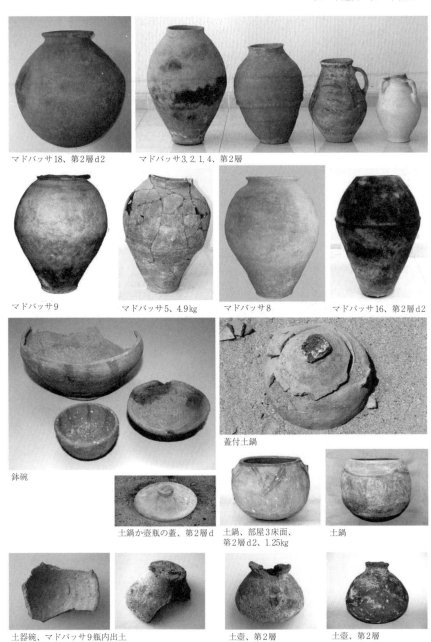

図5　ディバ遺跡出土の土器

261

アラビア半島ディバの陶磁器と生活

青釉下黒彩陶器碗、第2層d

マドバッサ11、第2層d

青釉下黒彩陶器碗、M16室、第2層d

褐釉陶器鉢、4室、第2層d、オマーン

褐釉陶器鉢、4室、第2層d1、オマーン

アンフォラ、第2層d

図6　ディバ遺跡出土のイラン施釉陶器と土器、オマーン施釉陶器

石英素地染付もある。イラン施釉陶器の器形は、いずれの種類でも碗と鉢が主で、瓶類も少し見られる。

　イラン無釉土器は、黄色素地、黄色/ピンク素地、ピンク素地が代表的な種類である。素地の発色の違いは産地に対応しているようである。薄手で硬く、刻線文で表面が装飾され、水などを入れる瓶類が主となる。ピンク素地土器は外側表面を白スリップする場合が多い。

　オマーン施釉陶器はピンク素地が主で灰色が混じり、釉色で褐釉陶器、黒釉陶器、緑釉陶器に分かれ、褐釉ピンク素地陶器が大部分を占める。器種は容器としての深い鉢と油を入れる小型瓶が主となる。類似品は20世紀後半の市場でも販売され、オマーン東北部とサウジアラビア南東部で同様の陶器を作ったと言う。

　オランダ、イギリスなどのヨーロッパ陶器鉢皿、福建省や景徳鎮の青花碗皿

佐々木達夫・佐々木花江

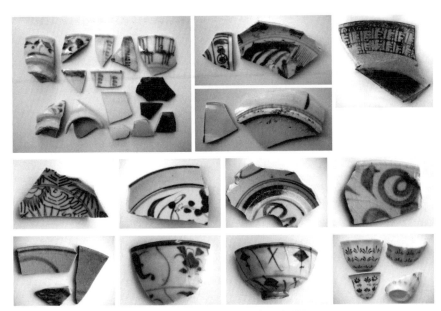

図7　ディバ遺跡出土の中国陶磁器

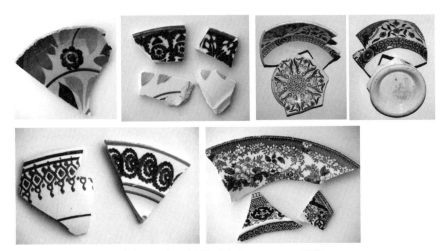

図8　ディバ遺跡出土のヨーロッパ陶器

は遠隔地から運ばれた陶磁器である。これらは世界に流通した種類であり、東南アジアや日本でも同じ製品が遺跡から出土している。

多種類で多様な器形の陶磁器が遺跡から出土したが、それは一般に周辺数百kmに広がる他の遺跡でも良く見る陶磁器である。一定の地域内の陶磁器流通の基本的な状態を示している。共通性がある出土状態は、類似した環境と地勢に根差した生活基盤すなわち基層文化の様相に、共通性と類似性があることを窺わせる。生業と食生活を基本とした流通範囲の地域文化圏が存在することを陶磁器からも推測できる。

2．陶磁器の出土量と組合せ数

（1）　出土量

層位別に陶磁器素地別・産地別に破片の重さを計測した表を掲げる。多く使用したものや壊れやすいものは数値が大きく、購入量の少ないもの、使う頻度の小さいもの、壊れにくいものは数値が小さくなる。まったく壊れなければ廃棄されず、数値は零になり、たまたま出土した偶然性も小さな数値に反映している。種類ごとに出土層位の重さを計測した。

土器は大型貯蔵容器としての壺瓶の破片が多い。現地及び周辺地域で作られた製品と推定され、どの家庭にもあった水などの貯蔵容器として用いる他に、家周囲の中庭に口縁部を下に向けて土中に埋めてパン焼き竈として、あるいはマドバッサの受け壺としても利用した。パン焼竈の容器は底部が欠損して無いため、壊れたものを再利用したのかも知れない。壺瓶類の１個の重さは、完全形が多く残るデーツ熟成用施設のマドバッサ受部出土品から推定できる。マドバッサのジュース受部に埋めた現地産と推定される土器壺の重さは、6.75 kg黒色素地（M1）、6.0 kg赤色素地（M3）、4.6 kg赤色素地（M3a）、4.9 kg黒色素地（M5）、7.7 kg赤色素地（M8）、5.35 kg赤色素地（M9）、3.65 kg赤色素地（M16）、4.1 kg赤色素地（M18）、6.25 kg赤色素地（M19）である。壺の一部に欠損があり、１個の壺瓶の平均重さは5.5 kgほどとなる。赤色彩文の杷手付瓶は4.1 kg赤色素地（M2）である。他の製品と比較すれば大型品として良いが、さらに大型の黒色素地の土器瓶壺は、一か所からまとまって出土した同一個体片の重さで20 kgを越えるものがある。

264

表1　ディバ出土の主要陶磁器重量%（0.01%以下の項目を削除）

ディバ遺跡出土の陶磁器 (kg,%)	表土＋第1層	第1層＋第2層a.b	第2層	第2層a	第2層b	第2層c	第2層d1	第2層d2	重さ計 kg	%	産地種類別 %
土器,赤色素地,粗,地元	51.47	24.3	113.05	21.6	50.28	15.89	37.35	43.54	357.48	22.06	
土器,赤色素地,小砂混,地元								2.97	2.97	0.18	
土器,ピンク素地,地元	51.71	3.73	103.41	10.35	0.07	0.52		0.85	170.64	10.58	
土器,ピンク/黒色素地,地元		3.45							3.45	0.21	
土器,ピンク/赤色素地,地元	51.47	0.33	0.3					1.01	53.11	3.28	
土器,黒色素地,粗,地元	2.89	2.21	4.64	31.45	30.08	1.47	20.18	5.24	98.16	6.06	
土器,黒色/灰色素地,粗,地元	2.08	0.1							2.18	0.13	
土器,赤色素地,粗,地元	0.7		75.52	32.1	124.2	24.55	71.3	27.8	356.17	22.3	
土器,黄色素地,地元			0.2	0.02	0.16				0.38	0.02	
土器,黒色素地,黒砂混,地元	0.46								0.46	0.03	
土器,ピンク素地,黒砂混,地元	2.15								2.15	0.13	
土器,ピンク素地,砂目,地元	0.09	0.4		0.03					0.52	0.03	
土器,ピンク素地,赤色磨研	0.09							0.45	0.54	0.03	
土器,黒色素地,磨研	0.09					0.01		0.45	0.55	0.03	
土器,黄色素地,地元	0.25							1.17	1.42	0.087	
土器,ピンク素地,赤彩,地元	8.6	2.3		0.35		0.4		2.22	13.87	0.856	地元土器 73.12%
土器,ピンク/灰色素地,赤彩,地元	0.26								0.26	0.016	
土器,赤色素地,赤彩,スリップ有または無,地元	1.35	1.46	19.53	8.57	9.99	7.35	50.59	4.8	103.64	6.39	
土器,赤色/黒色素地,赤彩,地元			6.54		3.37				9.91	0.664	
土器,黒色素地,赤彩,地元	0.43							0.23	0.66	0.04	
土器,ピンク素地,赤スリップ上黒彩,パキスタン・インド							0.26		0.26	0.016	
土器,黄色素地,小黒混,地元	10.22							0.17	10.39	0.641	
土器,黄色素地,大赤混,地元	10.22					0.06		0.17	10.45	0.644	地元土器,黒(赤)粒混り 13.89%
土器,黄色素地,大黒混,地元	11.02	4.63	20.76	3.25	10.91	1.42	2.97	0.29	55.25	3.427	
土器,黄色/灰色素地,大黒混,地元		0.82	7.4						8.22	0.507	
土器,淡ピンク/黄色素地,大黒混,地元	10.34	0.05	0.7	7.28	7.75	0.12	6.51	0.54	33.29	2.058	
土器,灰色素地,大黒混,地元	10.22	0.13						0.37	10.72	6.614	
土器,砂目黄色素地	2.15							0.07	2.22	0.137	
土器,砂目ピンク素地							0.94	0.25	1.19	0.07	
土器,ピンク素地,イラン	0.34	2.3	2.3	3.03	5.75	2.73	0.2		19.11	1.183	イラン土器,黄色素地 2.89%
土器,黄色素地,刻線,イラン		0.01	2.12	2	8.69		14.12	0.43	27.37	1.688	
土器,黄色軟素地,イラン	0.15						0.1	0.06	0.31	0.019	
土器,ピンク素地,スリップ,イラン	10.06		20.56	3.36	17.5	5	24.63	12.07	93.18	5.783	
土器,ピンク素地,スリップ,型文,イラン	9.8		5.2	0.26				3.26	18.52	1.142	イラン土器ピンク素地 9.15%
土器,ピンク/黄色素地,スリップ,イラン	8.1	7.9	7.67						23.67	1.46	
土器,ピンク/黒色素地,スリップ,イラン	1.66								1.66	0.124	
土器,ピンク素地,スリップ無,イラン	2.1		8.34						10.44	0.644	
淡青釉陶器,黒彩,黄色素地,イラン	0.57	2.35	3.47	0.45	13.15	1.89	7.81	11.44	41.13	2.55	
淡青釉陶器,黒彩,ピンク素地,イラン	0.6		6.78					0.06	7.44	0.459	
白釉陶器,黄色素地,イラン	0.88		0.32	0.25	5.03	0.12	0.6	0.45	7.65	0.472	
白釉陶器,砂目黄色素地,イラン	0.77	1.1	0.72	0.08			0.98	0.13	3.78	0.233	イラン施釉陶器 4.84%
黄釉陶器,黄色素地,イラン	0.21	0.09	0.2	0.02	0.15	0.13	4.81	2.38	7.99	0.498	
緑釉陶器,黄色素地,イラン	0.12	0.09	0.15	0.02	0.27	0.08	2.77	0.31	3.81	0.236	
青釉陶器,黄色素地,イラン	0.05		0.11	0.04	0.07	0.1	0.01		0.38	0.023	
黒釉陶器,ピンク素地,イラン								3	3	0.185	
黒釉陶器,ピンク/黄色素地,イラン					0.02				3.02	0.186	
緑釉陶器,硬ピンク素地,イラン	0.12		0.07	0.01	0.05	0.1	0.1	0.03	0.48	0.029	
褐裕陶器,黄色素地,オマーン			0.53					2.15	2.68	0.165	
褐釉陶器,ピンク/灰色素地,オマーン	0.32								0.32	0.03	
褐釉陶器,ピンク素地,オマーン	0.46	0.13	1.33	1.74	1.52	0.57	3.1	1.18	10.03	0.619	オマーン施釉陶器 1.18%
緑釉陶器,ピンク素地,オマーン	0.13	0.02			0.02	0.02	0.44	0.34	0.97	0.059	
青釉陶器,ピンク素地,オマーン	0.36							0.22	0.58	0.035	
黒釉陶器,ピンク素地,オマーン	0.36	0.02	0.75		0.58	0.17	2.53		4.41	0.272	
石英素地陶器,イラン			0.01		1	0.06	0.15		1.22	0.077	イラン 0.08%
中国陶磁器	0.87	0.01	0.43	0.04	1.43	0.05	0.96	0.16	3.95	0.245	中国 0.28%
中国陶磁器,広東黄釉陶器壺							0.55		0.55	0.034	
ヨーロッパ陶器	0.04	0.02	0.42	0.07	1.4	0.01	0.13	0.02	2.11	0.131	ヨーロッパ 0.13%
陶磁器重さ計	266.33	57.95	413.53	126.39	292.42	63.76	253.82	136.07	1610.27	105.818	

（地元,イラン,オマーン,その他は推定産地を指す。地元はアラブ首長国連邦とオマーンの一部を含む。オマーンはアラブ首長国連邦とサウジアラビア南東部を含む。）

イラン産土器瓶は三杷手付瓶 2.0 kg 黄色素地（M4）、白スリップ刻線文瓶 2.0 kg ＋ 推定欠損部 0.2 kg ピンク素地（M11）などがある。マドバッサ受部ではないが、マドバッサ 7 室壁下から出土した三杷手付瓶 2.55 kg 黄色素地（DBB37）があり、同じ瓶 1 個の平均の重さは黄色素地が 2.3 kg、ピンク素地が 2.2 kg である。

もっとも日常的に使われる煮炊き用の土鍋（クッキングポットと呼ばれる土器壺形品）は、熱を通し易くするため器壁とくに底部が薄く作られ、熱を受けるため壊れやすい。これも現地産が主と推定でき、赤色彩文と無文のものがある。第 2 層 d2 の部屋 3 床面からほぼ完全形で出土した赤色彩文土鍋は 1.25 kg で、その大きさから標準的な重さと推測できる。大型無文の土鍋 1.75 kg 赤色素地（DBB38）が第 2 層 d 室内から出土している。土鍋 1 個の重さは 1.5 kg ほどとなる。土鍋には土製蓋が伴う。第 2 層 b の中庭から出土した赤色彩文のピンク素地摘み付蓋は完全形で 0.5 kg である。蓋付土鍋は 2.0 kg となる。

第 2 層 d2 マドバッサ 16 室床面から出土した土器の赤色彩文鉢（碗より少し大きい）は 0.42 kg で、復元重さは 0.5 kg。同じ室内床面から出土した小型の土器赤色彩文カップは完全形で 0.06 kg、コーヒーや紅茶のカップと推測できる。同じ室内床面出土の土器赤色彩文香炉は白スリップ上に赤色彩文し、手の込んだ透かし文様が入り、0.28 kg で、推定復元重さは 0.32 kg である。なお、北東地区家の第 2 層から土器カップが 2 点出土し、無文土器カップ 1 点は完全形で重さは 0.06 kg、他の赤色彩文土器カップは 0.03 kg で推定復元重さは 0.05 kg である。第 2 層 c のマドバッサ 8 上堆積土から出土した小碗は 0.11 kg である。飲茶用小カップよりやや大きいが、小碗よりも小さい。

第 2 層の下層では、コーヒーや茶を飲むカップは 0.06 kg ほどであった。同じ地区の第 2 層 d 出土のインド・パキスタン製の赤色磨研スリップ上黒彩文土器壺は小型で素地が薄く 0.23 kg、推定復元重さは 0.3 kg である。用途は土鍋であろう。第 2 層 b 中庭から小さな二耳が付く土器小壺が出土しており、重さは 0.15 kg で、推定復元重さは 0.18 kg ほどとなる。

出土数量が多く代表的な施釉陶器碗であるイラン青釉黒彩文陶器（黄色軟質素地）碗の重さを見る。第 2 層 d 中庭出土品は 0.37 kg で大型であり、推定復元重さは 0.5 kg。第 2 層 d2 部屋 2 床面出土品は 0.22 kg で中型であり、推定復元

266

重さは 0.4kg。第 2 層 d2 マドバッサ 16 室内出土品は 0.25kg で大型であり、推定復元重さは 0.5kg。施釉陶器でもっとも量が多い青釉黒彩文陶器は碗が主であり、その重さは 1 個 0.5kg となる。

青釉黒彩文陶器と同じ素地を用い、類似の器形であるイラン黄釉陶器（黄色軟質素地）の重さを見る。第 2 層 d 室内出土の黄釉刻線文陶器碗は 0.43kg、大型であり、推定復元重さは 0.65kg。第 2 層 d1 部屋 2 出土の黄釉陶器瓶は底部のみ 0.45kg 残り、推定復元重さは 2kg ほどである。緑釉陶器もほぼ同じ器形で、類似の重さであろう。

白濁釉陶器（黄色やや硬質素地）の皿を見る。第 2 層 d2 のマドバッサ 17 西側外の砂地面から出土した上面平坦な皿は完全形で 0.33kg である。青釉や黄釉の陶器に同じ器形の皿は見られず、白濁釉陶器に独特の平べったい厚手の現代陶芸風の皿形である。

イラン産の土器は黄色素地とピンク素地の 2 種類が代表的である。瓶は大型と小型がある。第 2 層 d2 マドバッサ 16 室床面から出土した小型瓶ピンク素地は 0.43kg で、完全形である。外面は白スリップ上に簡略な押印が見られる。同じ種類の水容器瓶は大中型が一般的である。マドバッサ受部等から出土した同種類の土器瓶黄色素地の推定平均の重さは 2.3kg、ピンク素地重さは 2.2kg であったから、大中型品は 2.3kg ほど、小型品は 0.4kg ほどとなる。

オマーンの褐釉陶器（ピンク素地）は小型瓶、深鉢、碗で、瓶はイラン産施釉陶器瓶と類似の重さ、深鉢は他地域産の碗より数倍重く、碗は他地域産の同形品とほぼ同じ重さである。ヨーロッパ陶器は皿、鉢が主で、中国陶磁器は碗、皿が主となり、器形の違いはあるが用途は同じで、重さも類似している。

(2)　組合せ数

室内に残った陶磁器を主な資料として、生活で用いた陶磁器の種類と組合せを復元する。火災住居床面から出土した陶磁器がその基本資料となり、室外の陶磁器で室内に残らない陶磁器の組合せを補う。遺跡の層位ごとに生活用品としての陶磁器の組合せを推定する。そこには、気候や文化的環境の影響を受け、人々の生活様式を反映した、生活の実態に即した陶磁器の組合せが見える。

なお、ともに出土したアコヤガイは皿にも使うが、土鍋をかき混ぜる鉄製や

アラビア半島ディバの陶磁器と生活

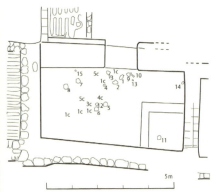

図9　ディバ第2層d1第4室、火災室
(床面残存資料：1.オマーン褐釉陶器、2.土鍋、3.鉄製品25cm、4.土器蓋、5.イラン陶器黄色素地瓶、6.土鍋、7.イラン淡青釉陶器釉下黒彩碗、8.土鍋、9.アコヤガイ17cm、10.鉄製スプーン9cm＋6cm、11.イラン淡青釉陶器釉下黒彩碗、12.土器瓶、13.土器蓋、14.土鍋、15.青銅スプーン、コイン22枚、コイン3cはコイン3枚の出土地点を示す。その他、鉄釘、魚骨、炭化した網代や木製ドアなど。)

青銅製のお玉杓子など調理器具も残る。大きなアコヤガイが各部屋で出土するのは、陶磁器皿などと同じ用途の他素材品があることを示している。

　生活のなかでどの産地の陶磁器をどれだけ使用していたか。火災住居資料がその片鱗を示すが、それだけで十分ではない。遺跡全体から多く出土する土器壺瓶などは床上資料として残らない。器形によって異なる1個の重さを考慮して、組合せで使用した当時の陶磁器の同時組合せ個体数を推定してみる。

　小さなコーヒーや茶用の土器カップの重さ60gを1とすると、土器小碗は110gで2、土器赤色彩文鉢は500gで8。土器小壺は180gで3。土器香炉は320gで5。インド・パキスタン土鍋は300gで5。現地産の土鍋は1,500gで25、土鍋蓋は500gで8、身と蓋を併せて2,000gで33となる。M2の土器赤色彩文杷手付瓶は4.1kgで70となる。瓶壺の平均は5.5kgで92となる。土器カップ1個と土器瓶壺1個は重さで92倍違い、92倍の重さがあった場合に瓶壺はカップと同じ個数の出土となる。土器大型瓶で20kgの場合は330倍の違いとなる。

　イランの製品を見ると、青釉黒彩陶器碗や黄釉陶器碗、緑釉陶器碗は500gで8、白濁釉の皿は330gで5、刻線文土器瓶は小型が400gで7、大型はピン

ク素地も黄色素地も 2.2kg から 2.3kg で 37、38 となる。

　こうした数字は、資料破片量を個数に置き換える際の換算率である。砕けた破片をそれぞれの器形に分類するのは時間がかかる作業であるが、土器分類作業中に経験した感覚的な量比率で個体数を推測することは可能である。第2層dの部屋3の床面資料から、土鍋数個が部屋内に保管されたことが分かる。土鍋と土器壺では、土鍋のほうが数倍多く壊れるであろう。土器碗鉢と中国陶磁器では、土器のほうが脆く多く壊れるであろう。土床や網代床に落とした場合、硬い陶磁器は割れ難い。壊れる程度の高いものが多く出土するから、組合せ使用の個体数を推測する場合、壊れ易い土鍋や土器碗鉢は推定個体数を三分の一にするなど、少なくする方法もある。

　主要な陶磁器の出土量を見ると、土器は 73％、イラン土器は 12％、イラン施釉陶器は 4.8％、オマーン施釉陶器は 1.2％、中国陶磁器は 0.28％、ヨーロッパ陶器は 0.13％である。この％はほぼ第2層の平均値であり、層位の上下で数値は変わる。出土量は時代の変化による流通の変化を反映している。

　土器の重さは現地産とイラン産で 85％を占めるが、表2では削除した極少量の項目を入れるとそれ以上となる。ヨーロッパ陶器の重さを1とした場合、中国陶磁器は 2.1 倍、オマーン施釉陶器は 9 倍、イラン施釉陶器は 37 倍、イラン土器は 92 倍、地元土器は 560 倍である。

　第2層 d1 の第4室火災室内床面に残った陶磁器は、地元産土鍋4点、地元

表2　ディバ出土陶磁器の産地別重量％概要

ディバ出土陶磁器 （kg、％） 種類／層位	表土＋ 第1層	第1層 ＋第2 層 a,b	第2層	第2層a	第2層b	第2層c	第2層 d1	第2層 d2	重さ計 kg	％
地元土器	176.24	38.28	323.19	104.5	218.2	50.19	180.3	91.05	1181.95	73.33
イラン土器	32.21	10.21	46.19	8.65	31.94	7.73	38.87	18.46	194.26	12.04
土器,ピンク素地,赤スリップ上黒彩,パキスタン・北インド							0.26		0.26	0.016
イラン施釉陶器	3.32	3.63	11.82	0.89	18.72	2.42	17.08	20.8	78.68	4.84
イラン石英素地陶器			0.01			1	0.06	0.15	1.22	0.077
オマーン施釉陶器	1.63	0.17	2.61	1.74	2.12	0.76	6.07	3.89	18.99	1.18
中国陶磁器	0.87	0.01	0.43	0.04	1.43	0.05	1.5	0.16	4.49	0.279
ヨーロッパ陶器	0.04	0.02	0.42	0.07	1.4	0.01	0.13	0.02	2.11	0.131
陶磁器重さ計	5.86	52.32	384.67	115.89	273.81	62.16	244.27	134.53	1481.96	91.893

（0.01％以下の項目を削除後に推定産地でまとめた。）

土器蓋2点、地元産土器瓶1点、イラン淡青釉陶器釉下黒彩碗2点、イラン土器黄色素地瓶1点、オマーン褐釉陶器瓶1点である。イラン土器瓶2.3kgが1個あると、地元土器瓶壺5.5kgは2個から3個出土する割合となる。ここで含めていない他の様々な器形の土器があり、地元土器大瓶壺は室内に1個あるから室外に1個と推定できる。これが同時使用の組合せ陶磁器の代表的な種類の個数となる。ヨーロッパ陶器や中国陶磁器、イランの黄釉陶器、緑釉陶器、白釉陶器などが出土する確率は低い。イラン施釉陶器碗が18個あった場合に、ほぼ同じ重さの中国青花碗が1個の割合である。

　出土量を組合せ数の各個体重さで割ると、地元土器蓋付土鍋は115個、地元土器瓶壺は42個、イラン土器瓶は84個、イラン青釉陶器碗は78個、オマーン褐釉陶器瓶は9個となる。オマーンの褐釉陶器破片は瓶より碗鉢が多く、他の産地の陶磁器も同様に複数の器形があるから、ここで示した数値よりも個体数は少なくなる。ただ、産地別の割合は、この数値に近いと推測できる。

　第2層はa, b, c, d1, d2の5層に分けて出土品を計量したので、それぞれの層、つまり5室から10室ほどをもつ数軒の家族が使った陶磁器のうち採集された個数の平均は、地元土器蓋付土鍋は23個、地元土器瓶壺は8個、イラン土器瓶は17個、イラン青釉陶器碗は16個、オマーン褐釉陶器瓶は2個となる。

　発掘地内の家が二つの大家族のものであれば、一家族が所有した陶磁器は、地元土器蓋付土鍋は12個、地元土器瓶壺は4個、イラン土器瓶は9個、イラン青釉陶器碗8個、オマーン褐釉陶器瓶は1個となる。実際は複雑な様相に違いないが非常に単純化すると、一つの家族が泥レンガ・石積の家で、数十年間に購入し使い、壊れて捨てた陶磁器のうち採集された個体数である。土器の破片数と重さが際立っているけれども、個体数で見るとそれほどの差はないことが分かる。

　組合せ使用個数は順に、4個、1個、1個、2個、1個だから、割れた頻度は29、42、84、39、9となる。家族全員が共同で使う地元土器瓶壺と、家族全員及び個人でも使うイラン青釉陶器碗を標準的な割れ方とすると、薄い器壁で水を入れるイラン土器瓶は2倍の破損率、毎日火にかける薄手素地の地元の蓋付土鍋はやや割れ難く、油を入れる小型で硬いオマーン褐釉陶器瓶は非常に破損率が低い。

3．陶磁器の特徴と関係性

（1）現地産の土器

　土器の素地を発色、混じり物の種類と大小で分類すると、多くの種類に分かれる。赤色素地で砂粒混じりの土器が基本であるが、素地と表面に様々な色があり、素地の砂粒の大きさと色にも違いが見られる。同じ層位資料であるから、時代差よりも産地差であると考えられる。同じ産地で異なる素地を用いることもあるが、それよりも、類似する技術と粘土で土器を作る産地が各地にあることを推定させる。ただ、オマーンの民俗例に見るように生産工程が粗いため、粘土と混ぜ物が作るたびに変わる可能性はある。バーミヤーンで聞いたような、土器職人が季節ごとに移動して製作するという伝承はない。

　土器は大瓶・大壺の破片が目立ち、焼成前に表面に黒泥を塗る例が多い。土鍋（壺形、クッキングポット）も黒い煤が付着して破片でも存在が分かりやすいので目立つ。この二つが基本的な土器の種類であるが、中型の瓶や壺もそれに次いで多く、小型の鉢もそれらに混じる。他にもさまざまな種類の器形がある。把手付瓶や注口付瓶も目立つ種類で、水や茶、コーヒーを注ぐ用途であろう。大型瓶壺は貯蔵用で、水を貯蔵する容器は各家庭に欠かせない。これらの大小瓶には土器摘み付蓋が付くが、中国漳州窯の青花皿底部片や土器壺片を口部に蓋として被せたマドバッサ瓶壺もあった。

　食器として一般的に多く用いたと推定される浅鉢は、内湾形とやや深い皿形に分けられ、汁物を入れるのに便利な形である。各地・各時代で共通した、いわゆるイスラーム陶器に一般的な形である。液体を入れる小瓶や小壺も見られ、飲茶用のカップ（小碗）もあり、赤色彩文装飾が施されることが多い。香炉も赤色彩文した赤色素地が多いが、他の種類の素地も見られる。器形は類似するものが多い。幅広の把手付皿形もあり、表面は黒色でピンク・赤色素地が多く、フライパンのような形である。

　壺や土鍋には土器製の蓋があり、彩文で器面を装飾することが多く、刻線文、刺突文、押印の装飾も見られる。土鍋や壺の蓋には中央に大きな摘みと赤色彩文装飾があることが一般的である。土鍋蓋は扁平形で黒い煤や焦げが付くものもあり、とくに蓋周縁部には吹きこぼれの黒焦げ痕が残る。

アラビア半島ディバの陶磁器と生活

図10　第2層d2マドバッサ16室床上に散乱する土器とガラス瓶52個、室外のナツメヤシ実492粒

大きな黒粒が混じる黄色素地あるいはピンク素地の土器は、同じ産地であるが、焼き具合で素地色が変わる。大型捏鉢が多く目立つが、大型の壺瓶、小型の瓶、やや大型の鉢も少しあり、捏鉢だけという特定器種に限定されない。黒褐色スリップを表面に塗り、刻線文の簡単な装飾を加える場合もある。産地は違うが、黒い素地で白粒を含み、表面も黒く焼きあげる土器壺も、量は少ないが目立つものである。

土器の装飾は赤色彩文が主である。素地は粗い赤色、砂混じり赤色、細かな赤色、砂粒混じりピンク、砂粒混じり灰色、砂粒混じり黒色、など多様性がある。ムサンダム半島先端のハサブや半島付根西海岸のラッセルカイマは長期間にわたる土器産地として知られ、ラッセルカイマは1960年代で終焉したが、ハサブは今も土器を焼き続けている。地域の伝承では、各地、町ごとに泥を捏ね覆い焼きする単純な土器生産があったと言う。素地の多様性はその反映と推測される。

現地産以外の土器ではイラン製土器が主となり、素地はやや軟質の黄色と硬質のピンクの2種類である。14〜15世紀のジュルファール、15〜16世紀のコールファッカンなどの出土品でも同じ分類ができ、年代による僅かな違いは硬さと色の濃さ程度である。20世紀後半はディバから40kmほどハジャール山脈に入ったマサフィで土器生産が始まり、イラン製土器の黄色素地と類似する製品が流通している。

第2層d2のマドバッサ16室床上から土器が出土した。香炉などの器面に使用した痕跡はなく、雑貨販売所と推定でき、火災で棚上から床に落ちたと見られる。同じ形の小さなガラス瓶が52個まとまって出土し、海側の道に面する商店を兼用した部屋であると分かる。土器販売の一つの形態が見える。室外で炭化したナツメヤシ実492粒がまとまって出土した。

(2) 中国陶磁器と土器の器種関係

ディバから出土する中国陶磁器は、14世紀の竜泉窯青磁鎬連弁文碗皿の破片がどの層からも見られ、それは第2層よりも下層からの混じり込みである。宋元代の広東産の灰褐釉陶器壺も第2層から出土する。同時代の施釉陶器にはイエメンの黄釉黒彩陶器やイランの緑釉陶器も出土する。17世紀初頭の景徳

鎮青花芙蓉手皿も同様にどの層からも少量出土し、第2層dでは10点ほど見られる。東南アジアの製品では、15〜16世紀のミャンマー青磁盤も出土する。これらは少量であり、表の項目から省いている。日本製品は上層から白磁飲茶カップがきわめて少量出土する。

　発掘した第2層住居に伴う時代の18世紀から19世紀の清朝陶磁器は、世界中に安価に輸出された一般的な種類である。素地が薄く良質で小型品が多い景徳鎮産と、粗く大型の鉢皿も含まれる福建・広東産が出土する。青花が主で、19世紀から20世紀前半には色絵コーヒーカップや飲食用の椀皿など小型品の破片が多くなる。日本では同種のコーヒーカップは遺跡から出土しない。限られた種類の貿易品であり、同じ地域内で多様性に乏しい。ただし、白磁型文小瓶や小型色絵壺、青花チリ蓮華など、特殊な製品も少量混じり、個人的な趣向が窺える。購入者の富裕度も示す一般廉価品のカップと、高級志向品であろう。

　近世の出土品はほとんどが青花と赤絵であるが、白磁、色絵、褐釉、青磁も少し見られる。19世紀になるとヨーロッパ陶器の鉢皿が中国陶磁器よりも増えるなど、産地ごとの国際競争状態と好みが変化する。

　第1層と第2層の上層では中国製磁器コーヒーカップが数多く出土するが、第2層dでは中国製磁器カップは出土しない。現地産土器カップは第2層dから出土し、飲茶用と推測されるが、第2層の上層になるとほとんど見られない。飲茶用カップは現地産土器から中国製磁器に置き替った種類である。この例は、中国陶磁器が現地の土器生産の種類減少に及ぼした影響の一つである。

(3) ヨーロッパ陶器と土器器種構成の変化

　ヨーロッパ陶器は色絵陶器が中心となる。オランダ製の赤・緑色を基調とした色絵鉢皿が多いが、英仏独などの製品もある。イギリスはコバルト摺絵文様皿、ドイツは褐釉瓶が目立つ。中国陶磁器よりも遅れた時代に輸入され始め、やや大きな碗鉢と皿が器種の大部分を占める。食器として用いる類似製品を見れば、ヨーロッパ陶器鉢皿、中国陶磁器碗皿、イラン施釉陶器碗鉢、現地土器碗鉢が同様の用途をもつ器である。アラビア湾とオマーン湾に面する地域では、イラン施釉陶器が中世から一般に流通しており、施釉陶器の種類を変化させながら近世になっても同様に広い流通圏を保ち、少品種大量製品として流通量も

多い。中国陶磁器も中世から広く流通しているが、近世には碗皿が主となり小
型化する傾向がある。ヨーロッパ陶器は近世になって突然に中国陶磁器と同じ
用途の鉢皿が流通し始める。中国陶磁器の小型化は、ヨーロッパ陶器の鉢皿の
流通によって、大中型製品が減少したためである。

　現地及び周辺の土器には、壺、瓶、鉢、碗、皿など、多様な種類と器形が
あった。大中型の土器瓶壺に替わる製品はヨーロッパ陶器や中国陶磁器に見ら
れないが、ヨーロッパ陶器鉢皿の現地への広がりに伴い、類似用途を持つ土器
の中型鉢と皿が減少する傾向が第2層内で見られる。文様がきれいで、素地に
浸み込まない施釉したヨーロッパや中国の陶磁器が、土器よりも生活レベルで
評価された例である。

（4）中国陶磁器とヨーロッパ陶器の盛衰

　ディバでは現地産土器以外では、ヘレニズム期のイラク陶器、ササン朝のイ
ラン施釉陶器が量は少ないとしても一般的に使われた。8〜9世紀のイラク陶
器、12世紀のスグラフィアトや13世紀のイエメン黄釉黒彩陶器は一時期のみ
出土し、イラン陶器は引き続き緑釉陶器と白濁釉陶器が施釉陶器の主な種類で
ある。オマーン施釉陶器は16世紀から現れる。こうした近隣地域の施釉陶器
に混じって、中国陶磁器が見られるのは9世紀以降であり、ディバ発掘地点で
中国陶磁器は14世紀の竜泉窯青磁、17世紀初めの景徳鎮青花皿がそれぞれ十
数点出土し、18〜20世紀の中国青花は日常生活で一般的なものである。

　ヨーロッパ陶器は17世紀まで出土せず、18世紀以降に現れる。第2層dか
らヨーロッパ陶器が出土し始めるが、その量は中国陶磁器の重さの1割程度で
ある。第2層cで2割程度となり、第2層bでは中国陶磁器とほぼ同じ重さ
に増え、第2層aでヨーロッパ陶器が2倍近い重さになる。19世紀から20世
紀前半はヨーロッパ陶器が中国陶磁器より一般的となる。

　ヨーロッパ陶器が輸入される時期とその後の流入状態がわかる。日本では同
時期の遺跡から出土するヨーロッパ陶器は、中国陶磁器よりもきわめて少なく、
ディバにヨーロッパから植民地的支配の影響が強いことを反映している。ヨー
ロッパ陶器が短期間で世界流通品となる様相の一端が見えるが、インド洋沿岸
や東南アジアと比べて、日本への流入量は少ない。経済的な変化に伴う遠隔地

表3　ディバ出土の中国陶磁器とヨーロッパ陶器の重さ比較

ディバ出土陶磁器 （kg，%） 種類／層位	表土＋第1層	第1層＋第2層a,b	第2層	第2層a	第2層b	第2層c	第2層d1	第2層d2	重さ計kg	%
中国陶磁器	87	1	43	4	143	5	151	16	4,500	0.279
ヨーロッパ陶器	4	2	42	7	140	1	13	2	2,110	0.131
中国／ヨーロッパ	21.75倍	0.5倍	1.02倍	0.57倍	1.02倍	5倍	11.6倍	8倍	2.13倍	
ヨーロッパ／中国	0.045倍	2倍	0.98倍	1.75倍	0.98倍	0.2倍	0.09倍	0.125倍	0.47倍	

産品の保有状態の変化は、人々の富裕度に加えて内部の階層的な分化も窺わせる。

4．地域内製品と中長距離交易品の組合せ

　ディバの人々は、遠隔地から運んだヨーロッパ陶器や中国陶磁器などを、現地や近隣のイラン、オマーンの陶器と併せて使用している。産地の違いは素地と硬さ、施釉の有無、文様や施文法の違い、器形や質の違いであり、それは見た目の付加価値の違いとなり、産地ごとの種類と器種、器形の特徴となるのが一般的である。また、違う産地で同じ用途の種類と器種が作られ、それら別産地の陶磁器を組合せて使用する。同じ用途の景徳鎮と有田の染付碗を組合せて使うようなものである。対象となる購買層を絞って、売れる種類の陶磁器を作り、生活で必要な基本的器種を作り、他産地と異なるものを作り差別化を図る産地の思惑が、そこに見える。同時に器形や装飾には流行している他産地の模倣も見られる。同じ用途の碗でも、軍事力を背景とした商人の活動状態によって、町や村ごとで使用する陶磁器の産地が変わる。

　碗と皿は現地産土器を輸入品で置き換えることが可能である。これは素地という質の違いで、他の種類に置き換える例である。輸入品の一般的な器形は碗鉢皿などに限定され、土器に多い大型壺、大型瓶や特殊な土器香炉など、ヨーロッパや中国の陶磁器で置き換えられない器種と器形が土器にある。輸入品では補えない現地産土器の用い方と器形がある。香炉などは土器が適しており、現地産で伝統的装飾が豊かである。

　ディバの地域内製品は、日本など離れた他の地域から出土しない。ヨーロッパ陶器と中国陶磁器は、日本でも出土する。しかし、日本の遺跡から出土するヨーロッパや中国の陶磁器の器種と量はディバよりも限定的であり、日本に輸入されない器種がある。ディバ出土陶磁器は、他の地域と区別できる地域独特

の土器や陶磁器、および他の地域でも見られる種類の陶磁器、この両者が一定の割合の組合せで使われ、それが地域の文化と生活を特色付ける。

おわりに

アラビア半島のオマーン湾港町ディバの層位的な住居跡発掘で、多種類・多産地の陶磁器を組合せた生活の様相が、層位的に出土した陶磁器の産地や種類、器種、組合せの変遷から見えてきた。地元土器、イランの施釉陶器、オマーンの土器と施釉陶器、中国陶磁器、ヨーロッパ陶器、これらの種類と器種、その組合せ、一家族が同時に使用した個体数が推測できた。こうした基礎資料を基に、陶磁器の使用状態、用途、流通圏、貿易や文化交流の問題も扱うことができる。

当該地域は季節移動が一般的である。高温多湿の夏を避ける海岸と山麓の移動であり、それは糞尿にまみれた町内の衛生状態を改善する。石積と泥レンガの壁家、ナツメヤシ枝葉家に住み、囲壁内庭の炉で調理しゴミ穴を掘る。各家庭が井戸をもつのは最近で、水はロバの背に積んで運び、土器壺に貯えた。魚（漁業）、動物（狩猟）、ヤギの乳製品（牧畜）、ナツメヤシ実や果実と野菜類（農業）を食べ、生業の一つに船を利用した交易活動があった。食生活の基本は粉にする、焼く、煮るである。石皿や石臼で小麦粉を作り、炉でパンを焼き、魚を焼く。焼く以外の食材は土鍋で煮て、汁物や煮豆は陶磁器の碗や鉢に、米は大皿類（金属器が主か）に盛る。食材を瓶や鉢に貯え、水やコーヒーを飲む。

陶磁器の出土状態と組合せを地域の生活様式と関連付けて解釈するが、それには遺跡と環境が影響する。他地域生態での陶磁器の組合せと比較するのも、なぜ使われたかという生活文化の特徴を窺う方法の一つである。

ディバ遺跡から出土した魚骨の量は多く、他にヤギ、ラクダ、イカ、鶏の骨もある。ほぼ同じ時代の居住遺跡をアラビア湾岸のシャルジャ遺跡（佐々木2015）とオマーン湾岸のディバ遺跡で発掘した。出土した貝殻をシャルジャとディバを左右に分けて記す。大型アコヤ貝：無し・有り。小型アコヤ貝：大量・非常に少ない。カキ貝：少ない・きわめて少ない。ムール貝：有り・無し。二枚貝は共通する種類があり、シャルジャは種類が多く、ディバは種類が少ない。シャルジャは砂浜のみという海岸地勢の僅かな違いが棲息する貝に反映しているが、魚中心の食生活は同じである。ディバの中庭から貝殻がまとまって

出土した。第2層bではアサリ 512/2 = 256個、1.1 kgが、第2層cではハマグリ 100/2 = 50個、0.55 kgが出土した。一回の食事で捨てた量で、こうした資料からも港町住民の食生活が見えてくる。

　20世紀中頃の食生活を現地の方々に聞くと、現在と違って、石油採掘以前は質素だった。海岸地帯に住む人々は、朝はミルク茶とホブス（無発酵パン）、昼はメインで白米と塩焼き魚、夕はミルクとホブスを食べた。その他にネギやタマネギなどの生野菜を食べたが、土鍋で野菜を煮ることは無かった。平屋のナツメヤシ枝葉家の屋根上でヤギを飼い、そのミルクを土鍋で煮た。小舟で海に出て、網で獲った魚を毎日同じ料理法と味で食べ、ヤギ肉を食べるのは数か月に一回程度の特別なときであった。内陸の人は、ラクダで運んだ塩漬け干し魚を、お湯で戻し塩抜きして米に混ぜ食べた。そのような生活が中近世では一般的と想像でき、出土陶磁器の解釈と食生活復元の基礎的なイメージとなる。

参考・引用文献

佐々木達夫 1994「アラビア半島アデン湾，オマーン湾のイスラーム遺跡踏査」『ラーフィダーン』15、136-141頁

佐々木達夫 2007「オマーン湾岸北部地域の遺跡出土陶磁器」『金沢大学文学部論集史学・考古学・地理学篇』27、203-282頁

佐々木達夫 2009「ディバと砂漠の遺跡の第1次発掘調査」『金沢大学歴史言語文化学系論集史学考古学』1、105-175頁

佐々木達夫・佐々木花江 2007「ディバ農園内中世遺跡の踏査と第1次発掘調査」『金大考古』56、6-10頁

佐々木達夫・佐々木花江 2015「シャルジャ港町の発掘」『金沢大学考古学紀要』36、103-119頁

佐々木花江・佐々木達夫 2012「オマーン湾岸の港町ディバのマドバッサ」『第19回ヘレニズム～イスラーム考古学研究』ヘレニズム～イスラーム考古学研究会、143-153頁

Sasaki H., & Sasaki T., 2015, Excavations of Dibba Coast Archaeological Site, *"Sharjah Antiquities"* 14: pp.60-65.

図・表出典

図1～10　筆者撮影／表1～3　筆者作成

オランダ出土の東洋陶磁器
──その流通と使用──

金田明美

はじめに

　本稿は、オランダで出土したもしくは伝世されている東洋陶磁器の流通から廃棄までの経過を、考古学資料に基づいて考察しようとするものである。そして、16 世紀から 20 世紀までという長期間の中で、東洋陶磁がどのようにしてヨーロッパにわたり、普及しオランダ社会に浸透していったのかをオランダ国内に限定して述べたい。

　東洋陶磁器の研究者は考古学研究者だけとは限らない。むしろ、オランダの東洋陶磁器研究は美術史、歴史、地域研究（主に東アジア）の専門家たちによる既存の研究の蓄積があり大きな貢献をもたらした。そういう意味では、考古学研究者は新参者と言っても過言ではない。しかし、研究対象物が同じでありながら各学問によって方法論やパラダイムが異なるために、その解釈や結論に相違が生じる。この多様性が東洋陶磁器研究のダイナミックさである。いずれにしても、ここで紹介する考古学資料は主に過去に廃棄された「ゴミ」であり、さらに発掘調査などで検出された全体のごく一部に過ぎない。そこから当時の社会や生活様相を解釈したり復元したりするには偏りがあるために、東洋陶磁器の全容を把握するためには、やはり美術史、社会史、経済史、歴史、文化史といった他分野の資料や解釈も参考にした学際的な研究が必要である。それを参考にしながら、長期間にわたるモノの動きや変化をもとに当時の社会構造や生活様式を明らかにし、その結果を現代社会に関連付けたい。

1．オランダにおける東洋陶磁器の研究史

　先に述べたように、オランダの東洋陶磁器研究は伝統的に美術史学的や歴史学的な研究が主流であり、考古学資料も美術史研究者によって対象とされるこ

とが少なくなかった。歴史的にも、オランダの黄金時代の象徴とも言えるオランダ東インド会社（Verenigde Oost-Indische Compagnie　略語VOC）や植民地であったインドネシアとの関係もあり、オランダ人の東洋陶磁器に対する関心は高く、伝世品も数多く残っている。特に、デンハーグやオランダ東インド会社の重要な拠点だったジャカルタ（インドネシア）、ケープタウン（南アフリカ）、コロンボ（スリランカ）の公文書館が所蔵するオランダ東インド会社関係の文献史料は膨大な量である。総計すると約2500万頁分（重ねると約4kmの長さになる）の史料が現存するという。

　陶磁器貿易について最初に研究報告をしたのは、歴史学者のヘンドリック・ファン ヘルダー氏である（van Gelder 1924）。さらに、日本での陶磁器貿易に関する史料を整理したのが1948年から1957年までライデンの国立民族博物館の学芸員（中国・日本部門）であったタイス・フォルカー氏である。フォルカー氏は17世紀から18世紀の文献を年代別にまとめ、史料による東洋陶磁器研究の糸口を作った（Volker 1959；1971）。2000年の日蘭交流400周年記念の際には、シンシア・フィアレ氏がその文献を再検討・再考証した（フィアレ2000）。

　オランダの美術館・博物館を訪れると東洋陶磁器のコレクションの多さと多様性に驚くと共に、その「コレクション史」に興味を引かれる。ここにもオランダとインドネシアとの深い関係を垣間見ることが出来るが、東アジア一般への関心度の高さがわかる。インドネシアで組織的にコレクションされたものもあれば、資産家が独自にコレクションした例もある。18世紀になり啓蒙運動がおこると、伝統・文化・信仰に科学的な説明を求めるようになり、インドネシアの異文化にも関心がもたれた。オランダ東インド会社は、その職員に優秀な植物学者や科学者がいて、文化的・科学的研究の発展に貢献した。オランダ東インド会社の職員でありながら弁護士・植物学者であったヤーコプス・ラーダーマハー（Jacobus Cornelis Mattheus Radermacher　1741～1783年）は、1778年に王立バタヴィア芸術科学協会（Koninklijk Bataviaasch Genootschap van Kunsten en Wetenschappen 1778～1962年）を創設した。現在のインドネシア国立博物館（Museum Nasional）の前身である。設立当初から人類学的調査が行

金田明美

われ、好事家のオランダ人がインドネシア国内で収集した東洋陶磁器や民俗学的なコレクションを協会に寄贈した。学術的調査、軍事活動、布教活動によってインドネシア各地で収集された多くのコレクションは、ジャカルタに残すものとオランダ（特にライデン）に送られるものとに分けられたのである。その結果、ライデンの民族学博物館の所蔵品はインドネシア国立博物館との深い関わりをもっているのである。また19世紀に入ると中国と日本に関するコレクションも加えられた。1883年に新しく民族博物館が設立されると、1813年に弁護士のロイヤー（J. F. Royer）がオランダ国王ウィレム1世に遺贈した中国コレクション、ブロムホフ（1826年）、フィッサー（1832年）、フォン・ジーボルト（1837年）の日本コレクションも収蔵された。これらは、東洋陶磁器やそれに関わる当時の生活様式を知る貴重な19世紀の民俗学的資料である。

　オランダで東洋陶磁器を多く所蔵する美術館・博物館はアムステルダムの国立美術館、レウヴァールデンのプリンセスホフ陶磁器博物館（図1）、グローニンゲンのグローニンガー美術館、デンハーグの市立美術館である。これらのコレクションはプライベートコレクションと学芸員の収集努力の成果で成り立っている。国立美術館が所蔵する豊富な東洋陶磁器のコレクションは、1918年に設立されたアジア美術友の会（Vereniging van Vrienden der Aziatische Kunst）の貢献と協力によるもので、1931年には、東洋陶磁器を含む東洋美術のプライベートコレクションの企画展が開催され大きな反響を呼んだ。プリンセスホ

(1) レウヴァールデンのプリンセスホフ陶磁器博物館の外観

(2) 館内のライニール・フェアベイクがインドネシアで収集した「スワトウ」コレクション

図1　レウヴァールデンのプリンセスホフ陶磁器博物館

フ陶磁器博物館の東洋陶磁器は収集家ナネ・オテマとライニール・フェアベイクのコレクションから始まる。インドネシア国立博物館が所蔵する東洋陶磁器は、オテマ・コレクションの一部であるために姉妹的な関係にある。

学芸員バーバラ・ハリソン氏（Barbara Harrisson）は、1980年代には陶磁器博物館が所蔵する呉須手磁器の著名な研究者として知られた。しかし、学芸員として初期の東洋陶磁器のコレクション形成に尽力したのは、グローニンガー美術館のミンケ・デ フィッサー氏（Minke A. de Visser）で、1920年代に美術館のコレクションが増加する時代の1921年からインターンとなり、学芸員助手をへて1937年に学芸員となった。彼女はオランダ市場に向けた中国と日本の輸出陶磁器に焦点を当て、草の根活動的に個人からの寄贈品や遺贈品を集めた（de Visser 1930）。また、美術館のコレクションをさらに増やすために自費でも収集した。彼女のプライベートコレクションは、1966年にグローニンガー美術館に遺贈された。彼女の後継者であるクリスチアーン・ユルグ氏（Christiaan J.A. Jörg）は1978年にオランダ東インド会社の史料をもとに18世紀の中国磁器貿易についての博士論文をライデン大学に提出し、その後、グローニンガー美術館の学芸員となり積極的に東洋陶磁器を集め、さらにコレクションを増やした。また、先に述べたアジア美術友の会の支援のもとライデン大学の特任教授としてアジア美術からの東西文化交流の研究に貢献した。ユルグ氏の東洋陶磁器研究への貢献は大きく、学芸員になった当時から退職した現在でも研究者として現役で活躍しており、多くのカタログや著書を出版している。

近年では、国立美術館の学芸員メノ・フィッツキー氏（Menno Fitski）による有田焼、特に柿右衛門様式磁器の研究が注目される（Fitski 2002；2012）。美術史学者でも歴史学者でも考古学者でもない、もともとは日本学者であるフィッツキー氏がどのように東洋陶磁器を考察するのかに興味が注がれる。このように、オランダには伝世品を主体として世界に誇れる東洋陶磁器を所蔵する美術館・博物館が存在するが、オランダ国内の出土資料の概略について触れたい。

2．日本人研究者とオランダ人研究者間の交流

日本では1960年代に高度経済成長によって東京などの都市部で開発が始まり、それによって多くの遺跡調査が行われ、都市考古学という言葉が使われる

ようになり、東京の歴史と深い関わりをもつ江戸時代の考古学的研究が始まった。オランダも同じような過程で 1970 年から 1980 年代に各地の都市部で中近世時代の発掘調査が始まった。またそれを管理運用するために考古局が作られ、その指示のもとに調査が行われた。特にアムステルダムでは初期の段階から東洋陶磁器が検出された。

オランダ都市考古学の先駆者の一人である、元アムステルダム考古局長ヤン・バールト氏（Jan Baart）は 1980 年代から東洋陶磁器に大きな興味を持った（Baart 1996 ; 2000）。1981 年から 1982 年には、ヴァーテルロー広場周辺の市役所と音楽堂の新築移転工事に伴い 17 世紀から 18 世紀の約 150 世帯に及ぶ居住地の発掘調査が行われた。この調査の重要な成果の一つは、東洋陶磁器は 1602 年のオランダ東インド会社設立前にオランダに渡っていたことを立証したことである。16 世紀後半の中国磁器の陶片が 1593 年から 1596 年の都市開発によって埋め立てられた層位から検出されたのである（Baart 1996, Ostkamp 2003）。

一方、東インド会社の祖国であるオランダで、日本で作られた磁器が考古学資料として検出されていることがわかり、日本人考古学者がオランダに調査範囲を広げ始めたのは 1980 年代からである。

最初に中近世考古学の資料をオランダ人考古学研究者と共同調査をした日本人考古学者は小林克氏である。先に述べたバールト氏が 1986 年に日本を訪れて以来である（小林 1991）。小林氏は、1995 年から過去 10 回以上もオランダを訪問し、東洋陶磁器の調査を考慮しながら東西物質文化の比較研究に貢献してきた。その業績のひとつが 1996 年に江戸東京博物館で開催された「企画展 掘り出された都市―江戸・長崎・アムステルダム・ロンドン・ニューヨーク―」である（東京都江戸東京博物館 1996）。この企画展は、まさに社会生活に生きる物質文化の比較研究が中心となっており、同じ時代に地理的空間が異なる領域で同じような物質文化が存在していたことが実証された。このような多角的観点からの中近世考古学の学際的な企画展は、その後ヨーロッパでまだ実現していない。

そして、伝世品から出土品までの東洋陶磁器を専門に調査したのは、元九州陶磁文化館館長の大橋康二氏である。同氏は 1993 年に、有田ポーセリンパー

オランダ出土の東洋陶磁器

図2　日本人研究者による東洋陶磁器調査の風景

クがオランダハーグ市立美術館所蔵品を中心とした「陶磁の東西交流展」を企画し、その出品物選定のためにオランダを訪れた。2002年には、長年の調査を基にしてオランダやヨーロッパ輸出の肥前磁器についてまとめた（大橋 2002）。

また東洋陶磁器の流通と消費に詳しい東京大学埋蔵文化財室の堀内秀樹氏も1998年に小林氏と共にオランダを訪れ、それ以降オランダ都市出土の東洋陶磁の調査を行ってきた（堀内 2007a；2007b）。近年は、専修大学の高島裕之氏が定期的にオランダを訪れ交易の観点から生産地での出土品と輸出磁器の比較調査を行っている（高島 2014）。この他にも、企画展などの準備や個人的研究のために、日本人研究者が短期でオランダを訪れている（図2）。

3．ヨーロッパへの東洋陶磁器の普及

北西ヨーロッパに現存する最古の東洋磁器は中世に遡ると考えられている。13・14世紀に中国を訪れたと言われるイタリア商人マルコ・ポーロやモロッコの探検家イブン・バットゥータは、中国で磁器を見たと言う。ドイツのカッセル美術館が所蔵する青磁碗は1434年に中近東からドイツにもたらされ、碗を飾るゴチック様式の金細工は1453年以前に施されたとされる。これは、商業的にもたらされたのではなく「土産」もしくは「贈答品」としてヨーロッパに渡ったと推測されている。ポルトガル人探検家ヴァスコ・ダ・ガマが1499年にインドに到達した第1回航海から帰国して、ポルトガル王のマヌエル1世に献上した土産にはインドのカリカットで購入した磁器が含まれていた。また、ポルトガルの古文書館に保管されている最古の磁器が記されている文献は1499年まで遡る（de Matos 1999）。ポルトガルに次いでスペインも磁器への興味を深め、スペイン市場用に作られた最古の輸出磁器は1575年頃に製作された壺である（de Rivera 1999）。16世紀にヨーロッパへ伝えられた東洋陶磁器は、

支配者層の王族やその周辺の上流階層に限定され、その用途も自分自身のコレクションや政治的もしくは外交的関係の贈答品として使われた。当時から青花が好まれた。イギリスのバリーハウスが所蔵するウォルシンガムボールという青花の碗は、元々イギリスの海軍提督サー・フランシス・ドレークが、1584年に女王エリザベス1世に贈呈したものである。最高の権力者であったハプスブルグ家のスペイン王フェリペ2世は3,000個以上を所有していたと考えられている。ポルトガルが1580年にスペインに併合されると、東洋陶磁器はヨーロッパの上流階層の政治的な贈答品として活用された。オランダは1568年まではスペイン領に属し、それ以後の80年間はスペインからの独立戦争中であったが、東洋陶磁器が運ばれる機会は大いにあったはずである。

4．オランダでの東洋陶磁器の普及

　陶磁器貿易と言えば、オランダ東インド会社を彷彿させる。しかし、既に述べたように東洋陶磁器はそれ以前の16世紀に、現在のオランダも含まれる地域にも運ばれていた。16世紀にオランダと同じくスペイン領であったベルギーを例に挙げると、1521年に画家のアルブレヒト・デューラー（1471～1528年）が「3点の磁器」を仕事の代金の引き換えとして、アントワープのポルトガル人商人から貰ったと知られている（Ostkamp 2014）。しかし、考古学資料としてはこの時代の東洋陶磁器は（まだ）検出されていない。しかし、少し時代が下った16世紀中頃の中国磁器はアルネマウデン、アムステルダム、エンクハウゼンで3点検出されている（Ostkamp 2014）。これらは、今のところオランダ国内で確認されている最も古い東洋陶磁器の出土品である。16世紀の後半になると、支配層や上流貴族だけでなく一部の中産階級まで流通していたと推測される。しかし、商品として流通し中産階級や庶民に浸透するまでにはもう少し時間がかかった。

　東洋陶磁器の流通の加速化に貢献したのがオランダ東インド会社であった（図3）。1602年に設立されたオランダ東インド会社の前身は、各都市の小さな貿易会社であり16世紀末には既にアジアで貿易を行っていた。しかし、お互いの利害競争が激しく共倒れの危険性もあったので、世界で最初の株式会社としてオランダ東インド会社に統合された。当時のオランダ東インド会社の一

オランダ出土の東洋陶磁器

(1) 元オランダ東インド会社アムステルダム本社　　(2) 玄関に施されたオランダ東インド会社のマーク

図3　東インドハウス（現在、アムステルダム大学政治・社会文化学部校舎）

般的な陶磁器の入手方法は、ポルトガル船への略奪・海賊行為であった。1602年に、オランダ船ゼーランド号がアフリカのセントヘレナ沖でポルトガル船サン・ハゴ号を攻撃し積載物を略奪した。東洋磁器を含む略奪品はミデルブルグの競売にかけられた。1604年にもオランダ船ヤーコップ・ファンヘイムスケルク提督号が、パタニでポルトガル船サンタ・カタリナ号を拿捕し、積み荷の東洋磁器はアムステルダムでの競売にかけられた。この二つの競売で予想外の利益を得たことにより、オランダ東インド会社は本格的に東洋磁器の貿易を始めた。当時はヨーロッパの上流階級の人々に需要が存在したが、略奪行為は陶磁器貿易が普及する前の象徴的な出来事であったと言える。

　17世紀前半の静物画に景徳鎮窯系の青花が、様々な象徴的な意味を持つオブジェと一緒に描かれた。あのオランダ黄金期を代表する画家であったレンブラントも東洋陶磁器を所有していた。当時は高価であった東洋陶磁器が絵画に描かれていたのは、エキゾチックなイメージを与えると同時に富の象徴であったと言える。しかし、陶磁器貿易はアジア貿易の中では特に重要ではなく、ヨーロッパに運ばれた商品の一つに過ぎなかった。

　17世紀初めは、オランダ東インド会社はポルトガル船への略奪行為をしながらも、パタニ、バンテンや他の南シナ海の貿易都市で中国磁器を購入した。アジアでの中継貿易を促進するために、オランダ東インド会社は1624年から1661年までフォルモザ（現在の台湾）を占領し、ゼーランディア城を根拠地として中国と日本への中継貿易を行った。アジア各地で仕入れた東洋陶磁器はインドネシアのバタヴィア（現在のジャカルタ）よりヨーロッパに運ばれた。ど

のようなものが積載されていたのかは、様々な議論があるがヴィッテレウ号や
ヘルダーマルセン号などの沈没船資料からわかる（van der Pijl-Ketel 1982；Jörg
1986）。ヴィッテレウ号から引き揚げられた東洋陶磁器に明らかな混入がみら
れるので、同号のみの純粋な積載物と言えないのは周知のことである。しかし、
17世紀初めにどのような中国産陶磁器がヨーロッパに運ばれたのかを知るこ
とが出来る。また、中国産陶磁器と言っても、景徳鎮窯系の青花だけでなく中
国南部で生産された製品もヨーロッパに運ばれた。18世紀中頃の沈没船資料
で有名なのが、1985年にスリランカ沖で引き揚げられたオランダ東インド会
社が所有するヘルダーマルセン号の積載物である。この船は1752年に広東か
らアムステルダムへの航海中に約15万個体の磁器と共に沈没した。18世紀の
オランダ東インド会社は200隻以上の商船を所有し、その全ての商船が東洋陶
磁器を積載していた訳ではないが、数千万単位の磁器をヨーロッパに運んだと
推測される。

　ヴィッテレウ号やヘルダーマルセン号のようにオランダに戻れなかった船も
あるが、無事にオランダに着いた積載物は競売にかけられた。例えば、18世
紀中頃の史料によると、中国からアムステルダムやミデルブルグに到着した積
載物は東インド会社の倉庫に収められ、中国で作成された船荷リストと照合さ
れた。競売は毎年11月か12月に行われ、アムステルダムがその中心地であっ
た。この競売は東洋の商品（茶、綿布、漆、熱帯性木材、コーヒー、チョコレート、
磁器など）を扱う専門業者だけが参加でき、磁器は大きな販売会社に買い取ら
れていった（Jörg 2001）。オランダで競り落とされた磁器の一部は、さらにド
イツにも輸出された。一方、オランダはイギリスからも東洋陶磁器を輸入して
いた。このように、東洋陶磁器の流通は複雑な流通経路を持っていた。

　しかし、陶磁器貿易にも困難の時代が訪れた。1644年に記されたバタヴィ
ア日誌によると、中国の内乱によって次第に中国磁器の仕入れが難しくなっ
てきたとある。1645年の段階では、オランダ東インド会社は、オランダ向け
にフォルモザに蓄え（163,716個数）があったが、1650年代から難しくなった。
フォルカー氏は1657年にヨーロッパ向けの磁器貿易が終焉したと解釈してい
るが、フィアレ氏によるとすでに1647年にはバタヴィアからオランダ東イン

ド会社によるオランダへの公式貿易は終わっていると再考証している（フィアレ 2000）。公式貿易としてオランダ東インド会社によるオランダへの輸入商品としての日本磁器は 1657 年 7 月 12 日とされている。同年に、オランダ政府より「特に芙蓉手様式の染付と色絵」の注文が長崎のオランダ商館長のザハリアス・ヴァーヘナーに伝えられた。これによって、オランダ向けの最初の日本磁器は当時オランダ国内で需要が高かった中国の芙蓉手様式の写し模倣品であったことがうかがえる。

　こうして日本磁器が 17 世紀半ばからオランダに運ばれるようになった。17 世紀第 3 四半世紀に生産されたと思われる中国磁器の出土量は少なくなるが、1684 年に清の康熙帝が展海令を出してからまた大量の中国磁器がヨーロッパに運ばれるようになった。例えば、ベトナムのコンダオ沖で発見された、17 世紀末の沈没船（Jörg and Flecker 2001）の積載品と類似した製品がオランダ国内の発掘調査で出土している。東洋陶磁器の出土量が増加し始める 1690 年代から、史料によるとオランダ東インド会社による日本磁器の貿易が減少した。また中国からの公式な磁器貿易もほぼ同時期（1700 年頃）に終わりを告げることになった（Jörg 1978）。

　オランダ東インド会社の公文書によると、1683 年 2 月 27 日にバタヴィアからオランダへの最後の日本磁器が送られたとある。フィアレ氏によると、1657 年から 1683 年の間に 227,692 個数の日本磁器がオランダに運ばれた（フィアレ 2000）。これは、文献で確認されている数である。実際は、脇荷と言われる私貿易が存在し、もっと多くの日本磁器がオランダに渡ったと考えられている。オランダ船の乗組員は私物用の収納箱を持っていて、その中に収納しきれるものは自由にオランダに持ち帰ることができた。特に、17 世紀末以降に普及するカップアンドソーサーなどの小さな磁器製品は、お土産、転売などによって相当量流通したと思われる。当時は、アジアへの航海は片道 3 〜 4 ヵ月かかる長旅であり、帰国できない危険性も高かった。そのために、アジアからオランダへの帰還は、富と名誉を伴うものであった。17 世紀のオランダは経済的に好況状態であり、危険を冒してまでアジアに行く者はそれほど多くなかったという。その反面、不景気であったドイツやスカンジナビアからの志願者は少な

金田明美

くなかった。アジアへの航海は大きなリスクを伴うものであった。

　オランダ東インド会社や江戸幕府の公文書以外にも、東洋陶磁器に関する情報を得る史料がある。オランダには15世紀から財産目録が存在する。17世紀以降の財産目録にも東洋陶磁器が登場するが、記載名は様々である。ただ「磁器」と呼ばれたり、「日本の」や「中国の」や「東インドからの」など産地を表すような表記が付加されていたり、文様や色彩が似ていたためか「デルフト焼」と記載されたりした。遺された家財の全てが、部屋ごとに目録に記録されたために、東洋陶磁器がどのように住居の空間に収納されていたのかが推測できる。

　今のところ、日本磁器が記録されている一番古い財産目録は1686年に遡る。元貴族でアムステルダム市参事会員・評議員であったピーター・スハープの財産目録であり、1686年2月19日にヴェイスプで作成された。日本磁器の食器は13点であり、全ての目録の1%に過ぎなかった。中国磁器の割合は全体の約7%であった。18世紀に入ると、「日本の」という単語が頻繁に登場するので、それが正しく使われていたかどうかは別として日本磁器が定着し始めたと言える。1754年に没したマーススラウスのヨハンヴィレム・メターナハ（元市長・医者）の財産目録によると、メターナハは、磁器の間にあらゆる種類の磁器が収納されていた二つのキャビネットを置いていたとある。磁器の間を備えていたということからも、有識者であり資産家であったことが想像される。

　17・18世紀の上流階級の貴族たちは城館に磁器の間を設けたが、18世紀中頃になるとオランダ人の資産家も磁器の間を持つようになっていた。財産目録でも日本磁器が占める割合は少なく1%以下である。文化史の研究成果からでは、1700年以降から、オランダ西部（オランダ東インド会社があった海岸部）の都市では、中産階級以下の労働者階級でも東洋陶磁器を持てるようになったと考察されている（Wijsenbeek-Olthuis 1987）。これは、ミデルブルグとアムステルダムで象徴的な競売が行われ、オランダ東インド会社が設立されて約100年後である。この段階には、東洋陶磁器はオランダで普及した。

5．オランダで出土した東洋陶磁器

　先に述べたように、東洋陶磁器は歴史学、美術史学、文化史学などで研究さ

289

れてきた経緯があり、それらの分野が現在も主流と言える。しかし、1980年代から徐々にオランダ中近世考古学内で研究対象と認識されるようになった。これは、一部のオランダ人考古学者達の探求心と物質文化への取り組みによるものであるが、17・18世紀に活躍したオランダ東インド会社による物の動きは、物質文化発展の観点から当時のオランダの生活様相を解釈する上では見逃せない存在であったからである（Bartels, Cordfunke and Sarfatij 2002）。また、1980年代からオランダ西部で多くの発掘調査が行われ、東洋陶磁器が17・18世紀のアジア貿易の証拠として認識されるようになった。

　オランダ国内で最も東洋陶磁器が検出されている地域は、北海に面しオランダ東インド会社があった都市（アムステルダム、ミデルブルグ、エンクハウゼン、ホールン、デルフト、ロッテルダム）が位置するオランダ西部である。その中でも、アムステルダムでは多くの東洋陶磁器が発掘調査や郊外の埋め立て地で出土している。他の都市も例外なく多くの東洋陶磁器が検出されていても不思議ではないのであるが、都市部での中近世考古学の黎明期以前は、都市開発と行政の考古学への積極的な参加のタイミングが合わず考古学資料として残せなかった状況が少なくなかった。現在は、文化財法やそれに関する法律も整備されて、埋蔵文化財が存在する場所では発掘調査が義務付けられている。

　オランダで一番古い東洋陶磁器の出土品は、少量ではあるが16世紀中頃の景徳鎮窯系の青花である。アムステルダムやオランダ西部の都市が出土地点であり、16世紀に埋め立てられた層やセスピット[(1)]から検出された。16世紀前半のオランダはスペインの一部であり、オランダ人はまだ自力でアジアには航海できなかった時代であった。しかし、16世紀の東洋陶磁器は商品としては僅かにしか流通しておらず、主に政治的・外交的贈答品として使われた例が少なくなかったので、宗主国のスペイン人貴族と親交のあったオランダ人貴族あるいは商人との関係を裏付けるものかもしれない。17世紀にオランダ人が陶磁器貿易を始めてすぐに東洋陶磁器が商品として流通していたことが出土品からも理解できる。

　まず、16世紀末頃から17世紀初めの青花の出土品が多くなる。いわゆる万

暦時代の景徳鎮窯系の青花である[2]。17世紀前半の出土品によると、オランダ西部の中産階級以上が住んでいた（もしくはその地区に不動産を持っていた）地区では、東洋陶磁器を所有し使用し、最終的には家庭ごみの一部のとしてセスピットに廃棄していた（図4）。主に、芙蓉手様式の皿類やカップ類といった実用品であった。セスピットから検出されるということは、17世紀第2四半期頃から、以前は社会的ステイタスシンボルとして用いられ贈答品や装飾品として使われてきた東洋陶磁器が実用化されたとみなされる。オランダ西部以外では、17世紀前半の東洋陶磁器の出土品は少なく限定される。もしかしたら、普及はしていても装飾品としてのみ使用され実用化されてい

図4　アムステルダムのセスピットから出土したカラックと呼ばれる景徳鎮窯系の磁器（1600～1625年）

図5　1653年から続くデルフト焼のポルセライネ　フレス（ロイヤルデルフト）工場

なかったためにセスピットから検出されていないだけなのかもしれない。

　中国磁器は、黄金時代を迎えたオランダで瞬く間に普及した。この人気を証するように、景徳鎮窯系青花の芙蓉手様式を模したファイアンスと呼ばれる錫釉とコバルトブルーで装飾されたオランダ陶器が同時期に作られた[3]。現在では英語名のロイヤルデルフトと呼ばれるポルセライネ　フレスは、1653年に創業した老舗であり、30数件の他の工房が消えていく中で約360数年間生き延びてきた会社である（図5）。

　こうして、中国磁器の模倣品であるファイアンスが生産されていた17世紀半ばに、日本磁器が初めてオランダに運ばれた。考古学資料で一番古い日本磁器は、アムステルダムとフリッシンゲンで出土した1630年代から1640年代の初期伊万里と古九谷様式の色絵磁器の2点である（図6）。アムステルダムで出

291

オランダ出土の東洋陶磁器

図6　フリッシンゲンの1600年から1650年間に使用されたセスピットから出土した古九谷様式の有田焼（口径21cm）

土した初期伊万里の出土状況は不明である。アムステルダムは、東インド会社以前からアジアで貿易を行っており、アジア貿易の中心的な都市でもあったので歴史史料と一致しない資料があっても不思議ではない。オランダ東インド会社の職員が、東アジアのどこかで入手したものが個人的なルートでオランダに渡ったのかもしれない。フリッシンゲンでの発掘調査で検出された古九谷様式の色絵磁器の出土地点は、元オランダ東インド会社の幹部もしくは船主の館があった場所と一致すると考えられている（Claeys, Jaspers and Ostkamp 2010）。東インド会社の幹部たちは有識者であり、資産家でもあった。自分自身が商館長もしくは上級職員としてアジアに渡ることもあったが、人脈を使ってアジアから珍しいものを入手することもあった。そのために、このような特別な遺跡では1650年代以前の遺構から日本磁器が検出されることがある。

　史料による日本磁器の公式貿易が1657年に始まったことを裏付けるごとく、1650年代以降の日本磁器が出土し始める。17世紀後半の日本磁器の分布状況も先に流通していた中国磁器と同様に、オランダ西部地域で多く検出されている（図7）。主な出土品は、中国磁器の模倣品である芙蓉手様式の染付磁器である。そして器形も中国磁器と似た皿や碗である。そのために、慣れないオランダ人考古学者にとって日本磁器と中国磁器の識別は難しいようである。それで、先に述べたように1986年にアムステルダムからバールト氏が日本を訪れていたのである。17世紀第3四半世紀は、似通った中国磁器と日本磁器、そして中国磁器写しのオランダ陶器が市場に同時に流通していた。明時代の中国磁器は倉庫に余っていたものが売買されていたと推測される。

　近年の発掘成果では、オランダ東部のデイフェンターで17世紀第4四半世

紀を中心とした約200点以上の東洋陶磁器が大量に出土した（図8）。史料では、オランダ東インド会社や国際的なネットワークを持っていた上流階級の有識者の屋敷跡のセスピットからの出土品とのことである。この出土品には、オランダの他の都市で出土していないような有田南川原山産染付や有田の色絵も含まれている。また17世紀初期のカラックも一緒に出土しているので、さらなる資料の分析と解釈が必要となる。特に、18世紀の遺構から17世紀の中国磁器が出土する時があるが、当時に骨董品として集められていたからである。オランダ各都市で東洋陶磁器が出土しているが、今後は、このような新しい成果を総括した研究が期待される。

図7　アルクマール出土の有田焼のケンディ

図8　デイフェンターのセスピットから出土した東洋陶磁器

　17世紀末から大量の中国磁器の出土品が増え、ほぼオランダ全土に流通していたとみられる。これらは殆ど青花であるが、地域によって分布が異なる。例えば、18世紀のオランダ北部のフリースラント州では青花が好まれたが、隣のグローニンゲン州ではMelk & Bloed（メルクアンドブルット＝「ミルク」と「血」）と呼ばれる「チャイニーズイマリ」系の色絵が多く伝世している。半径約21cm位の中皿やカップアンドソーサーが増加し、種類も多様的になる。そして、日本磁器も数は少ないが、17世紀後半の出土品がない地域にも18世紀前半の製品がオランダの東部や南部でも出土している（Kaneda 2012）。セスピットからの出土品では、日本磁器は金襴手様式のカップアンドソーサーが多い。そして、やや遅れるようにして

中国磁器の金襴手様式、いわゆる「チャイニーズイマリ」が並行して流通する。セスピットからの出土品では、特に日本磁器と中国磁器が区別されることなく検出されている。殆どの場合、中国磁器の数が多く、日本磁器は僅かに数点混じる程度である。当時の陶磁器の価格表によるとファイアンスのようなオランダ陶器が最も安く、次が中国磁器で、一番高いのが日本磁器だったようである。日本磁器は中国磁器と比べると高価で付加価値があったようである。

　18世紀には、中国磁器も日本磁器もオランダ各地に食器などのような実用品として普及していたようで、セスピットからの出土が増加する。しかし、オランダ東部や南部では東洋陶磁器の出土点数は西部と比べると僅かである。やはり、17・18世紀にはアムステルダムが東洋陶磁器供給の基点であったからであろうか。17・18世紀のオークションカタログによると、多くの商人がアムステルダムに東洋磁器を買い付けに来ていたと推測することができる。また、アムステルダムには磁器専門店が多くあった。オークションカタログや伝世品などでは多くの日本磁器の大皿・壺・人形などが輸出されていたことがうかがえる。しかし、発掘調査の出土品の中では少数派で、出土品は食器類が多い。これらの比較的大きな商品は装飾品であった可能性が高く、破損しにくかったと推測できる。装飾品などの大物はインテリアとの関係が強く、カップアンドソーサーは日常品であった。装飾品は破損せずに伝世する可能性が高く、破損した場合もセスピットに廃棄されなっかたのかもしれない。その点、テーブルウェアーとして使用されていたカップアンドソーサーなどは破損する確率も高く、破損後もすぐに家付きのセスピットへ捨てられたということである。年代の移り変わりの中で、輸入される東洋陶磁器の文様の変化を確認することが出来るが、使い道の変化は特になかったと思われる。オランダ東インド会社が、サイズなどの詳細に触れて商品を注文していたが、使用の目的がほぼ限られていた中で基本的なサイズがあったのかもしれない。

　この東洋陶磁器の普及と多様化は、ヨーロッパ文化の変化に起因しているところがある。16世紀から北西ヨーロッパ社会では個人主義に移行し社会的基準や価値観が変化していった。この変化は物質文化にも影響を与え、特に食卓では個人の食器やナイフやフォークを使うようになったり、陶磁器をセットで

使うようになった。18 世紀になると、東洋陶磁器が同じ文様の一式で揃えられるようになった。特に、オランダの上流階級が自分たちの紋章が施された磁器を注文するようになった。この「紋章磁器」は子孫代々受け継がれる場合もあるが、持ち主の死後競売にかけられて分散することも多かった。

　考古学資料によると 18 世紀中頃から、東洋陶磁器の消費もしくは廃棄が少なくなる。公式な文献史料によれば、日本からの磁器輸出は 1750 年頃までであったと解釈されている。それを裏付けるように 1750 年頃以降に焼かれた日本磁器の出土量が大きく減る。景徳鎮窯系磁器もだいたい 18 世紀第 3 四半期以降には出土品から姿を消す。これは、1760 年代からイギリスのストーンウェアーが東洋陶磁器の市場を奪ったからであると考えられている。地域差も考慮しなければならないが、考古学的にも、1760 年以降に生産された東洋陶磁器が次第に減少し、ストーンウェアーが大きく台頭してくる。それは、消費市場の好みの移り変わりや東洋陶磁器の品質低下が原因であったかもしれない。セスピットからの出土品では、19 世紀中葉まで日本磁器は稀である。
　18 世紀の中頃から東洋陶磁器の出土量は減少し始めるが、明治時代には状況が変化する。19 世紀以降は中国南部で生産された粗製の磁器が輸入されるようになった。主に食器としてではなく、「ジンジャーポット」と呼ばれる容器や用途不明の小瓶がオランダに運ばれ出土品や伝世品として知られている。日本磁器に関しては、19 世紀にヨーロッパ各地で開催された万国博覧会に有田から陶磁器が出展されたりするようになった。その後、日本の陶磁器がヨーロッパで再認識されるようになった。明治時代に入り、欧米人が来日するようになると陶磁器がお土産として売られた。武者絵などが施された三川内焼なども、その流通の経緯は不明であるがオランダに渡り、発掘調査で出土している。明治時代に来日した欧米人旅行者もお土産用の陶磁器について記録に残している。
　19 世紀から 20 世紀初めにかけて輸入された東洋陶磁器は、オランダの陶磁器産業にも少なからず影響を及ぼした。19 世紀末にオランダのマーストリヒトのペトルス・レグー窯（後のスフィンクス社）では有田の「蔵春亭三保造」の銘款を模倣している。清朝時代の中国磁器をイメージしたような磁器製の小

図9　オランダ東部アーネムで出土したコンプラ瓶

皿や中皿も作られ、高台内には「康熙年製」の銘款まで施されている。また、オランダ東部の都市アーネムからは、大量の波佐見焼の19世紀末のコンプラ瓶が検出されている（図9）。この時代には、日本の醤油瓶の模造品がオランダ陶器で作られていたので、ある程度の醤油の需要があったと思われる。このように、日本磁器が18世紀中頃にその市場を失い、1799年にはオランダ東インド会社が解散しても、19世紀末には新しく組織化された日本磁器がオランダに渡り、さらにオランダの陶器産業の代表的存在であったペトルス・レグー窯へ影響していたのである。

おわりに

近年の日本食ブームと共にオランダのデパートで「日本の器」として、陶磁器を見かけることが多々ある。一方、キッコーマンの醤油瓶が商品としてスーパーに並んでいる。どの位のオランダ人が「日本製」の商品として認識して購入しているのかはわからないが、小売店に陳列されていることは「庶民化」していると認識できる。東洋陶磁器の歴史は16世紀まで辿ることができ、それ以降ヨーロッパ人を魅了してきた。流通し始めた当初は国王レベルの支配者たちに好まれ、17世紀には有識者や中産階級にまで普及し、18世紀には一般市民にも浸透した。実際には陶磁器貿易はオランダ東インド会社の貿易活動のほんの一部に過ぎず、貿易商品としての東洋陶磁器は香辛料などと比べると特に優先されたな商品ではなかった。しかし、オランダ東インド会社の東アジアでおける幅広い海洋貿易活動を部分的に反映しているゆえに考古学的にも特別な資料である。現在、オランダ各地の発掘調査中に検出される東洋陶磁器は破片

であろうがその象徴的な存在なのである。16世紀後半のセスピットや埋め立て地から出土する陶片は、オランダ東インド会社の陶磁器貿易以前に東洋陶磁器に関心が高かった証拠であり、複雑な貿易流通ルートや人と人とのネットワークがあったことを意味する。また17世紀中頃から中国磁器の代わりに日本磁器がオランダに輸入されるようになったことにより、オランダと日本との物質文化の交流が考古学的に実証されるようになった。17世紀後半の日本磁器は主にオランダ西部で検出されるが、17世紀末以降特に18世紀に入るとその出土点数は少数であるがほぼオランダの各地で出土するようになる。

　日本磁器は中国磁器の代わりとしてオランダに渡ったが、どの時代も中国磁器の出土量は多く考古学的には実証し難い。しかし、中国磁器の代用品としてオランダに輸入された日本磁器が、オランダ市場に何らかのインパクトを残したことは否定できない。17世紀末から安くて品質の良い大量生産された中国磁器がオランダに輸入された時期に、日本で生産された金襴手様式のカップアンドソーサーの出土品が増える。同じような磁器を生産していてはオランダ市場を確保できないために、金襴手様式の製品は、いわゆる市場拡大のための新製品であったのはないであろうか。しかし、時代の流れと共に安い中国磁器も「色鮮やかな」日本磁器も18世紀第3四半期からほとんど検出されなくなる。同時期にイギリスのストーンウェアが増え始める。器種も似たようなものなので、東洋陶磁器に取って代わったのであると考えられている。しかし、明治時代に入ると、日本磁器がオランダで「また」出土し始める。やはり、輸出用にニーズに合わせた、欧米人が好むような磁器の商品がオランダに渡ったのであろうか。

　その後、大正・昭和時代も日本磁器は輸入され続け、平成の現代は日本食ブームと一緒に、日本式食器が店頭に並ぶ時代になった。今でも一般のオランダ人は、中国製とか日本製に特にこだわることなく東洋陶磁器を身近に購入し使用している。一般消費者にとって、気に入ったものを買うというのは今も昔もそう変わらないのかもしれない。使えるものを大切にするオランダ人文化の中では、先祖代々伝わる17・18世紀から明治・大正時代までの東洋陶磁器が現代の雑貨的な陶磁器と共存しているのである。

註

(1) 都市の居住地内に設けられた排泄物や家庭ごみの地下汚物槽。主に裏庭の地下に作られたり、井戸や地下室を転用する場合もあった。利用者はひとつの世帯だけに限らず、数世帯が利用することもあった。セスピットは定期的に業者によって空にされ、その中身は郊外で肥料として使われたり、都市部拡張の埋め立てに使われたりした。使われなくなったセスピットはそのまま地中に残され、その後埋められて、その「残り」が発掘調査で検出されている。19世紀になり近代化されると、セスピットは使われなくなった。

(2) ヨーロッパではカラックもしくはオランダ語のカラークとそのまま使われる場合がある。この場合、日本で知られる芙蓉手様式のみがカラックもしくはクラークと呼ばれるのか、輸出磁器のみなのか、明末清初の景徳鎮窯系青花の全てを表現するのかは研究者によって異なる。

(3) 日本ではデルフト焼と呼ばれているが、同じような陶器はハーレム等のオランダ西部の各都市で生産されていた。

参考・引用文献

大橋康二 1993「肥前磁器の海外輸出」『陶磁の東西交流展―有田・デルフト・中国の相互影響―』有田ヴィ・オー・シー

大橋康二 2002「海外流通編」『伊万里市史（陶磁器編）』伊万里市史編さん委員会

金田明美 2010「「イマリ」と呼ばれる肥前磁器―オランダ出土の肥前磁器について」『世界に輸出された肥前陶磁』佐賀県立九州陶磁文化館

金田明美 2010「南インド洋モーリシャス島のフレデリック・ヘンドリック城址出土の肥前磁器について」『世界に輸出された肥前陶磁』佐賀県立九州陶磁文化館

九州近世陶磁学会 2010『世界に輸出された肥前陶磁』佐賀県立九州陶磁文化館

神戸市立博物館 1982『神戸市立博物館開館記念特別展「海のシルクロード」』神戸市立博物館

小林克 1991「オランダからきたクレイパイプ」『甦る江戸』新人物往来社

小林克（編）2002『掘り出された都市―日蘭出土資料の比較から―』日外アソシエーツ

佐賀県立九州陶磁文化館 2000『古伊万里の道』佐賀県立九州陶磁文化館

シンシア・フィアレ 2000「オランダ向け日本磁器：オランダ連合東インド会社の記録」『古伊万里の道』佐賀県立九州陶磁文化館 166-183頁

高島裕之 2014「GRONINGER MUSEUMの中国・日本磁器」『中華文明の考古学』同成社

中央研究院 2007『十六至十八世紀欧州与東亞、東南亜的文化互動国際学術研討会』中央研究院

東京都江戸東京博物館 1996『企画展　掘り出された都市─江戸・長崎・アムステルダム・ロンドン・ニューヨーク─』東京都

長崎歴史文化博物館・たばこと塩の博物館 2009『阿蘭陀と NIPPON』長崎歴史文化博物館・たばこと塩の博物館

堀内秀樹 2007a「オランダ消費遺跡出土の東洋陶磁器」『東洋陶磁』36

堀内秀樹 2007b「沈船資料とオランダ消費遺跡出土の東洋陶磁器」『貿易陶磁研究』27

Baart, J.M., 1996, History and Archaeology of Amsterdam. *Unearthed Cities. Edo Nagasaki Amsterdam London New York*, Tokyo Metropolitan Edo-Tokyo Museum, Tokyo: 206-12.

Baart, J.M., 2000, Japanese porcelain finds in Amsterdam. *The Voyage of Old-Imari Porcelains*, The Kyushu Ceramic Museum, Arita: 216-20.

Bartels, M.H., E.H.P. Cordfunke and H. Sarfatij (eds.), 2002, *Hollanders uit en thuis - archeologie, geschiedenis en bouwhistorie gedurende de VOC-tijd in de Oost, de West en thuis : cultuurhistorie van de Nederlandse expansie*. Verloren.

Bitter, P., S. Ostkamp, R. Roedema and R. van Wilgen, 1998, Afval van gorters, brouwers en een hospitaal. *Archeologisch onderzoek aan het Wortelsteegplein*, Rapporten over de Alkmaarse Monumentenzorg en Archeologie Rapport 6, Alkmaar.

Bitter, P., S. Ostkamp and R. Roedema, 2002, De beerput als bron. *Archeologische vondsten van het dagelijks leven in het oude Alkmaar*, Alkmaar.

Bult, E.J. (et.al), 1992, *IHE Delft prospers on a cesspit: archaeological research between Oude Delft and Westvest / IHE Delft bloeit op een beerput: archeologisch onderzoek tussen Oude Delft en Westvest, English translation by Thea van de Graaff-Trouwborst*, Delft.

Carmiggelt, A., 1989, Afval uit drie beerputten nabij het Gemeentehuis te Delft, Hoogheemraadschap van Delfland 1289-1989. *Delfland in vogelvlucht het bodemarchief onder het gemeenlandshuis bouwhistorie en nieuwbouw*, Delft: 79-115.

Carswell, J., 2000, *Blue & White: Chinese Porcelain Around the World*, Chicago.

Claeys, J., N.L. Jaspers and S. Ostkamp (eds.), 2010, *Vier eeuwen leven en sterven aan de Dokkershaven. Een archeologische opgraving van een postmiddeleeuwse*

オランダ出土の東洋陶磁器

stadswijk in het Scheldekwartier in Vlissingen. ADC Monografie 9. Amersfoort.

Dijkstra, M. and S. Ostkamp, 2002, Een kijkje in de keuken van een VOC-beambte. Het porseleinbezit van Adriaan Block (1581/82-1661) en de introductie van porselein in de Nederlanden. *Hollanders uit en thuis. Archeologie, geschiedenis en bouwhistorie gedurende de VOC-tijd in de Oost, de West en thuis. Cultuurhistorie van de Nederlandse expansie,* Hilversum: 86-104.

Fitski, M., 2002, *De haas en maan,* Waanders.

Fitski, M., 2012, *Kakiemon Porcelain: A Handbook*, Leiden University Press.

van Gelder, H.E., 1924, Gegevens omtrent den porceleinhandel der Oost-Indische Compagnie, *Economisch-Historisch Jaarboek* Vol.X: 165-193.

Impey, O.R., 1989, The Beginnings of The Export Trade in Japanese Porcelain. *The "Hyakunenan" Journal of Porcelain Study*, No.3, Arita.

Impey, O.R., 1990, The Trade in Japanese Porcelain. *Porcelain for palaces: the fashion for Japan in Europe 1650-1750,* London: 15-24.

Impey, O.R., 2002, J*apanese export porcelain, Catalogue of the collection of the Ashmolean Museum, Oxford,* Amsterdam.

Jörg, C.J.A., *1978, Porselein als handelswaar: de porseleinhandel als onderdeel van de Chinahandel van de V.O.C., 1729-1794*, PhD Dissertation, Groningen.

Jörg, C.J.A., 1982, *Porcelain and the Dutch China Trade*, The Hague.

Jörg, C.J.A., 1986, *The Geldermalsen: history and porcelain*, Groningen.

Jörg, C.J.A., 1993, Porselein, *Schans op de Grens: Bourtanger bodemvondsten 1580-1850,* Sellingen: 333-49.

Jörg, C.J.A., 2001, To the Highest Bidder: the Auction of a Porcelain Shop in Amsterdam in 1778, *Transactions of the Oriental Ceramic Society* VOL 65. 2000-2001: 61-72.

Jörg, C.J.A., 2003, *Fine and Curious. Japanese export porcelain in Dutch collections,* Amsterdam.

Jörg, C.J.A. and J. van Campen, 1997, *Chinese ceramics in the collection of the Rijksmuseum Amsterdam: the Ming and Qing Dynasties,* London.

Jörg, C.J.A. and M. Flecker, 2001, *Porcelain from the Vung Tau Wreck: The Hallstrom Collection,* Singapore.

Kaneda, A., 2003, *Japanese Porcelain in a Dutch Archaeological Context: an archaeological study of Hizen porcelain from the cesspits of Amsterdam, Alkmaar, Delft and 's-Hertogenbosch,* unpublished MA thesis, University of Amsterdam,

Amsterdam.

Kaneda, A., 2004, Bont en Blauw. Chinees en Japans porselein uit de bodem van Alkmaar. *Vormen uit vuur* 186/187: 97-102.

Kaneda, A., 2012, Porseleinvondsten uit Bossche Bodem. *Putten uit het Bossche Verleden. Vriendenbundel voor Hans Janssen ter gelegenheid van zijn afscheid als stadsarcheoloog van 's-Hertogenbosch*, Alphen aan de Maas: 251-261.

de Matos, M.A.A.P., 1999, The Portuguese Trade. *Oriental Art* XLV.1: 22-29.

Parthesius, P. (ed.), 2007, *Avondster Project. Artefact Catalogue of the VOC ship Avondster*, Leiden.

Parthesius, P. (ed.), 2007, *Avondster Project. Excavation report of the VOC ship Avondster*, Leiden.

Pijl-Ketel, C.L. Van der (ed.), 1982, *The Ceramic Load of the 'Witte Leeuw' (1613)*, Amsterdam.

Ostkamp, S., 2003, De introductie van porselein in de Nederlanden. *Vormen uit vuur* 180/181: 14-29.

Ostkamp, S., 2011, De porseleinenvondsten uit Santa Elena, enkele scheepswrakken en de Manila trade. *Vormen uit vuur* 212/213: 41-71.

Ostkamp, S., 2014, Chapter IV The Dutch 17th-century porcelain trade from an archaeological perspective. *Chinese and Japanese porcelain for the Dutch Golden Age*, Uitgeverij De Kunst, Wezep: 53-85.

de Rivera, A.D., 1999, The Spanish Market. *Oriental Art* XLV.1: 38-44.

de Visser, M.A., 1930, *Toelichtende beschrijving van de verzameling Chineesch en Japansch porselein, Chineesch en Europeesch rood steengoed en aardewerk, aanwezig in het Groningsch Museum*, Gebroeders Hoitsema, Groningen.

Volker, T., 1959, *The Japanese porcelain trade of the Dutch East India Company after 1683*, Mededelingen van het Rijksmuseum voor Volkenkunde, Leiden no. 13., E.J. Brill, Leiden.

Volker, Y., 1971, *Porcelain and the Dutch East India Company as recorded in the Dagh-registers of Batavia Castle, those of Hirado and Deshima and other contemporary papers 1602-1682*, Mededelingen van het Rijksmuseum voor Volkenkunde, Leiden no. 11., E.J. Brill, Leiden.

de Vries, I.G.A.N., 1923, *Porselein. Chineesch en Europeesch porselein*, N.V. Boekhandel v/h W.P. van Stockun & Zoon, Den Haag.

Wijsenbeek-Olthuis, 1987, T., *Achter de gevels van Delft*, Hilversum.

オランダ出土の東洋陶磁器

図版出典

図1　レウヴァールデンのプリンセスホフ陶磁器博物館　筆者撮影

図2　国立アムステルダム美術館所蔵のヴィッテレウ号からの出土品　筆者撮影

図3　東インドハウス　筆者撮影

図4　Ostkamp 2014, Fig.1 より転載

図5　ポルセライネ フレス（ロイヤルデルフト）の外観　筆者撮影

図6　 Claeys, Jaspers and Ostkamp 2010 より転載　SCEZ Middelburg 所蔵　ADC ArcheoProjecten, Amersfoort 撮影

図7　個人所蔵　筆者撮影

図8　デイフェンター考古局所蔵　筆者撮影

図9　アーネム市考古局所蔵　カスパー・ファン デン ベルヘ撮影

アジア海域を走る景徳鎮インテリア・タイル
──インドネシア・インド・トルコの18世紀──

坂井　隆

はじめに

　陶磁器は食器や調度品としてのイメージが強いが、甕類など容器としての意味も重要である。さらに東アジアではあまり積極的な役割を近代以前には果たしていなかったが、建築部材（建材）としての用途も忘れてはならない。最も重要なものは施釉タイルで、中でもモスクや王宮などの建物を華麗に覆うイスラームタイルの建築装飾は良く知られた建材陶磁製品である。

　ペルシャ系イスラーム文化の広まりと共にその使用は広まり、南方向では14世紀までには東アフリカ、タンザニアのキルワに達している。一方東方向には同じ頃インダス川流域でも、タイル装飾されたイスラーム聖人廟が建てられた。そこから東のインド亜大陸中心部分は本来タイルとはなじまない石造建築が主体の地域だったが、15世紀後半にはイスラーム王権だけでなくヒンドゥ王権も苦労してタイル装飾を試みている。

　そのようなイスラームタイルの発展史は長く研究されてきて、ムガール帝国時代のインド亜大陸を東限とするのが普通である（岡山市立オリエント美術館2001やDegeorge, G. & Porter, Y. 2002など）。

　だがそれとは全く異なった18世紀の景徳鎮青花タイルが、インド亜大陸には少し見られる。南西部海岸コーチンのユダヤ教会と北西部内陸ウダイプールのヒンドゥ王宮である。それぞれ広く建物内部の床と壁を覆っており、使用方法はイスラームタイルとほとんど変わらない。

　興味深いのは、かなり似た景徳鎮青花タイルがトルコのトプカプ宮殿とインドネシア・マドゥラ島のモスクにも見られることである。いずれもイスラーム教建物ながら、前者がイズニーク・タイルという独自の建材陶磁文化を持つのに対して、後者の地域は木造建物が主でタイル文化とは無縁だった。

　これらは18世紀第3四半期頃の草花文青花及び青花金彩の方形タイルで、

中国での使用例は知られず注文生産の可能性が高いと思われる。管見ではこれらのタイルを対象とした研究は見ることがなく、生産の背景や流通過程の実態などは全く不明と言わざるをえない。

ここではそのような希少な各例の紹介を中心としながら、どのような流通者が関与したのかを考えてみたい。

1．インド、コーチンのユダヤ教会

コーチン（現在のコチ）は、南インド西海岸ケーララの有名な港である。15世紀初頭に鄭和がたびたび立ち寄っているが、それより早くからコショウの積み出し港として知られ多くの外国人が来訪している。16世紀初頭より1世紀半以上ポルトガルに支配された後、次には1773年までのオランダ支配が続いた。

ヨーロッパ人来航のはるか以前から地元のヒンドゥ教徒以外にキリスト教徒やムスリムなどの多彩な宗教と民族の商人たちが住んでいたが、そこにはユダヤ人も含まれ1344年に最初のユダヤ教会が建てられている。そして旧市街地のマッタンチェリー地区（港であるラグーンを囲む砂嘴に位置）には、1568年に創建されたパラデスィ教会が残っている。屋根に小さな鐘楼を載せる木造2階建のこのユダヤ教会外面には、1760のアラビア数字を枠外に記したローマ数字の大きな掛け時計が掲げられてある。

現在数少なくなったがいまだにこの町に住み続けるユダヤ人の唯一の教会として、礼拝殿内部はきれいに管理されている。その中心部分の礼拝室の床全体に、方形の青花タイルが敷き詰められている。床面とユダヤ教徒の礼拝対象である聖櫃への階段の側面に敷かれたタイルの総数は、800枚以上になるだろう。

約20cm四方のこれらの青花タイルは、4種類の文様しかない。入り口から聖櫃の方向に対して4枚ごとに文様を変えて敷かれているが、横方向は全て同一の文様で上下の区別も厳密に整えられている[1]。

文様は遠景に仏塔を描く楼閣山水文、そして牡丹菊文・牡丹蓮華文・牡丹藤文の三種の牡丹文である。牡丹文はいずれも主花の牡丹を右に配し、左に副花をやや小さく描いている。ほとんど明青色の良好な色で、長年床タイルとして踏まれながら損傷が極めて少ない感じを見せている。それぞれの文様は、例え

ば遠景の山の形状が異なるなど、4種の基本主題レイアウトに合わせれば個々の描写は陶工の筆致にまかされている。また楼閣山水文だけでなく3種の牡丹文も左右天地がはっきり区別された文様構成をとっているので、陶工はこのような面的な連続使用を意識していなかっただろう。しかしサイズは同じ正方形なので縦

図1　コーチン、ユダヤ教会の床タイル

方向の繰り返しで敷き詰められているが、横列でのずれはほとんど起きていない（図1）。

　同じデザインの3種の牡丹文が同一工房の製品であることは間違いなく、また楼閣山水文も発色状態は変わらない。いずれも景徳鎮製品と考えられるが、楼閣山水文はいわゆるウィロー・パターンとは異なって、右上から左下に流れる大河や遠近法を意識したような遠景の山や仏塔など、動きのある山水画風の描き方を見せている。

　タイルの設置年代を考える一つの要素は、前述の外壁にある大きな掛け時計にしるされた1760のアラビア数字である。時刻表示はローマ数字で書かれているので、これをヨーロッパ産と推定されるこの時計の製作年代とすれば、その年以後に持ち込まれたことになる。それは単に大時計を設置しただけでなく、大規模な修復を伴っていたかもしれない。とすれば、タイルでの床修復の年代を想定する一つの要素といえるだろう。

　いずれにしても大量の景徳鎮青花タイルがコーチンのユダヤ教会の床を飾っていることは確かで、それは18世紀以外の時期のものとは考えにくい。

2．インド、ラジャスタンのウダイプール王宮

　ウダイプールは、北西インド内陸のラジャスタン地方南部に位置する。ここはヒンドゥ教徒のラージプート諸侯の一つメワール王国の都として、ウダイ・シン2世によって1559年に北東のチットールから遷都された町である。

　南北に連なる2つの湖の東岸に町は位置し、南の湖に接する南西端の丘陵上

アジア海域を走る景徳鎮インテリア・タイル

図2　ウダイプール宮殿の王居室　　図3　八角形蓮華唐草文タイル

にムガール様式を取り入れた王宮が築かれている。全体領域は広大で複数の建物を含んでいるが、正門である北門に近い5層の建物が現存する中では最も古い王宮である。しかし、1736年にムガールに替わってインドの覇者たらんとしたマラータ同盟の攻撃を受けて、メワール王国は大打撃を受けた。また19世紀後半の絵画や写真には現在と同様の姿が現れているので、この最古の建物は18世紀中葉頃に建てられた可能性が高い。

　この建物の内部は複雑に区分されて多数の大小の部屋に分かれるが、最上階である5階に2つのチーニー・チトラシャラと呼ばれる多数のタイルで装飾された部屋がある。共に町を見下ろす東側に出窓を設けており、それぞれ王と王妃の私的な居室とされている。南側に位置する王の居室（図2）は西側には広い中庭を設け、タイル装飾は中庭に面する柱と壁から始まり出窓の柱にまで至っている。一方、面積が狭い北側の王妃居室はそのような中庭を持たず、また出窓には一部ステンドグラスが併用されている。使われているタイルも少し差があるので、個々に見てみよう。

　王居室はまず中心部分の天井全体が広く施釉タイルで覆われ、天井だけで数は300枚を超える。この部分は全て同一文様の青花金彩タイルで、太い線で正方形を描いて内外を区切っている。正方形区画の各角はさらに三角形状に区画されているので、中心部分は八角形をなしている。八角形の中心には蓮華唐草が配され、三角形区画と周縁部分には太い線で葉唐草文が描かれている（図3）。一方壁部分を覆っているタイルの大部分は、同様に太線の正方形で内外を区画した青花金彩タイルだが、中心部分は小ぶりの菊花5個を幾何学的に配している。また内側の四隅は花唐草、そして外側は籠唐草文が描かれている（図4）。

坂井　隆

　　図4　五菊花文タイル　　　　　　図5　八稜花文タイル

この文様は遠くからは曲線の四弁花文に見え、個々の表現は蓮華唐草文のタイルより丁寧なものが多い。また天井と壁が接する部分には、八稜花線内に蓮華唐草を配した青花金彩タイルが見られる。これも正方形線で内外を区画しており、外区は籠唐草のような文様である（図5）。この文様のタイルは、数量的には最も少ない。

　以上の三種類の景徳鎮製青花金彩タイル以外に、窪んだ棚の内壁はデルフトの白釉藍彩タイルが使われている。ヨーロッパの情景を描いた物語性の強い文様が少なくとも4種類確認できるが、絶対数は10数枚程度でしかない。

　王妃居室では、壁の装飾の中心は王居室と同じ五菊花文青花金彩タイルで、両側に蓮華唐草文を模した在地の白釉藍彩長方形タイルが併用されている。天井近くで使われているものは、八角形蓮華唐草文青花金彩タイルだが数は少ない。さらに上側には、菊花文青花金彩を模倣した在地の白釉藍彩タイルが使われている。またタイルに似せて、内部に六弁花を配した藍色八角形文の壁画も多用されている。特に出窓の外側は、大部分はそのような壁画である。両居室以外の部分の一部には、五菊花文タイルでの装飾をイメージした壁画が見られる。

　これらの状態から、五菊花文と八角形蓮華唐草文を中心とする景徳鎮青花金彩タイルがまず王居室で最初に使われて、その数は全体で千枚を超えた。だが次に建てられた王妃居室では景徳鎮タイルの使用量はかなり減り、その代替として在地の白釉藍彩タイルあるいは壁画での装飾がなされたことになる。

　似たタイル装飾を、ラジャスタン西端のジャイサルメールの王宮で見ることができる。タール砂漠に接する独立丘陵の上に築かれた三角形平面の要塞（460×230m）内の北東側に王宮があるが、要塞の創建は12世紀中葉とされる。現

アジア海域を走る景徳鎮インテリア・タイル

在の姿は16世紀後半に形成され、王宮は要塞正門を組み込んだ王の宮殿と隣接する王妃の宮殿で構成される。王の宮殿の最上階である4階に王の私的な居室があり、そこと隣接する副室がタイル装飾されている。広い主室が天井までタイル装飾されているのに対し、副室は壁上位までである。

　両室で共通して使われている圧倒的多数のタイルは、在地産の白釉藍彩のものである。文様は直線正方形で内区と幅広の外区を区画し、塗りつぶした六弁花が中央また4個の小さな花文を四方の周囲に配している。内区の角には中央に向かうやや高めの草花文が描かれ、外区は籠唐草文になっている。藍彩は濃青色の発色だが、白釉部分は虫食いが目立ってきれいな白色のものは少ない。

　つまり明らかにウダイプールで使われていた景徳鎮青花金彩の五菊花文タイルを写したものである。同じ五菊花文の写しだが、ウダイプールの王妃居室の在地タイルとは筆致や発色が異なっている。また数は少ないものの中心が八弁花になり、また内区の角の草花文を点線で囲った文様のものも確認できる。これは前者に比べ発色状態は悪いものが多く、また筆致も粗い。同工異曲のやや文様が異なる正方形タイルが、少しずつ混じっている。

　他に極めて少数だが、全く異なるタイルも使われている。一つは正方形タイルで、藍彩の他にターコイズブルー彩も併用されているものである。これには正方形区画線で内外区を分け内区に西方イスラームタイル的な花壺文や孔雀聖樹文を描いたものと、全面にミニアチュール的な鹿狩り文を描いたものがある。前者の外区は白釉藍彩タイル主文と同じ六弁花が規則的に16個配されている。また全く異なる長方形タイルもわずか見られる。長辺両側に太い二重線を描き内側には花唐草文を配するが、この主文の六弁花も同じように塗りつぶしたものである。

　このような特徴から考えると、ジャイサルメール王宮のタイルはウダイプールで主に使われていた景徳鎮青花金彩の五菊花文タイルを在地で写したものが大半で、多少のバリエーションは後の補修時に起きたと推定できる。さらに六弁花文の共通性から、産地は西方イスラームタイルの影響を受けた地域と考えられる。イスラームタイル文化東端であるインダス川下流のスィンド地方[2]とジャイサルメールはタール砂漠を超えたキャラバンルートでつながっており、同地方で生産されたタイルの可能性が強い。

308

坂井　隆

　ジャイサルメール王権は 1762 年にムガール帝国の影響から抜け出て、約半世紀間、小さいながら独立した勢力になったとされる。この時期にウダイプールでの景徳鎮タイルの使用に刺激されて、似たタイルをスィンド地方に発注したのではないだろうか。

　ラジャスタンでのこのようなインテリア装飾の掉尾を飾るものとして、ウダイプール南に 100km 離れたドゥンガルプールのジュナ・マハール宮殿がある。グジャラート州境に接するこの町は独立した小さなラージプート諸侯の王都だったが、この宮殿はウダイプールとは全く比べようもないとても小さなものだ。2 階は王の居住空間となっているが、外側に開いた出窓の内側壁 4 面が飾られている。

　しかしここで使われているのは景徳鎮青花や在地白釉藍彩タイルではなく、イギリス産の銅板転写青絵皿である。34 枚 2 面と 38 枚 2 面の計 144 枚の全てが、同一サイズのウィロー・パターンの皿である。主文のウィロー・パターンはコーチン・ユダヤ教会の楼閣山水文表現とは大きく異なって、川ではなく池を描き、上部の 2 羽の鳥が印象的である。ただ柳や樹木そして建物の一部の表現もかなり硬直化して、縁部分の文様はヨーロッパ的に変わっている。少なくとも景徳鎮の楼閣山水文を直接写したものではありえず、この文様がヨーロッパで固定化した段階に作られた製品である。

　これらの嵌め込んだ皿の最下段は、大きさの異なるヨーロッパ産の二彩タイルが組み合わされて 1 段の列をなしている。そして円形皿に挟まれた内反星型部分は、円文と菱形文が幾何学的に配された壁画で埋められている。また奥側 2 枚の壁の中央 1 枚は皿ではなく、皿形に描かれたミニアチュール状の壁画になっている。全体には銅板転写青絵のリズミカルな配置が、見る者に新鮮な印象を与えている。

　この宮殿の出窓内側の装飾は、実際の皿の嵌め込み方法でなされながら壁画も併用することで、これまで見たタイル装飾とも少し異なった内装表現を生み出したことになる。もちろんその出発には、ウダイプールのタイル装飾があったことは確かだろう。

　このようにラジャスタンの王宮インテリア装飾伝統には、景徳鎮青花金彩タイルの使用から始まった陶磁文化の流れがある程度定着したことになる。それ

は最初のタイルを製作した景徳鎮の陶工たちが、全く思いもつかなかった展開だったはずだ。

3．トルコ、イスタンブールのトプカプ宮殿

似たような景徳鎮製タイルがトプカプ宮殿で使われている。正方形タイル（一辺20.5cm）4枚が横に並び、それを上下2段に組まれて木枠で囲まれたものが、中国陶磁カタログの清朝部分に掲載されている（Krahal & Ayers 1986 pp.1020）。カタログによれば同じ8枚組のものが2セット（TKS 15/9573-74）あるので、合計枚数は16枚となっている。

カタログに写真が掲載されている8枚（TKS 15/9573）を見ると、内外区が正方形で区画されていて、内区の主文は家屋山水文である。この主文は、池状の水辺中へ右から伸びた狭い陸地上の平屋家屋と高い2本の樹木が描かれた簡単なものだが、四隅を直線で区切ったため主文部分は八角形の窓絵と見ることができる。四隅の三角形部分には、塗りつぶされた花文が1個ずつ入っている。また外区は太い線の花唐草文で埋められているため、空間が多い内区とは対照的な印象を与えている。

それが基本的な文様構成だが、実際には樹木・家・陸地また花文のどれを見ても8枚それぞれはかなり異なっている。文様の基本主題は共通するが、実際の描写は一枚一枚自由に描かれたのだ。内区を八角形に区切った窓絵とする構成は、ウダイプールの蓮華唐草文タイルと同じである。また外区の花唐草文もかなり似ているので、この家屋山水文タイルも、青花に金彩が施されているかもしれない。

それではこのような景徳鎮製タイルは、トプカプ宮殿でどのように使われていたのだろうか。残念ながら、この重要な質問に対する明確な答えを今記すことはできない。しかし関連する事柄を、ここでまとめてみたい。

まずトプカプ宮殿と聞けば、誰しもイメージするのはイズニーク・タイルの装飾だ。しかしトプカプ宮殿内の全ての建物が、イズニーク・タイルで飾られているわけではない。1472年に建てられた現存する最古の建物であるチニーリー・キョシュックを除けば、第三門であるバーブ・サーデ、あるいは第三庭より内側の建物に限られている。タイル装飾は第三庭の公的建物であるアル

ズ・オダスー（謁見殿）に始まり、接続するハーレムのほぼ全ての内面になされている。そしてスルタン家族の領域である第四庭の建物の多くは、内外面がタイル装飾されている。つまりスルタンが立ち寄る可能性のある建物だけが、タイルで飾られたのだ。

　使用されているタイルを見ると、ほとんどがイズニークまたはキュタフヤ産の多彩釉タイルである。しかし完全にそれだけではなく、異種のタイルも少数見られる。

　まずサッファビー・タイルで、17世紀のイスファハンで数多く見られる黄色釉を多用し、黒線で一つの釉を縁取ったハフトランギー・タイルがある。トプカプのサッファビー・タイルは、アルズ・オダスーのようにイズニーク・タイルといっしょに同じ壁面を飾っている場合が多い。オスマン帝国とサッファビー朝の長い抗争の歴史を考えると意外な状態だが、タイルに限らずサッファビー様式の飾り棚もハーレム内に多くみることができ、サッファビー文化は実際にはオスマン文化と区別しにくい部分があると言える。サッファビー・タイルもイスファハン産というより、その技術を持った陶工がイズニークで焼いた可能性の方が高いかもしれない。

　次にヨーロッパ系のタイルがある。やや多いのがイタリア産のマヨリカ・タイルで、第四庭の便所などに見られる。文様の違いもあって、イズニークやキュタフヤ・タイルといっしょに使われてはいない。さらにイギリス産と思われる銅板転写青絵タイルも少ないながら使われている。連続する幾何学文を組み合わせた正方形タイルで、ハーレム内でも少数の使用箇所がある。ただしこれも時代的に同じのキュタフヤ・タイルとの併用はなく、特定の限られた面を飾っている。18世紀以降、オスマン建築がヨーロッパ建築と融合する中で、ハーレム内の広い空間もロココ的なデザインや装飾が取り入れられる。そのような流れの一部として、銅板転写タイルも使われたのだろう。

　しかし、景徳鎮産タイルが実際に使われている建物を見出すことはできない。カタログに掲載された写真の状態は前述のように、木枠内に4個2段で嵌められた状態である。そこには特定の建物で使用されているとの説明はない。もう1組も同様と考えられ、そのような可搬物のためにカタログに掲載され他の陶磁器と同じ基準の番号が付けられたのだろう。

20 cm四方の正方形タイルが僅か16枚では、アクセントのある装飾を生み出すことは難しい。何よりも単独の家屋山水文の文様そして単なる青花（青花金彩）では、連続する流麗な文様のイズニークなどの多彩釉タイルとは全く調和しない。ヨーロッパ産タイルがトプカプでの使用を意識した文様になっているのに対して大きな違いである。

つまり16枚の景徳鎮タイルは建築装飾部材としてではなく、使用方法は別にして陶磁器の一種として輸入されたと考えられる。この場合の陶磁器とは食器と調度品であり、いずれも可搬物のそれらがいわゆるトプカプコレクションを形成している。逆にトプカプコレクションには、一点のイズニークやキュタフヤ陶磁も含まれていない。皿形製品なども作られてはいるが、イズニーク・キュタフヤ陶器は低火度焼成のため食器にはふさわしくなく、実際の用途は飾り皿であり建築部材としてのタイルだった。この厳密な区別の中で景徳鎮タイルは非建築部材として扱われたため、木枠内での保存になったのだろう。

異質の景徳鎮タイルは、似た文様が描かれたウダイプール宮殿とは全く異なった扱いを受けてしまったのである。

4. インドネシア、マドゥラ島のモスク

マドゥラ島はジャワ島の北東部に連なる東西に延びた島（東西150 km、南北50 km）で、高山のない乾燥した島だ。その東端スメネップの町の金曜モスクは、オランダの保護下にあった地元領主が1787年にロウ・ピア・ンゴという華人に設計させて建てられた。礼拝殿自体は伝統的なピラミッド型3層屋根をなすジャワ・マレー様式建築になっているが、正面入り口にはモスクとしては全く例を見ない3箇所のトンネルを持つ独立した門が設置された。

この門の広い上面には方形平面で四角錐状の屋根を持つ第2層が載り、また上面両端から降りる階段に沿って次第に下がる翼状部分を左右に持つため特異な正面になっている。正面側には片側に1対3組計6本の柱がレリーフ状に突出しており、間には3個のアーチ門と偽門が左右それぞれに設けられている。これらの柱状の装飾アクセントはヨーロッパ建築の雰囲気を感じさせるが、全体としては中国文化圏での楼門の印象が強い（図6）[3]。

礼拝殿も外見は伝統的なジャワ・マレー様式を維持するが、キブラ（メッカ

坂井　隆

図6　スメネップモスクの門

図7　スメネップモスクのミフラブ

方向）側以外の3面に2層ピラミッド型屋根の壁なし小型建物を2個ずつ接続させるなど独自の要素が目につく[4]。内部の柱は第2層を支えるものが12本、第3層には4本の計16本が規則的に並んでおり、それぞれ突出した2箇所の八角形柱頭装飾で上下両部分に分かれている。さらに同様の柱頭形状を持つ柱が外側の回廊部分に並んでおり、半円アーチで第1層屋根の庇を支えている。

　キブラ壁のミフラブ（メッカ方向龕）も変わった形状である。内部になんら装飾を持たないミフラブ本体の両外側に高さの異なる2本の柱状レリーフを設け、上部は2重の三心アーチで繋がっている。さらに両外側には4本柱で支えられた小屋掛状構造があり内部にミンバール（説教壇）が置かれている。普通ミフラブの右側1箇所であるミンバールが左右2箇所という異例の配置だが、それぞれのミンバールとミフラブの外側柱が二心アーチでつながっている。つまりミフラブを中心に左右対称の装飾造形がなされ、そのアクセントをなしているのが12本の柱（片側ミフラブ2、ミンバール4）なのである。

　これらの柱の表面と両ミンバールの軒下部分が方形青花タイルで飾られている（図7）。ミフラブ部分ではタイル1枚分がそのまま柱状装飾の厚みをなし、正面は2枚なので正方形平面の柱の半分を浮き出させた構造と言える。片側の枚数は内側の柱が51枚、外側が43枚、それ以外の最下層が10枚で合計104枚となる。ミンバールでは前面の柱が各80枚、背面の柱が各60枚、軒下が27枚、さらに最下層が12枚で、片側で307枚以上が数えられる[5]。つまり全体では820枚を超える枚数のタイルが、このミフラブとミンバールの主要な装飾として使われたことになる。

313

アジア海域を走る景徳鎮インテリア・タイル

　これらのタイルは、ほとんど同一文様のものである。中心に八角形状に花唐草文を配し、各角と縁辺部の唐草文帯によって幅広の八角形の無文部分を設けている。それぞれの文様は同一デザインだが完全に同じではなく、空白部分は円形や菱形に近くなっているものもある。中央の花唐草文自体も同様で、かなりの差がそれぞれの個体に認められる。その差はイスラームタイルで見られる、一般的な個体差より大きい。つまり同形で準幾何学的な同一文様のタイルが生産されたが、実際の描写は陶工の判断でなされたことになる。またそのような状態から、少なくとも表面の装飾に関する限り、陶工が面的な連続使用を意識していた可能性は乏しいだろう。このタイルの文様は、前述のウダイプールの蓮華唐草文タイルと基本的に同じだと言える[6]。

　柱状レリーフを突出させた装飾全体のアクセントにする発想は、門の場合と同じである。また柱頭装飾のあり方も、礼拝殿主柱・回廊柱また門の柱状装飾ともに大きな差はない。実際の柱が八角形なのに対し、ミフラブと門が四角形の違いだけである。つまりこれらは同一の設計思想で建てられた可能性が極めて高く、その背景には独立した門の設置ならびに左右対称美意識が明らかに存在している。そのような中で青花タイルはキブラ壁の大きなアクセント要素として、使用されたことになる。

　マドゥラ島東半分は、1705年の第一次ジャワ継承戦争の際にマタラム王国からオランダ東インド会社に割譲された。以来この地域の地方領主は東インド会社統治の末端に入ることになり、彼らの本拠地バタヴィアなどを除けば早い時期にオランダの政治的文化的圧力を受けざるをえなくなった。オランダ領になってしばらく政治情勢は安定しなかったが、1755年にオランダがマタラム王国の分割に成功した7年後には、傀儡のソマラを地方領主に即位させてオランダ領としての安定化が始まった。

　このモスクはそんな時代に、王宮と共に華人建築士によって建てられたものとされる[7]。礼拝殿と門で強調された柱状装飾は、マラッカのカンポン・クリンモスクのミナレットに似た形状を見ることができる。特にコリント式の影響を受けたような柱頭装飾は類似性が感じられるが、このミナレットは1780年以降19世紀前半までの期間に華人建築家によって建てられた可能性が高い[8]。この時代のマラッカはオランダに支配されており、スメネップの状況と似た政

314

治状況だった。

5. 考 察

これらの景徳鎮タイルについて、特徴をまとめると次のようになる。

	形 状	釉	主 文	副 文	年 代	数 量
コーチン	正方形	青花	楼閣山水文 牡丹花文3種	なし	1760年頃？	800以上
ウダイプール	正方形	青花金彩	八角形蓮華唐草文 五菊花文 八稜花蓮華唐草文	葉唐草文 籠唐草文 籠唐草文	18世紀中葉？	1,000以上
トプカプ	正方形	青花（金彩？）	八角形家屋山水文	花唐草文	不明	16
スメネップ	正方形	青花（金彩？）	八角形蓮華唐草文	葉唐草文？	1787年	820以上

　まずコーチンを除く三者はいずれも主文と副文を正方形で区画した文様構成
で、さらに内側の四隅に斜線を入れることで八角形窓枠を作るという斉一性の
高さをはっきりと示している。そのためウダイプールの他の2種も含めて、景
徳鎮の同一工房でほぼ同時期に製作された可能性が考えられる。その時期は
唯一年代伝承があるスメネップの例から考えて、1780年代頃の可能性が高い。
また正方形のタイル形状を意識しない明らかに文様が異なるコーチンのタイル
は、別の工房あるいは少し早い時期の生産と思われる。

　それは同一文様の大量生産でありながら、実際の筆致は個々で異なるという、
共通した特徴からも見ることができる。また重要なこととして、構成される
個々の文様単位が中国の伝統的な花文あるいは山水文の単独配置であって、イ
スラームタイルのような文様の連続性を考慮した形跡が全く感じられない。

　つまり景徳鎮の陶工あるいは工房は、実際の使用状態を想定できないまま正
方形内に指定されたいくつかの文様を描き込んだことになる。これはコーチン
の場合も同様であって、楼閣山水文は無論のこと、全く同一デザインで作られ
た3種類の牡丹花文も、文様の連続性は少しも考慮されていない。

　これらのタイルの生産は、どのようなメカニズムで受注したのか。

　この問題を考える要素は、残念ながらほとんど見出せない。ただほぼ唯一の
例として比較しうるのが、マカオのカーサ・ダ・ミセリコルディア（カトリッ
クの福祉施設）内に展示されている十字架文青花陶板（図8）である。縦長長方
形の陶板中央にカトリック十字が大きく描かれ、上部両端には線描き蔓文そし
て下部両端には小さな草花文が添えられている。

アジア海域を走る景徳鎮インテリア・タイル

図8　マカオの十字架文青花陶板

横幅が20cm程度に対して厚さは5mm程度しかなく、明らかにカトリック信者の礼拝対象として作成されたものと言える。年代を特定する明確な資料はないが発色からは19世紀の製品とは考えにくく、細かく渦巻く蔓文は18世紀の景徳鎮や徳化窯青花に似たものがあるので、その頃と推定できる。18世紀後半には典礼問題によってカトリックの清朝領内への布教は停滞したはずで、このような陶板は売れ筋として生産されたというより、マカオから景徳鎮に特注されたとした方が妥当だろう。景徳鎮の陶工にカトリック教徒がいた可能性を全く否定することはできないが、それは決して多いとは言えないはずなので、ただ注文に応じて十字架を描いたと考えらえる。カトリックとは無関係な蔓文や草花文が添えられていることも、そのような状況を示唆する。

つまり18世紀に限らないが、景徳鎮の工房は注文に応じてどのような陶磁器も作っていたことは間違いなく、それには形態として異質の陶板やタイルまでも含んでいた。そのような柔軟な受注体制があったからこそ、ここで述べてきたようなタイルも生産できたと言えるだろう[9]。

次にこれらのタイルを扱った貿易商について考えてみよう。

コーチンのユダヤ教会の場合、最終使用者はユダヤ人教会もしくはユダヤ人コミュニティーである。彼らの広範囲な商業ネットワークは有名だが、この時代に景徳鎮にまで及ぶアジア東半地域にそれが及んでいただろうか。その可能性が大きいとは考えにくく、輸入が1773年以前ならコーチンの支配者であったオランダ東インド会社を想定した方が妥当だろう。そして18世紀中葉以降での彼らの対清朝貿易がバタヴィアでの華人の仲介取引に中心が移っていたこと（Blusse 1986）を考えれば、景徳鎮工房への直接の発注と最初の輸出は華人とするのが自然である。

次にウダイプールの例だが、その位置は内陸ラジャスタンの南西部である。15世紀前後にインド洋交易の重要な拠点であったグジャラートのカンベイは遠くないが、17世紀には主要な港は南のスーラトに移り、また18世紀にはさらに南のボンベイ（現在のムンバイ）に代わっていた。その支配者はもちろんイギリス東インド会社で、彼らは南インド東海岸のマドラス（現在のチェンナイ）、あるいは北東インドのカルカッタ（現在のコルカタ）を経て広東に至る対清朝貿易ネットワークを築き始めていた。

18世紀中葉から後半のメワール王国は小さいながら独立した政治勢力でイギリスの支配を受けていたわけではないが、マラータ同盟の力が衰え始めたこの時期にボンベイのイギリスと取引をした可能性は高い。この時代の広東のイギリスの貿易はいわゆる十三公行の中国人商人とのみ取引が許された制限貿易だったため、景徳鎮への発注者は彼らということになる。

トプカプ宮殿の場合はどうだろうか。18世紀の清朝陶磁はトプカプコレクションの中ではかなり多くの量を占めているが、その搬入経路は二つが考えられる。第一はヨーロッパ宮廷所有陶磁と同様の豪華な調度品類で、これはオランダ東インド会社が主に18世紀前半に運んだものである。もう一つは粗製の徳化窯など福建陶磁を含むもので、インド亜大陸からエジプトを経由してもたらされた陶磁器である[10]。ウダイプールと同種文様のタイルであることを考えると、搬入経路は後者の可能性が高い。

しかしボンベイからアラビア海を横断してカイロに至り、そこからイスタンブールに通ずる貿易をこの時代のイギリスが行ったとは考えにくい。それはかつて想定したように（坂井 2005）、南アラビアを故地とするハドラミー・アラブ人、あるいはオスマン帝国内に有力なコネクションを形成したアルメニア人などのアジア系商人ネットワークを考えるのが妥当と思われる。注意したいのは、他の例と異なってトプカプ宮殿に運ばれた景徳鎮タイルの量がかなり少ないことである。それはオスマン宮廷からの積極的な発注に基づいたとは考えにくく、他の品の納入に併せてなされたと見ることができる。そのためボンベイまでイギリスが輸入したものを、オスマン帝国と取引のあるアジア系商人が再度扱ったのではないだろうか。

スメネップの場合は、モスクを建設した華人ロウ・ピア・ンゴが大きな役割

を果たしたはずである。この人物については、祖父が1740年にバタヴィアから避難してきたことが伝えられるのみで、姓の読みから祖父あるいはそれより古い世代が福建南部から移住したと推定できるだけである[11]。どのような教育と経験を経て少なくとも華人三世であるピア・ンゴが、印象的なデザインのスメネップ金曜モスクを設計できたのかは全く分からない。

ただしバタヴィア華人の先祖の多くは福建南部出身者であり、彼が再び華人虐殺事件後に再建されたバタヴィア華人社会[12]と依然として深い繋がりを持っていた可能性は十分に考えられる。何らかの事情で景徳鎮タイルの存在を知ったピア・ンゴがバタヴィア経由で発注したと考えるのが、自然だろう。

まとめ

アジア各地の離れた4箇所で確認できる景徳鎮製正方形青花（金彩）タイルは、実際に使用される状況を想定できない中で特別注文によって生産された。その製作年代は1770〜80年代頃と考えられる。まずコーチンのユダヤ人社会がオランダ東インド会社に発注し、それがバタヴィアで福建南部系華人貿易商を通じて景徳鎮まで伝えられた。コーチンでの使用を知ったウダイプールの王宮はイギリス東インド会社を通じて、同様のものを広東に求めた。それがやや大量に景徳鎮で生産された情報が何らかの事情でバタヴィアに伝わり、スメネップにもたらされる。またイギリスがボンベイまで運んだものを目にしたアジア系商人が、今度はイスタンブールまで販売することになる。

このような想定はもちろん多くの証明できない要素を含んではいるが、大きな流れとしては間違っていないであろう。問題は最初の発注で、唯一床に使用しているコーチンのユダヤ人社会が、何をきっかけにこのようなタイルを景徳鎮に発注したかである。推定されることは、デルフトタイルのイメージがまずあったかもしれない。そして彼らは陶器のデルフトタイルが床の装飾には向かないことを理解していたために、磁器タイルを景徳鎮に求めたと考えたい。

ではなぜユダヤ教会の床を、イスラームタイル文化でも稀なタイル装飾をしようと考えたのか。残念ながら、その答えを出すことは現段階では難しい。ただ希少な製品である景徳鎮青花タイルは、18世紀後半のアジアの海上交流ネットワークの一部を照らしていることは間違いない。長い歴史を刻んできた中国

陶磁の輸出がまさに終わろうとする時に、このような製品が作られ運ばれたことはとても興味深い事実と言えるだろう。

註

（1）ただし一部縦方向の4枚交替がずれて、牡丹藤文タイルの代わりに牡丹菊文が3枚目に現れている。一方、聖櫃への3段の階段側面のタイル約30枚は全て牡丹藤文で、関連して起きたことかもしれない。

（2）インド亜大陸では最初にイスラーム化された地方で、世界遺産のマクーリ・ヒル墓地などイスラームタイルで装飾された歴史的建物が多い。

（3）特に柱状レリーフがなければ、全体の印象はハノイのタンロン城正門のドアン門と似た印象を示している。ドアン門は19世紀にグエン朝によって修復されたものが現在の姿だが、原型は少なくとも18世紀以前に遡る。共通した祖型イメージがあったかもしれない。

（4）伝統的なジャワ・マレー様式モスクで正方形平面の礼拝殿に付属する建物は、キブラとは反対側の長方形壁なし寄棟建物だけである。計6個の小型建物は屋根に覆われた礼拝空間を確保するためのもので、後の増築だろうが他に同様の例を見ない。

（5）未確認だが、ミンバールの階段自体もタイルが貼られている可能性がある。

（6）直接実見できる機会がないので不確定だが、ウダイプールと同様に金彩がされている可能性が高いだろう。

（7）300m東に離れた王宮にも独立した門があるが、これはローマ建築を思わせる正面飾りの上に3層のピラミッド型構造を載せたもので、さらに折衷的様相が強い。19世紀に入ってからのものであろう。

（8）もともと南インド出身のムスリムが1748年に建てたモスクで、マラッカの同時代ミナレットとの比較で考察した年代観である（Sakai 2014）。なおこのモスク礼拝殿の入り口などにはタイル装飾が比較的目立つが、いずれも19世紀後半以降のイギリス系のタイルである。

（9）18世紀中葉頃までに東トルキスタンは清朝に併合されるが、この地域のイスラーム建築にはタイルが残っている。しかし本来のものを残しているカシュガルのアパック・ホージャ・マザールなどのタイルは明らかに連続文様を意識した白釉藍彩であって、ここで対象とした景徳鎮青花とは全く異なっている。

（10）エジプトのフスタート遺跡出土の陶磁片を調査した三上次男によると、清朝陶磁片は1964年度調査の54%、66年調査分では29%と数えられている（三上

（11）1740 年に起きたオランダによるバタヴィア華人虐殺事件でスメネップに逃れ
てきた 6 人の華人の一人ロウ・クン・ティン Lauw Khun Thing が祖父と伝え
られている（Iskandar Zulkarnain 2003）。ロウは閩南語での劉姓の発音とされる。

（12）バタヴィア最初の華人長ショウ・ベン・コン（蘇鳴崗）は福建南部泉州の出
身で、1644 年に死亡している。また再建されたバタヴィア華人社会は、虐殺事
件から 21 年後の 1761（乾隆 26）年には華人墓地をバタヴィア郊外に新たに建
設している（Heuken 1997）。

参考・引用文献

岡山市立オリエント美術館 2001『砂漠にもえたつ色彩　中近東 5000 年のタイル・
デザイン』

坂井隆 2005「インド洋の陶磁貿易—トルコと東アジアの交流をめぐって—」『上智
アジア学』23、261-309 頁

三上次男 1988『三上次男著作集 3　陶磁貿易史研究下』中央公論美術出版

Blusse van oud-Alblas, Johan Leonard 1986, *Strange Company; Chinese Settlers, Mestizo Women and the Dutch in VOC Batvia.* VKI 122. Foris Publications. Dordrecht.

Degeorge, G. & Porter, Y. 2002, *The Art of the Islamic Tile.* Flamarion. Paris.

Heuken SJ, Adolf 1997, *Tempat-Tempat Bersejarah Di Jakarta (Historical Sites of Jakarta).* Cipta Loka Caraka. Jakarta.

Iskandar Zulkarnain (ed.) 2003. *Sejarah Sumenep.* Dinas Pariwisata dan Kebudayaan Kabupaten Sumenep.

Krahl, R. & J. Ayers. 1986, *Chinese Ceramics in The Topkapi Sarayi Museum Istanbul, A Complete Catalogue.* Sotheby's Publications.

Sakai Takashi 2014, The Chinese Impressed Minarets of the Malay Mosques.『新
田栄治先生退職記念東南アジア考古学論集』新田栄治先生退職記念論集編集委
員会　Tokyo、109-122 頁

図版出典

図 1　Wikimedia Commons Dennis Jarvis 2007 より転載

図 2 〜 5・8　筆者撮影

図 6・7　Wikimedia Commons より転載

あとがき

　遺跡から出土した陶磁器を歴史資料として用いる研究がある。各地・各時代に生産され流通し使用された陶磁器の連続した流れと変遷のなかで、過去の人々の生活の一端を探る。考古学には、そのような研究分野がある。

　2015年2月、中近世の遺跡から出土した陶磁器を中心として、現在の研究で問題となっている諸課題を扱う論文集を作ろうと関係専門家に連絡したところ、お忙しいなか賛同され、夏には論文をお送りいただき、同年秋に第1巻を刊行するに至った。

　各地域において、各年代にさまざまな種類の陶磁器が生活用具として使われ、遺跡から多くの陶磁器片が出土している。それらを歴史資料として使い、遺跡での出土状況や研究の到達点が異なるなかで、取り上げた課題の問題点をさらに明らかにするための視点と論点が提示され、問題の解決方法とその成果を含む論文を本書に収録することができた。

　遺跡に割れて散らばった陶磁器の小さなかけらでも、各地域の流通と使用の歴史が復元できること、それから地域史が豊かに描ける手がかりが得られることを、読者も感じていただけたと思う。日頃の研究成果を提出してくださった執筆者の皆様に感謝申し上げる。

　本書は同様の趣旨で、第2巻以降の刊行も計画している。同好の士から論文の提出があれば、編者として大きな喜びである。

　雄山閣の羽佐田真一様に刊行に至るまでさまざまなご配慮をいただいた。お礼を申し上げる。

編者　佐々木達夫

執筆者一覧（掲載順）────────────────────

佐々木達夫（ささき たつお）　編者紹介参照

村上　伸之（むらかみ のぶゆき）　有田町教育委員会　学芸員

髙島　裕之（たかしま ひろゆき）　専修大学文学部　准教授

佐藤　浩司（さとう こうじ）　（公財）北九州芸術文化振興財団 埋蔵文化財調査室
　　　室長

水本　和美（みずもと かずみ）　東京藝術大学大学院美術研究科　非常勤講師

山口美由紀（やまぐち みゆき）　長崎市文化観光部出島復元整備室　学芸員

佐藤　雄生（さとう ゆうき）　松前町教育委員会文化社会教育課　主任学芸員

鈴木　重治（すずき しげはる）　元・同志社大学 校地学術調査委員会　調査主任

関口　広次（せきぐち ひろつぐ）　日本考古学協会　会員

瀬戸　哲也（せと てつや）　沖縄県立埋蔵文化財センター　主任専門員

佐々木花江（ささき はなえ）　金沢大学埋蔵文化財調査センター　准教授

金田　明美（かねだ あけみ）　インディペント・リサーチャー（中近世考古学専門）

坂井　　隆（さかい たかし）　国立台湾大学芸術史研究所　副教授

編者紹介 ─────────────

佐々木達夫（ささき たつお）

1945年生まれ。東京大学大学院人文科学研究科考古学専門課程博士課程単位
取得退学。金沢大学教授、同学評議員・埋蔵文化財調査センター長を経て、
現在、金沢大学名誉教授、古代学協会理事、日本考古学会評議員、東洋陶磁
学会常任委員、石川県埋蔵文化財センター評議員、日本海域水中考古学会長、
ヘレニズム〜イスラーム考古学研究会代表。文学博士。

［主要著書］

『元明時代窯業史研究』（吉川弘文館 1985）、『畑ノ原窯跡』（波佐見町教育委
員会 1988）、『日本史小百科・陶磁』（東京堂出版 1994）、『陶磁器、海をゆく』
（増進会出版社 1999）、『ペルシア湾と紅海の都市遺跡比較から見る古代海上
貿易史研究』（金沢大学 2004）、『九谷A遺跡範囲確認調査報告書』（加賀市
教育委員会 2005）、『タニ窯跡の研究─カンボジアにおける古窯の調査─』（連
合出版 2007）、『地域社会の文化遺産から探るイスラーム陶器の文化的変遷』
（金沢大学 2008）、『シャルジャ、砂漠と海の文明交流』（シャルジャ展日本
開催委員会 2010）ほか多数。

2015年11月25日 初版発行　　　　　　　　　　　　《検印省略》

中近世陶磁器の考古学 第一巻

編　者　　佐々木達夫
発行者　　宮田哲男
発行所　　株式会社 雄山閣
　　　　　東京都千代田区富士見 2-6-9
　　　　　ＴＥＬ　03-3262-3231 ／ＦＡＸ　03-3262-6938
　　　　　ＵＲＬ　http://www.yuzankaku.co.jp
　　　　　e-mail　info@yuzankaku.co.jp
　　　　　振　替：00130-5-1685
印刷・製本　　株式会社 ティーケー出版印刷

©Tatsuo Sasaki 2015　　　　　　　ISBN978-4-639-02395-1 C3020
Printed in Japan　　　　　　　　　N.D.C.209　320p　22cm